Irmtraud Tarr Krüger

Die magische Kraft der Beachtung

Wir wählen immer aus

Irmtraud Tarr Krüger

Die magische Kraft
der Beachtung

Sehen und gesehen werden

HERDER

FREIBURG · BASEL · WIEN

Gedruckt auf umweltfreundlichem,
chlorfrei gebleichtem Papier

2. Auflage

Alle Rechte vorbehalten – Printed in Germany
© Verlag Herder Freiburg im Breisgau 2001
www.herder.de
Satz: Rudolf Kempf, Emmendingen
Herstellung: fgb · freiburger graphische betriebe 2001
www.fgb.de
ISBN 3-451-27548-1

Inhalt

Vorwort

Am Anfang steht die Beachtung. Schon zu Beginn beim wechselseitigen Sich-Anschauen und Sich-Erkennen im Austausch mit Mutter und Kind wird offenbar, dass Leben Miteinanderleben ist. Beachtung ist die Basis für ein stimmiges, persönlich bedeutsames und einfühlsames Miteinander – ein Leben lang. Stand am Anfang der Mangel, der Hunger und das Geschrei, die nach Beachtung riefen, so stehen am Ende die Sattheit, die Fülle, die Ruhe oder der Überdruss, wenn es zu viel war.

Beachtung gehört zu den grundlegenden Erfahrungen des Menschen. Sie ist nicht nur die reichste menschliche Energiequelle, sie ist ein Grundbedürfnis, das für das menschliche Leben genauso wichtig ist wie Essen, Trinken, Ruhe und Wärme. Sie ist ein fundamentales Bedürfnis, das allen anderen menschlichen Bedürfnissen zugrunde liegt. Egal wie reich, begabt, intelligent, bekannt, berühmt jemand ist – jeder braucht Beachtung. Durch Beachtung wird man ein Zugehöriger, ein Jemand, ein unverwechselbarer, nicht austauschbarer Teil einer Kultur oder Gemeinschaft. Beachtungsvermittler sind wir füreinander. Wir kommen nur über kurze Strecken damit aus, nur unserer eigenen Anerkennung gewiss zu sein, deswegen sind wir auf die Beachtung von außen angewiesen. Letztlich verdanken wir unser gesamtes gesellschaftliches Leben verschiedenen Formen von Beachtung. Man könnte sogar sagen, alles, was Menschen miteinander und füreinander tun, dient der wechselseitigen Beachtung.

Beachtung ist ein kostbares Gut. Sie ist eine Ressource, deren Wert mit ihrer Knappheit zusammengeht. Was knapp ist, zeichnet aus, und das wollen schließlich alle. In der Informationsgesellschaft stehen nicht Wissen und Information an erster Stelle, sondern Beachtung. Ob in der Wirtschaft, Politik oder im Privatleben – der wichtigste Rohstoff im 21. Jahrhundert ist Beachtung. Wer nicht gesehen und wahrgenommen wird, den gibt es auch nicht, so lautet eine Botschaft des modernen Alltags. Unsere Welt mit ihren Medien und ihrer Informationsfülle gleicht einer Arena von allgemeinen Verteilungskämpfen um Beachtung. Doch die Möglichkeit, Beachtung zu vergeben, ist begrenzt. Jeder Moment an Lebenszeit kann nur einmal ausgegeben werden, so ist auch jeder Akt der Beachtung nur einmal zu verschenken. Mit jeder Vergabe von Beachtung und Aufmerksamkeit treffen wir eine Entscheidung und verzichten auf andere.

Beachtung schenken ist mehr als nur ein punktueller, folgenloser Akt. Beachtung ist eine Lebenseinstellung oder gar eine Lebensweise, die ausdrückt, wie wir dem Leben begegnen, unseren Nächsten, den anderen, uns selbst, unserem Körper, unseren Träumen und Wünschen.

Ohne Beachtung würden wir verkümmern und eingehen. Aber nicht nur wir Menschen, auch unsere Tiere, unsere Erde, Wasser und Luft, unser Raum und unsere Zeit. Stellen Sie sich vor, einen Tag zu verbringen ohne jegliche Beachtung, die Sie empfangen oder verschenken. Wie würden Sie sich nach solch einem Tag fühlen? Oder stellen Sie sich eine Gesellschaft vor, die keinen Wert auf Beachtung legt. Eltern, die den Tränen und Freuden ihrer Kinder keine Aufmerksamkeit schenken, Freunde, die einander keine Anerkennung geben, Lehrer, die ihre Schüler und Studenten ignorieren, Trauernde, denen keiner mehr kondoliert. Niemand mehr, der zuhört oder hinschaut, niemand mehr, der sagt: „Ich mag dich", „Gute Besserung", „Gut gemacht", „Ich verstehe dich".

Alle Menschen, mit denen ich sprach, hatten Beachtung schon erfahren und erlebt, die meisten hatten sich aber bisher kaum Gedanken darüber gemacht, was Beachtung eigentlich ist und wie sie unseren „sozialen Tanz" mitbestimmt. Für Menschen, die erzieherisch, kommunikativ oder therapeutisch mit anderen Menschen umgehen, dürften diese Erfahrungen selbstverständlich sein, gehören sie doch zum „täglichen Brot" mitmenschlichen Umgangs. Dennoch gibt es in der psychologischen und psychotherapeutischen Fachliteratur wenig Explizites zu diesem Thema. In den Standardwerken der Psychoanalyse taucht der Begriff kaum auf, allenfalls unter dem Stichwort „Anerkennung", umschrieben als gesunder Narzissmus und meist sehr theoretisch. Auch in den Ansätzen der Verhaltenstherapie wird die Beachtung kaum thematisiert und wenn, dann funktionalisierend oder zweckgebunden.

Ich folge der Einschätzung des Psychologen Wolf Büntigs und des Sufilehrers Idries Shah, die übereinstimmend belegen, wie Beachtung in sämtliche zwischenmenschliche Belange einfließt. Deswegen ist es wichtig, diesen Faktor Beachtung bewusst zu machen und zu differenzieren, um zu erkennen, aus welchen Quellen und Motivationen unsere Aktivitäten gespeist sind. Hinter vielen unserer sozialen, kommerziellen oder informellen Interaktionen und Sachzwängen verbergen sich häufig Motivationen, die dem Wunsch nach Beachtung entspringen. Selbst das größte Glück, die größte Tat, das schönste Erlebnis, bleiben sie im Schatten des stillen Kämmerleins, verpuffen nur allzu rasch, wenn da nicht Beachtung, Applaus oder Kritik von außen zu Hilfe kommt. Wichtiger als die Forderung nach Bescheidenheit, Verleugnung oder Genügsamkeit scheint daher die Frage nach einem bewussten Umgang mit Beachtung zu sein. Georg Franck, der als Ordinarius für EDV-gestützte Methoden in Architektur und Raumplanung an der Technischen Universität in Wien arbeitet, hat in seiner 1998 erschienenen Abhandlung „Ökonomie der Aufmerksamkeit" einen Entwurf einer „Ethik der Aufmerksamkeit" entwickelt, die einen denkenswerten Imperativ enthält: „Halte, wenn dir der andere unverständlich erscheint, nicht ihn, sondern erst einmal dich selbst für den Dümmeren!" Diese Logik, die die Frage nach dem anderen und nach Grundlagen des Menschlichen in den Blick nimmt, hat nichts mit Kalkül oder Strategie zu tun. Sie kommt aus dem Herzen, dort wo wir ein intuitives Wissen darüber haben, dass der andere uns etwas angeht. Die Bedeutung des Herzens ist zentral für das Geben und Empfangen von Beachtung.

Eine Ethik des Herzens scheint mir gerade in unserer Zeit notwendig, wo es gilt, der schleichenden Gleichgültigkeit und Herzlosigkeit etwas entgegenzusetzen. In einer Welt, in der der Verteilungskampf um Beachtung tobt, muss auch ihr Gegenstück – die

Verachtung – epidemisch werden. Nicht nur weil Beachtung ein knappes Gut ist, sondern auch weil die Zahl der um Beachtung Werbenden sich ständig vermehrt. Dies führt zu Überforderungen und Zerklüftungen des gesellschaftlichen Klimas. Für das Zurechtkommen mit den eigenen und den Bedürfnissen anderer ist Wohlwollen, Herzenswärme und wohlwollendes Zuhören angemessener als jegliches Analysieren und Rationalisieren. Güte und Erkenntnis, Herz und Vernunft, Humor und Nachsicht sind nötig für einen heilsamen Umgang im alltäglichen Beachtungsaustausch. So wie sich unsere Fingerabdrücke unterscheiden, so schenken und empfangen wir Beachtung auf je einzigartige und verschiedenartige Weise. Was zählt, ist geteilte Beachtung. Wenn man wissen will, was jemand beabsichtigt, so braucht man lediglich schauen, wem oder was er Beachtung schenkt. Beachtung ist auch ein Schlüsselwort zum Thema Leiden und Einsamkeit. Wir leiden mehr, wenn wir uns mit den Schmerzen allein und nicht beachtet fühlen.

Wie wäre es, wenn wir uns selbst und einander mit wohlwollender Anteilnahme und Aufmerksamkeit Beachtung schenken würden? Vielleicht wird man dadurch kein besserer Mensch, aber man tut etwas für den anderen und für sich selbst, weil man verstanden hat, dass das Zusammenleben von der Sorge um das Herz, das man füreinander hat, abhängt.

Beachtung: allgegenwärtig

Unvergesslich ist mir der Morgen vor Fastnacht geblieben. Ich stand in einer Bäckerei, als plötzlich ein kleiner Junge im Clownkostüm hereinstürmte. In Sekundenschnelle war der ganze Raum wie verwandelt. Wir starrten alle auf diesen kleinen Bengel, der mit unschuldigem Augenzwinkern und unwiderstehlichem Charme sein „Helau" versprühte. Das „Morgenmuffeln" und die Einkaufshektik waren wie weggeblasen. Es blieb uns nichts anderes übrig, wir mussten einfach auftauen und lachen. Dieser Knirps verzauberte uns ohne große Worte. Er verstand es, hemmungslos einen ganzen Laden für sich einzunehmen und sogar noch mit einem saftigen „Berliner" dafür belohnt zu werden.

Diesem Jungen war etwas geglückt, wovon wir alle träumen, was wir uns alle wünschen: Beachtung. Er hat eine Ressource angezapft, die in unserer Zeit immer wertvoller und begehrenswerter wird. Kinder können regelrechte Meister im Einheimsen von Beachtung sein, weil sie noch unbefangener, spontaner und nicht so gezielt strategisch wie Erwachsene vorgehen. Kinder leben aus dem Augenblick. Ihre Lust auf Neues und ihre Neugier halten sie wach und aufnahmebereit für den wechselnden Fluss der Ereignisse. Kinder holen sich noch unbefangen und demonstrativ die Beachtung, die sie brauchen. Erwachsene haben es da schwerer, weil sie darauf bedacht sind, dieses Bedürfnis zu verschleiern. Im Laufe des Erwachsenwerdens verbirgt es sich unter einer Decke, die aus Konditionierungen, Regeln und Anweisungen, wie man sich Beachtung verschafft, gesponnen ist. Ich denke an eine typische Szene aus dem städtischen Alltag: Da gibt es einen Stehempfang anlässlich einer Ausstellungseröffnung. Elegante, meist grau, beige oder schwarz gekleidete Gäste versammeln sich. Plötzlich heften sich alle Blicke auf den einen: Da steht er in seinen weißen Jeans und dem farbenfrohen mexikanischen Hemd mit einem entwaffnenden Lächeln und einem Sektglas in der Hand. Auch er hat

Beachtung erhalten, nur war das weder ein Glückstreffer noch ein Zufallsprodukt, sondern das beinahe logische Ergebnis gezielter Selbstinszenierung, Phantasie und einer Prise Witz oder Anarchismus. Für einen Moment war er herausgehoben und erhoben aus der Menge der Leute. Nicht nur, weil er andersartig, sondern auch auffallend und farbig gekleidet war. Er hat sich gezeigt und eine bestimmte Botschaft kommuniziert: „Ich will gesehen werden." Und dafür hat er einen Beachtungssieg gegen sämtliche grau-schwarze Konkurrenz und Prominenz davongetragen.

Im Zeitalter der Medien und der Informationsfülle gilt Beachtung als das begehrteste Einkommen. Beachtung ist ein Gut, das sogar dem Wert des Geldes den Rang abgelaufen hat. Menschen hungern nach Beachtung und leiden an ihrem Entzug. Um Mensch zu sein, brauchen wir die Beachtung durch die anderen. Aber auch die Gesellschaft ist auf die Beachtung von uns Menschen angewiesen, um überhaupt bestehen zu können. Mit anderen Worten: Nicht nur wir sind es, die ihre Existenz, so wie sie ist, der Beachtung verdanken, sondern auch die Gesellschaft. Von uns hängt es ab, ob wir ihre Wirklichkeit anerkennen oder uns ihr verweigern. Kurz: Beachtung ist eine elementare Kraft der Gesellschaftsbildung.

Unsere moderne Welt ist zur Arena von generalisierten Kämpfen um Beachtung geworden. Dies hängt mit dem Siegeszug des Privaten zusammen, der unsere Gesellschaft besonders kennzeichnet. Der Trend zum narzisstischen Individualismus und die Idee der Selbstverwirklichung haben die Idee des Gemeinwohls abgelöst. Nicht nur die Menschen suchen heute auf neue Art und Weise nach Beachtung, auch die Medienwelt hat einen grundsätzlichen Wandel erfahren. Was in den 68er-Jahren von den Wortführern noch als „privatistische Scheiße" drastisch angeprangert wurde, ist zum Mittelpunkt des Öffentlichen geworden und auflage- und quotenträchtig. Wirft man einen Blick auf die Zeitungen und in die Fernsehprogramme, so stellt man fest, dass Politiker sich immer häufiger als Privatleute darstellen. Nicht mehr Sachkompetenz und Argumente, sondern die Zurschaustellung des „Menschlichen" und die selbstinszenierte private Offenbarung sind eher die Regel als die

Ausnahme. Joschka Fischer beim Marathon, Gerhard Schröder im Brioni-Anzug, um zwei beliebte, aktuelle Beispiele zu nennen. Je härter im Showgeschäft um Beachtung und Einschaltquoten gekämpft wird, desto mehr zählen Äußerlichkeiten, Selbstdarstellung und Selbststilisierung. Kein Wunder, dass vor allem die Selbstdarsteller und Wortgewaltigen Unterhaltungswert liefern, jene eben, die gelernt haben, dass es nicht darauf ankommt, was, sondern vor allem wie etwas gesagt wird. Die Clinton-Lewinsky-Affäre ist ein Beispiel dafür, wie man die heraufbeschworenen Geister des Privaten politisch nicht mehr loswurde. Das gilt auch für Personen, die als Grenzgänger zwischen Funktion und Prominenz fungieren, wie beispielsweise „Lady Di". Angesichts eines Autounfalls, der über mehrere Wochen hinweg das ganze Weltgeschehen in den Hintergrund rückte, mag uns der Siegeszug des Privaten im Öffentlichen eindrücklich bewusst geworden sein.

Beachtung ist heute eine Ressource, die sich, wie das Geld in der Ökonomie, auch bezahlt macht. Wer einschlägig bekannt ist, bekommt attraktive Angebote, lukrative Aufträge und interessante Aufgaben. Heute heißt es nicht mehr „Haste was, biste was", sondern „Wirste beachtet, biste wer". Die sich ständig vermehrende Inflation an Botschaften, die unzähligen Fernsehkanäle, Radiosender, Buch- und Filmproduktionen und Dienste im Internet, sie alle wären null und nichtig ohne die Zuwendung und Beachtung ihrer Adressaten und Benutzer.

Es gibt kaum etwas, das im Menschen tiefer verwurzelt ist als das Verlangen, bemerkt, wahrgenommen, gesehen oder gehört zu werden. Die „unwiderstehlichste aller Drogen" sei die Aufmerksamkeit der anderen, sagt Georg Franck. In der Tat, was beflügelt mehr als die wohlwollende Zuwendung anderer, was wärmt mehr als ihre einfühlsame Anteilnahme? Was schmeichelt mehr als die öffentliche Reputation?

Gibt es Menschen, die keine Beachtung brauchen? Kaum. Ich habe jedenfalls noch niemanden getroffen. Beachtung ist ein Bestandteil unserer Existenz. „Ich werde beachtet, also bin ich" und umgekehrt: „Ich beachte andere, also erhalte ich mich." Beachtung ist nicht nur die Angelegenheit eitler, bedürftiger, gefallsüchtiger oder narzisstisch gestörter Menschen. Sie betrifft uns alle. Sie hängt damit zusammen, dass wir in einer Kultur leben, in der für die leiblichen Bedürfnisse gesorgt ist, in der durch die sich rasant entfaltenden Wissens-, Medien- und Kommunikationsangebote die effiziente und rasche Beachtung sogar wirtschaftlich zu einer Schlüsselkategorie geworden ist. Nicht in erster Linie das Geld, der exzessive Genuss und die Völlerei, sondern die Sorge um die Beachtung und Aufmerksamkeit anderer Menschen bestimmen das Lebensgefühl in unserer Wohlstandsgesellschaft. Neue Technologien machen es möglich, den Austausch von Beachtung mit einer immer größer werdenden Reihe von Personen aufrechtzuerhalten. In vieler Hinsicht erleben wir eine regelrechte Belagerung und Sättigung unseres Selbst. Man braucht nur ein paar Momente eines typischen Arbeitsalltags herauszugreifen, um zu sehen, wie wir sozusagen rund um die Uhr Opfer oder Nutznießer von Beachtung sind:

Sie kommen abends heim und finden Ihren Briefkasten vollgestopft mit Werbung und Sonderangeboten, mit Katalogen von Versandhäusern, Ankündigungen lokaler Ereignisse, Rechnungen, Strafzettel und vielleicht mit einem Brief.

Sie kommen von einem Seminar und finden ihren Anrufbeantworter voller Nachrichten, die auf Ihren Rückruf warten.

Sie verbrachten ein Wochenende mit Freunden, und Ihre Faxmaschine oder E-Mail erwarten Sie mit Botschaften, auf die Sie (möglichst rasch) reagieren sollen.

Sie sitzen im Zug und wollen gerade frühstücken, da klingelt Ihr Handy.

Dies alles scheint alltäglich und kaum der Rede wert. Dennoch spiegelt es ein tiefgründiges Muster sozialen Wandels, das man mit der Kurzformel: „Verteilungskampf um Beachtung" charakterisieren könnte. Man braucht sich nur umzuschauen, von überall her schreit es: „Beachte mich!" Kinder, Eltern, Freunde, Kollegen, Partner und vor allem die Medien mit ihren Celebrities aus Kino, Mode, Wirtschaft, Kunst und Politik. Es macht deswegen keinen Sinn, zu fordern, sich durch selbstgenügsame Autarkie, falsche Bescheidenheit oder Verleugnung dem Tanz um Beachtung zu entziehen. Es ist schlicht unmöglich. Wir alle brauchen Beachtung.

Was ist Beachtung?

Eine Erfahrung von Beachtung geht auf mein Spiel in einem Orchester zurück. Ich denke an die Proben mit einem bestimmten Dirigenten. Er schaffte es, uns mit minimalen Gesten und Blicken derart zu fesseln und in einen Zustand höchster Konzentration zu versetzen, dass wir nicht merkten, wie die Zeit verging. Vom ersten bis zum letzten Ton verfolgten wir jedes Signal mit höchster Aufmerksamkeit, und am Ende der Probe fühlten wir uns trotz einsetzender Müdigkeit wie „wiederauferstanden". Ein Blick in den Spiegel bestätigte unser Gefühl: Wir alle sahen irgendwie rosiger, jünger und frischer aus.

Was war das Besondere? Was war der Unterschied zu anderen Probesituationen? Ich glaube, das hing mit der Beachtung zusammen, die dieser Dirigent jedem einzelnen Musiker schenkte. Selbst wenn er nur den kleinen Finger für den Kontrabasseinsatz hob oder einen kurzen Blick zu den Celli warf, jeder fühlte sich ganz bewusst wahrgenommen und beachtet. Jeder hatte das untrügliche Gefühl: „Ich bin bedeutsam. Ich bin wichtig. Ich gehöre dazu."

Beachtung bedeutet zunächst einmal, dass man seine Aufmerksamkeit auf jemanden oder etwas Bestimmtes richtet. Sie ist also gerichtete Aktivität und heißt ganz schlicht: achten oder Acht geben auf etwas oder jemanden. Man befindet sich dabei in einem Zustand wacher Achtsamkeit und hat auch eine gewisse Absicht, die sich als gezieltes, gerichtetes Achtgeben äußert. Es geht hier primär um die Ebene des Bemerkt-, Gehört-, Angesehen-Werdens. Beachtung, wie ich sie aber verstehe, hat noch eine tiefere Ebene – die mit Achtung zu tun hat. Achtung oder wohlwollende Bestätigung gehören für mich zentral zur Bestimmung dessen, was mit diesem Begriff gemeint ist. Beachtung geben bedeutet, dem anderen Menschen und seiner Perspektive der Welt, wie verschieden, fremdartig, verrückt oder komisch sie auf den ersten Blick auch erscheinen mag, Achtung entgegenzubringen. Es ist also weit mehr als ein teilnahmsloses Zuschauen, sondern bedeutet ein zugeneigtes Fühlen, eine Zuwendung, die den anderen in seiner einmaligen Lebensentfaltung anerkennen und sehen will. Das verwandte Wort „aufmerksam sein" heißt im Lateinischen ‚adtendere'. Die Silbe *ad* bedeutet ‚hin, zu' und *tendere* bedeutet ‚dehnen, ausdehnen'. Wenn man seine Aufmerksamkeit auf jemanden richtet, dann dehnt oder streckt man sich aus bis hin zu diesem Menschen.

„In seiner Nähe bin ich ein besserer Mensch", beschrieb eine Klientin diese Erfahrung mit ihrem Partner, die darauf hindeutet, was liebende Beachtung bewirken kann. „In deinen Augen werde ich schön", so las ich in einem Brief. Beachtung ist eine Einladung, kein hartes Muss. Jeder Mensch ist fähig dazu, an sich selbst festzustellen, wie solch eine Einladung ihn aufwertet, und daher auch imstande, andere so zu sehen, wie sie sein könnten. Beachtung für sich selbst und für andere, hieße das nicht geradezu, uns selbst und die anderen so zu träumen, wie sie jetzt noch nicht sind? Auf einer tieferen Ebene hat Beachtung also etwas mit liebevoller Bestätigung zu tun. Im Hebräischen bedeutet lieben auch erkennen. Ich werde vom anderen ergriffen im schöpferischen Akt des Erkennens. So wie es unzählige Möglichkeiten gibt, Liebe und Zuneigung auszudrücken, gibt es auch verschiedene Arten, Beachtung zu zeigen. Man kann sie direkt ausdrücken, indem man beispielsweise jemanden anschaut, anhört, berührt oder umarmt, oder man kann sie indirekt zum Ausdruck bringen, indem man an ihn denkt, über ihn spricht oder für ihn betet.

„Ich beachte dich" heißt demnach: „Ich begegne dir; ich nehme dich wahr; ich sehe dich; ich höre dich". Was bedeutet das? Ich öffne mich für den anderen mit meinen Sinnen, meinen Empfindungen, meinen Gefühlen und meinem Verstehen. Es bedeutet auch, dass ich von anderen Menschen wahrgenommen und gesehen werden möchte. Es könnte sein, dass es sich bei dieser Begegnung nur um einen einfachen Morgengruß oder ein schlichtes „Danke" handelt. Schon dieser kleine Austausch verändert uns beide, er vergrößert unsere Erfahrung von uns selbst und lässt den heutigen Morgen oder Tag in einem anderen Licht erscheinen. Es könnte aber auch sein, dass man einander tiefer kennen lernen möchte oder auch nur ein Stückchen näher. Beachtung ist demnach immer mit Gefühlen verbunden. Diese können schwach sein, wie bei dem erwähnten Morgengruß, oder auch stark und verbindlich, wenn man sich näher aufeinander einlässt und in diesen merkwürdigen Zustand gerät, der sich als Liebe äußert.

Einander beachten heißt immer etwas vom anderen Menschen in sich hineinlassen und bewahren. Rachel Naomi Remen, Leiterin eines kalifornischen Krebsforschungsprogramms, meinte sogar, dass Beachtung und Zuwendung letztlich die entscheidenden Faktoren sind, die bei Schwerkranken den Lebens- und Gesundungswillen stärken. Wer von außen Wertschätzung erhält, gewinnt auch Wertschätzung für das eigene Leben. Diese Gewissheit – „ich bedeute dir etwas" – in unserer schnelllebigen Gesellschaft zu finden ist nicht immer einfach. Sie braucht Zeit, Wahrnehmung und Präsenz. Wie oft erhalten wir die gegenteilige Botschaft, Gleichgültigkeit oder das Gefühl, nur was auffallend und lärmend daherkommt, wird überhaupt erst registriert.

Beachtung hingegen, die auf Wertschätzung, Respekt oder Anerkennung basiert, ist eine elementare Form der Zwischenmenschlichkeit. Sie ist mehr als nur ein Tauschgeschäft nach dem Motto: „Ich gebe dir, damit du mir gibst." Sie ereignet sich, wenn Menschen sich füreinander öffnen, aufeinander reagieren und sich auf ein Wechselspiel von Empfangen und Geben einlassen. Beachtung in diesem Sinne ist mehr als nur ein sachlich informatives Registrieren oder aufmerksames Merken. Es geht um eine Qualität der Zuwendung, die mit einem bestimmten Fühlen, Spüren oder Empfinden verbunden ist. Beachtung kommt also nicht nur aus dem Kopf: Bauch und Herz sind gleichermaßen beteiligt. Der Unterschied zwischen bloßem Registriertwerden und Beachtetwerden lässt sich einfach verdeutlichen. Nach einem Fest sagt jemand zu Ihnen: „Ich habe dich gestern Abend gesehen." Wie werden Sie reagieren? Wahrscheinlich lässt Sie das ziemlich kühl. Hören Sie hingegen: „Flott hast du gestern ausgesehen in deinem lindgrünen Hosenanzug . . . und wie lebendig du beim Tanzen warst." Ihre Reaktion wird wahrscheinlich ganz anders ausfallen, weil Sie sich wahrgenommen und gemeint fühlen. Beachtung, die mit wertschätzender Zuwendung einhergeht, hinterlässt positive Spuren in der Seele.

Jeder hat wohl eine intuitive Vorstellung davon, wie es sich anfühlt, wenn man beachtet wird oder Beachtung schenkt. „Wenn ich mich vom Leben und von meinem Mann bejaht weiß", so drückte es eine Frau aus, die gerade geheiratet hatte. Beachtung ist von außen schwer zu erfassen, wie wichtig sie auch für das Seelenleben des Einzelnen ist. Was Beachtung ist, bestimmt letztlich jeder selbst. Niemand von außen kann beurteilen, ob sich jemand beachtet fühlt oder nicht. Natürlich gibt es Unterschiede im Maß an Beachtung, das der einzelne Mensch braucht. Manchen genügt ein schlichter Gruß, während andere auf Lob, Komplimente oder andere sichtbare Zeichen angewiesen sind. Man denke nur an die unzähligen Postkarten, Blumensträuße, die im Zeichen der Beachtung täglich ausgetauscht werden.

Beachtung ist also weder einfach messbar noch ist sie eindeutig oder analysierbar, weil sie durch persönliches Erleben erzeugt ist. Mit Empfindungen, inneren Wahrnehmungen und Gefühlen, also mit etwas, das wirklich ist, ohne konkret fassbar zu sein, damit tut sich die Wissenschaft schwer. Ist sie doch gewohnt, mit Informationen umzugehen. Aber wie lässt sich Beachtung informationstechnisch erfassen? Wie ist gefühlter Sinn nachweisbar? Wie ist ihm chemisch oder physikalisch beizukommen? Dem, worauf es bei der Beachtung ankommt, nämlich auf den Austausch zwischenmenschlicher seelischer Qualitäten, kann man sich wohl nur annähern, wenn man davon ausgeht, dass wir beseelte Wesen sind, die im Seelenleben anderer eine Rolle spielen wollen. Wir wissen zwar manches über die Bedingungen, Beachtung hervorzubringen, aber wir wissen letztlich nicht, wie es kommt, dass unser Nervensystem nicht nur Informationen verarbeitet, sondern auch subjektives Erleben erzeugt. Beachtung ist viel mehr als „Interesse" oder „Aufmerksamkeit". Versucht man Beachtung zu instrumentalisieren, so wird sie versachlicht. Beachtung ist eine Erfahrung, ein dynamischer, wechselseitiger Prozess, in dessen Zentrum die Erfahrung steht: Ich bin gemeint. Ich bin betroffen. Ich bin berührt.

Beispiele für Beachtung, die das Herz erwärmen, sind oft kleine aufmerksame Handlungen und nicht einmal so sehr die großen spektakulären Gesten. Manchmal übersehen wir diese menschenfreundlichen Lichtblicke, aber unser Herz erinnert sich daran. Ein Lächeln, das ein bisschen strahlender ist, ein Anruf, der spontan kommt, ein befreiendes Lachen im richtigen Moment, ein Händedruck, der etwas wärmer ist, eine Begrüßung, die aufrichtig gemeint ist, oder ein Satz, der auf innere Resonanz stößt und lange nachwirkt. Das sind die kleinen Handreichungen von Seele zu Seele, die uns ermutigen und inspirieren, die Hoffnungsschimmer, die uns beflügeln, weiterzumachen. Das sind die Momente, die uns den Unterschied zwischen purer Zweckmäßigkeit und diesem kleinen bisschen „Mehr" leibhaftig vermitteln. Ihnen verdanken wir die Motivation, das weiterzugeben, was wir erhalten haben.

Das Phänomen Beachtung

Wenn ich über bestimmte Phänomene nachdenke, ziehe ich oft die Musik zu Rate, weil dort manches direkter und unverstellter zum Ausdruck kommt. Als Musikerin erlebe ich dieses Phänomen als eine Art Einschwingen meines Instruments auf die Frequenz eines anderen. Ich höre und ich fühle leibhaftig, da ist Resonanz – Widerhall geschieht. Wir sind durch eine bestimmte Feineinstellung unserer Instrumente auf eine bestimmte Frequenz aufeinander bezogen und als Hörende einander zugeordnet – das ist die physikalische Erklärung. Hören ist also nicht passiv, sondern ein von Erwartungen geprägtes Achtsamsein. Ich empfange und ich orte. Ich höre nämlich den Ton nicht nur als Frequenz, sondern auch in seiner persönlichen Bedeutsamkeit, verstehe ihn als Zeichen und als Sinn.

Obwohl jeder in seinem Leben Erfahrungen mit Resonanz und Beachtung kennt, denken die meisten wenig darüber nach. Die Auskünfte, die ich erhielt, waren auch dementsprechend vage und allgemein gehalten. Eine typische Antwort eines jungen Geschäftsmannes: „Ich bin derart eingespannt im Alltag, dass ich mir über so etwas gar keine Gedanken machen kann." Oder eine Erzieherin: „Ich merke nur, wenn ich mal wieder zu viel Schokolade esse, dass es irgendwie damit zusammenhängt, dass ich mal wieder mehr Beachtung bräuchte." Eine Schülerin: „Wenn ich einen tollen Aufsatz geschrieben habe, dann möchte ich auch Beachtung dafür." Mir fiel auf, dass manche nicht sicher waren, was man unter Beachtung eigentlich genau versteht. Beim Beschreiben des Phänomens wurden meist konkrete Erlebnisse berichtet, eingebunden in einen ganzen Komplex von Gedanken, Gefühlen und Verhalten. Ein junger Lehrer meinte: „Beachtung, das hat was mit Gefühlen zu tun. Zum Beispiel neulich als ich mit einer Schülerin in der Pause ins Café ging. Sie war so traurig, weil ihr Hund gestorben war. Da habe ich einfach mit ihr gesprochen und sie auf andere Gedanken gebracht. Danach ging es ihr viel besser."

Beachtung bildet eine Mischung von Gefühlen, Handlungen, Gedanken und Wahrnehmungen, die sich nicht auf einen einfachen Nenner bringen lassen. Es handelt sich darüber hinaus um ein soziales Gefühl, das den realen oder imaginierten anderen miteinbezieht. Beachtung ist eine bestimmte Art der Wechselbeziehung, um sie angemessen zu beschreiben, braucht es eigentlich beide: Gebende und Nehmende. Außerdem sind Gefühle mit im Spiel, nicht nur die eigenen, sondern auch die der anderen. Sie auseinander zu halten kann schwierig sein. Die oben erwähnte Erzieherin führte dies weiter aus: „Ich dachte, warum beachtet sie (ihre Kollegin) mich denn nicht mehr? Ich wurde immer ärgerlicher, bis ich erfuhr, dass sie ein Alkoholproblem hatte ... dann tat sie mir irgendwie leid, und ich konnte sie besser verstehen."

Wie sich das Phänomen Beachtung in alltäglichen Handlungen zeigt, bekomme ich immer wieder leibhaftig in meiner therapeutischen Praxis zu spüren. Ich denke an den jungen Zahntechniker, der sich darüber beklagte, dass er nicht originell, nicht spontan und nicht dynamisch genug sei. Er wolle sich direkter ausdrücken lernen und mehr „er selbst" sein, das war sein Wunsch und Auftrag an mich. Mir fiel auf, dass er nach vorn gebeugt, wie auf dem Sprung gerade noch auf der Stuhlkante saß. Auf meine Frage, ob ihm bewusst sei, wie er gerade sitze, verneinte er. „So sitze ich immer ... ist da was falsch dran?" Er fühlte sich ertappt. „Sie geben sich keine Unterstützung . . . keine Beachtung." Dieser Satz ermunterte ihn, wirklich Platz auf dem Stuhl einzunehmen. Genüsslich lehnte er sich im Stuhl zurück. Er spürte den Unterschied – vorher wie eine Katze auf dem Sprung und plötzlich wie jemand, der wirklich präsent ist, auf seinem Stuhl sitzt und ihn für sich einnimmt. Das war ein erstes eindrückliches Beispiel für ihn zum Thema „sich selbst beachten", auf das er immer wieder zurückkam. Mit der Zeit korrigierte er sich von selbst: „Ich übergehe mich mal wieder – Moment – ich muss erst mal in meinem Stuhl ankommen. So – nun bin ich da."

Auf meine Frage, was Beachtung für sie sei, sagte eine Schülerin: „Wenn ich höre, dass das Fahrrad meiner Freundin gestohlen wurde, und ich würde nur sagen: ‚schade um dein neues Rad', das fände ich schlimm. Wenn ich ihr stattdessen mein Rad ausleihen würde, das wäre für mich Beachtung, weil ich mich in sie hineinversetze, und weil es mich nicht kalt lässt, was ihr passiert ist." Diese Äußerung zeigt wiederum, dass Beachtung nicht nur ein sachliches Registrieren ist, sondern davon bestimmt wird, inwieweit man sich gefühlsmäßig auf einen anderen Menschen einlässt, sich in seine Rolle versetzt und diese Gefühle in eigenes Verhalten umsetzt.

Beachtung ist soziales Fühlen, ähnlich wie Liebe, Hass, Schuld, Scham oder Bewunderung. Sie schafft eine soziale Brücke zwischen Menschen und verbindet sie miteinander, deswegen braucht es immer zwei: einer, der Beachtung schenkt, und einer, der sie empfängt. Wenn Geben und Empfangen sich miteinander erfolgreich verbinden, dann ist der Brückenschlag geglückt, und beide empfinden dies als „Ich bin verstanden oder gesehen worden". Die Erfahrung eines älteren Ehepaares beschreibt diese Übereinstimmung: „Nach meinem Herzinfarkt waren wir plötzlich wie auf einer Wellenlänge. Wir waren wie ein Herz und eine Seele. Jeder gab dem anderen, was er brauchte. Kein Aufrechnen, kein Kalkulieren mehr, einfach da sein. Geben und Nehmen, alles war wie eins. Ich musste wohl erst sehr krank werden, um diese Art von Verbundensein schätzen zu lernen."

Selbst wenn wir Tieren oder Bäumen und Pflanzen Beachtung schenken, so hat das wahrscheinlich damit zu tun, dass wir sie als beseelte Wesen erleben und unsere eigenen Gefühle auf sie übertragen. Gelegentlich höre ich, dass Menschen um einen sterbenden Baum trauern oder mit Pflanzen sprechen, sie berühren und streicheln. Beachtung bezieht sich also nicht nur auf Menschen, sondern auf alles, was wir beseelen. Für manche ist das sogar ihr PC oder ihr defektes Auto, dem sie gut zureden, so im Sinne „Stell dich doch nicht so an!", „Wehe, du stürzt mir wieder ab!", „Noch eine Panne, und du wirst verschrottet!".

Wenn wir anderen Beachtung schenken, beachten wir gleichzeitig auch uns selbst. „Toll hast du das gemacht! – Ich hätte das nie so hingekriegt." „Danke für deinen Anruf. Er kam genau im richtigen

Moment. – Ich fühle mich zur Zeit nämlich ziemlich mies." Andere beachten heißt immer auch, Zugang zu eigenen Gefühlen zu gewinnen. Andere geben uns die Chance, Gefühle auszudrücken, die wir vielleicht sonst nicht wahrgenommen und ausgedrückt hätten. Indem man Beachtung schenkt, gibt man auch Zeichen von sich selbst. Man erfährt, wer man gerade ist, nimmt eigene Gefühle und Standpunkte wahr und kommt dem Ziel menschlichen Lebens näher, sich verstehen zu lernen. Eine Klientin drückte das treffend aus: „Mir geht es nicht so sehr darum, zu gefallen. Ich möchte vielmehr wissen, wer ich eigentlich bin. Ich möchte wissen, ob ich ähnlich wie andere denke, fühle und reagiere. Ich will erfahren, ob ich unter Freunden, Geschwistern oder unter Gegnern bin. Manchmal erfahre ich erst durch andere, wo ich gerade stehe."

Schon allein zu wissen, wann man besser schweigt oder wann man reden soll, ob man etwas übergehen oder hinnehmen soll, ob man sich verteidigt oder zur Wehr setzt, ist hohe Beachtungskunst. Sie kann zu entscheidenden Weichenstellungen im Leben führen. Hängt sie doch zusammen mit der Fähigkeit, Situationen und Konstellationen intuitiv zu erfassen und zu verarbeiten, entsprechende Aktionen oder Reaktionen zu finden und unterscheiden zu können, was, wann, wie und wo angemessen ist.

Worum geht es beim wechselseitigen Austausch?

Ich wundere mich immer wieder, dass es einige Dirigenten gibt, die sich so verhalten, als wüssten sie nicht, worum es beim Tausch von Beachtung geht. Da wird mit dem Fuß aufgestampft, geflucht, gebrüllt, mit dem Taktstock geworfen. Mir kommt es vor, als würden sie sich durch die Verbreitung von Furcht und Schrecken die Beachtung gewaltsam zu holen versuchen, die anderen, die die Kunst der Liebenswürdigkeit beherrschen, sozusagen zufliegt.

Manchmal scheint es sogar, als würde echte Feindschaft seine Gegner mehr beachten und scharfsichtiger ins Auge fassen, als eine Liebschaft es vermag. Ein Musikwissenschaftler kommentierte diesen Sachverhalt: „Ich brauche meine Feinde, sie studieren mich wenigstens genau. Wer nimmt sich schon die Mühe, auf mich so Acht zu geben? Meine Freunde sind da viel nachlässiger, weil ihr Wohlwollen ihnen die Klarsicht benebelt. Wer hat die Fehler in meinen Partituren gefunden? Doch nicht meine Freunde. Meine kritischen Kollegen mit den Adleraugen. Ihnen verdanke ich so manche Korrektur oder genauere Quellenforschung."

Etwas zu beachten heißt also nicht automatisch, es auch zu schätzen. Auch Bespitzelung, Fahndung, Neid, Eifersucht beachten genau, aber ihre Motive sind missgünstig. Sie wollen kontrollieren, entlarven, aufdecken, ertappen. Ich frage einen Steuerfahnder nach dem, was er beachtet: „Meine Arbeit besteht ja nicht nur aus Zahlen. Ich habe ja mit Menschen zu tun. Und da spart man sich viel Aufwand und Zeit, wenn man ganz genau darauf achtet, wie sie sich verhalten. Ich brauche keine Psychologie zu studieren, ich habe schließlich eine ‚Nase'", sagt er und seine Nasenflügel beginnen in der Tat ganz fein zu vibrieren. Klatsch kann eine mildere Form missgünstiger Beachtung sein. In Abwesenheit der Betroffenen werden jene Beobachtungen formuliert, die in deren Abwesenheit tunlichst ungesagt bleiben. Die Abwesenden erhalten zwar Beachtung, aber eben eine eher negativ getönte, bloßstellende oder entwertende Form, die zwar sozial legitimiert ist, aber immer auch in der Gefahr schwebt, ins Verächtliche zu entgleisen. Eine andere Spielart ist die stets wache Neugier derer, die andere nicht zur Ruhe kommen lassen, sie beständig ausfragen oder kontrollieren. „Woran arbeiten Sie gerade?" „Leben Sie immer noch allein?" „Wie geht es mit Ihrer Frau/Ihrem Mann?" „Darf ich fragen, wie viel man so als Arzt, Banker, Schauspielerin . . . verdient?" So oder ähnlich können die Fragen lauten, die den anderen umlauern und ihn ausforschen wollen. Will man nicht in den Ruf kommen, unhöflich zu sein, bleibt oft nur das Ablenken oder Ausweichen vor derartigen Verhörfragen. Ein krasses Beispiel lieferte eine Geschäftsfrau, die in regelmäßigen Abständen den Kilometerstand des Autos, die Briefe und Telefonnummern ihres Mannes kontrolliert und notiert, der natürlich perplex ist, wenn er zur Rede gestellt wird wegen irgendwelcher Anspielungen, die in gewissen Briefen von Kundinnen gestanden haben sollen. Diese Art von indiskreter, misstrauischer Beachtung macht ihn rasend, ständig überlegt er sich Rechtfertigungen, verstrickt sich in Lügen und Ausreden. Wie reagiert er? Er versteckt sämtliche Visitenkarten, Briefe und Autoschlüssel vor seiner Frau, bis er sie oft selbst nicht mehr wiederfindet. Sie wiederum macht sich lustig über ihn, bis eines Tages eine Blumenvase durch das Fenster rauscht, wodurch die häusliche Idylle erst einmal einen hörbaren Sprung erhielt. Ein anderes extremes Beispiel für kontrollierende Beachtung lieferte ein Arzt, der von einer Patientin derart verfolgt wurde, dass er sich abends kaum mehr aus dem Haus wagte, weil sie periodisch um sein Haus und in seiner Straße herumschlich und nach Vorträgen immer auf ihn wartete. Auch wenn es nie zu einer wirklichen Begegnung außerhalb seiner Praxis kam, so fühlte er sich doch stark beeinträchtigt durch diese Art von kontrollierender Beachtung und Verfolgung. Selbst in Träumen oder auf Reisen fühlte er plötzlich diese „Geieraugen" – wie er sie nannte – auf sich gerichtet. Das Wort „Geier" ist ja bekanntlich verwandt mit dem Wort „Gier". Die Gier war es, die diesem Arzt so bedrohlich schien, intuitiv wusste er, dass sie eine destruktive Ausdrucksform der Beachtung war. So wurde ihm auch seine Angst, verschlungen zu werden, verständlich.

Beobachtet man Menschen, die einander in der Gruppe begrüßen, so gibt es ein Muster, das den Anschein gibt, als würde man sich Beachtung schenken. Es gibt Menschen, die geben dem einen die Hand, schauen zum Nächsten und schielen schon zum Übernächsten. Während sie versuchen möglichst viele, möglichst schnell zu begrüßen, begrüßen sie letztlich keinen, weil sich keiner wirklich gemeint fühlt. Sie sind überall und nirgends, sie sind da und doch nicht da. Sie geben Beachtung und geben sie doch nicht, weil sie nicht in dem sind, was sie tun. Auch Zuhören verlangt, dass wir uns voll und ganz auf unser Gegenüber einlassen. Das ist für viele schwierig. Und so kommt es zu diesem Pseudo-Zuhören – Kopfnicken, Lächeln, allgemeine Floskeln –, während man in Gedanken woanders ist oder das Gespräch am Nachbartisch verfolgt und mit einer gezielten Seitenbemerkung bereichert. Leere Floskeln, geheuchelte Aufmerksamkeit, aufgesetztes Lächeln erreichen niemals das Herz des Gegenübers. Sie bringen den anderen um die Beachtung, die er zu gewinnen versucht, lassen ihn leer ausgehen, weil sie Qualität mit Quantität verwechseln. Ein markantes Beispiel dafür lieferte mir eine Klientin, die sich frisch verliebt hatte und mit ihrer neuen „Flamme" ihren Geburtstag feiern wollte. Sie erzählte: „Wir kannten uns erst kurz, und er lud mich zu meinem Geburtstag in ein tolles Restaurant ein. Es begann sehr nett, aber dann wirkte er auf einmal unkonzentriert und schaute interessiert hinter mich. Ich fragte ihn, ob da jemand sei, den er kenne. ‚Nein', meinte er und schaute aber immer weiter nach hinten, legte seinen Kopf schräg, lächelte unvermittelt, berührte sich ständig im Gesicht, strich seine Haare zurück und verdrehte die Augen in alle Himmelsrichtungen. Schließlich drehte ich mich um. Und was sah ich hinter mir? – Den Spiegel, in dem er sich die ganze Zeit selbstverliebt betrachtet hatte. Das war das jähe Ende meiner Verliebtheit." Deutlicher kann man wohl nicht erleben, wie sich Beachtung in Missachtung verkehrt, wenn der andere nur in sich selbst gefangen und befangen bleibt. Man geht nicht nur leer aus, sondern man fühlt sich auch in seiner Integrität verletzt.

Wenn Menschen nicht wirklich in dem sind, was sie tun, nicht wirklich bei dem anderen Menschen sind, so kann dies von anderen als Verachtung aufgefasst werden. Eine Klientin wusste sich zu erinnern, wie sie als junges Mädchen mittags von der Schule kam und von den Begebenheiten ihres Schulalltags erzählte. Sie konnte deutlich spüren, wie ihre Mutter zwar pflichtgemäß nachfragte, aber sie fühlte sich missachtet, weil „sie nie wirklich da war". Stets beschäftigt mit Haushaltspflichten und gesunder Ernährung, verpasste ihre Mutter das Entscheidende – für ihre Tochter präsent zu sein.

Hier ist etwas passiert, was wohl viele Menschen kennen. Wir sind zwar körperlich anwesend, aber Geist und Seele sind woanders. Wir halten andere nicht für würdig, uns tatsächlich gegenwärtig zu machen, Beachtung zu erhalten versuchen. Beachtung ist nur im Hier und Jetzt, im bewusst erlebten Augenblick zu haben und nicht im „immer mehr" oder „möglichst viel". Beachtung schenken heißt: ganz da sein und sich in das hineinbegeben, was man gerade tut. So verstandene Beachtung kommt von Herzen und berührt die Seele eines anderen Menschen.

Im Seelenleben des anderen
etwas bedeuten

Ich sitze in einem Café und schreibe. Warum tue ich dies nicht zu Hause an meinem Schreibtisch? Dort ist es absolut ruhig, es gibt Bücher und Nachschlagewerke, Tee und Kaffee. Und dennoch zieht es mich immer wieder in diese Cafés, wo es laut, chaotisch und betriebsam zugeht. Hat es damit zu tun, dass ich hier ohne Ablenkung und Hindernisse mir selbst gehöre? Ein Stück Einssein mit der Welt erlebe? Ich glaube, es ist weit mehr. Hier muss ich mich nicht in die Lebensschicksale anderer einmischen oder hineinversetzen, dennoch gibt jeder dem anderen eine diskrete, wenig spektakuläre Art von Beachtung. Man ist umgeben von Leben, selbst wenn man Distanz hält. Man ist allein und hat dennoch Gesellschaft. Nun verstehe ich, weshalb Mozart wollte, dass ihm seine Frau Geschichten vorlas, während er komponierte.

Das Bedürfnis nach Beachtung ist elementar. Dieses Verlangen entwickelt unser Bewusstsein sozusagen von sich aus, weil es zu unserer menschlichen Ausstattung gehört. In uns allen steckt ein tiefes Bedürfnis, im Seelenleben der anderen etwas zu bedeuten. Wir ertragen es nur schwer, wenn wir für andere keine Rolle spielen. Deswegen ist das verbreitete Motto „Jeder soll auf seine Fasson selig werden" keineswegs so edelmütig, wie es den Anschein haben mag. Es kann reduzierend und verletzend wirken, denn Menschen wollen mehr. Sie wollen eine Fühlungnahme, die ihnen zeigt, dass sie im Seelenleben anderer eine Rolle spielen. Sie wollen wahrgenommen oder mehr noch, sie wollen erkannt werden, und das heißt auch, in ihren vorhandenen Möglichkeiten erkannt werden. Denn es gilt als unbestreitbar, Menschen brauchen Antworten und Resonanz. Jemand ist nur etwas in der möglichen Anerkennung durch andere.

Unser Selbstbild hängt entscheidend davon ab, welche Bedeutung wir für die anderen haben. Tierversuche haben sogar gezeigt, dass das Bedürfnis, der Mutter nahe zu sein, bei Affenkindern stärker ist als jedes andere Bedürfnis, sogar stärker als Hunger, Durst und Schmerzvermeidung[1]. Auch der Psychologe Abraham Maslow hat in seiner Bedürfnishierarchie das Bedürfnis nach Beachtung berücksichtigt. Allerdings hielt er es den biologischen Bedürfnissen untergeordnet. Hingegen glauben Baumeister und Leary, dass der Wunsch nach Beachtung ein genauso zwingendes Bedürfnis ist wie das Bedürfnis nach Nahrung[2].

Unsere Seele braucht Beachtung wie unser Körper Nahrung. Wenn das materielle und körperliche Überleben gesichert sind, entwickelt sich unser Hunger nach Beachtung und Unverwechselbarkeit. Egal, wie reich, attraktiv oder begabt wir sind, wir halten es einfach nicht aus ohne diese Kraftaufladung, die unsere Seele im Alltag wärmt. Kurzum: Der Sinn von Beachtung scheint vornehmlich das zu sein, was uns noch fehlt, wenn für die leiblichen Bedürfnisse gesorgt ist. Wem die Welt Blick und Stimme verweigert, wen sie mit sich allein lässt, dem bleibt nur die Selbstbestätigung. Und die ist auf die Dauer nur eine schwache Selbstversicherung. Nichts auf der Welt gewährt jenes Maß an Daseinsgewissheit, welches aus dem Wahrgenommen- und Gesehenwerden erwachsen kann. Man arbeitet besser, wenn der Vorgesetzte einen beachtet. Man ist witziger, wenn man Resonanz auf seine Witze erhält, und geistreicher, wenn man dafür geachtet wird. Klugheit, Charme, Tüchtigkeit, Geschicklichkeit, Religiosität und auch Potenz – sie alle antworten unmittelbar auf die Beachtung durch andere.

Die verheerendste Strafe, die eine Gesellschaft über ihre Mitglieder verhängen kann, ist deswegen die Ächtung. Interessanterweise bevorzugen Gruppen, die erklärte Gegner von Gewalt sind, dieses Mittel. Der Soziologe Peter L. Berger beschreibt das so genannte „Shunning" bei den Amish-Mennoniten, die ihre Anhänger bei Ver-

---

[1] Vgl. Schmidbauer, W., Evolutionstheorie und Verhaltensforschung. Hamburg 1974.
[2] Baumeister, R. F. / Leary, M. R., The need to belong: Desire for Interpersonal Attachments as a fundamental human motivation. In: Psychological Bulletin 3/1995.

letzungen von Gruppentabus der Ächtung aussetzen, indem sie sie zwar weiter arbeiten und leben lassen, doch ohne dass jemand jemals mit ihnen spricht[3]. Etwas Grausameres kann man sich wohl kaum vorstellen. Radikale Beispiele des Entzuges an Beachtung erleben wir auch in unserer Gesellschaft, wenn jemand ausgegrenzt wird, in Untersuchungshaft oder ins Gefängnis wandert. Nun trennen ihn plötzlich hohe Mauern von denen, die ihm vorher Beachtung schenkten. Stattdessen ist er nun umgeben von Autoritäten und Wächtern, die ihn als straffälligen Menschen behandeln. Beängstigend schnell wächst der Betroffene in die Rolle, die man von ihm nun erwartet, und wird zu dem, was die anderen in ihn hineinsehen. Wenn man gezwungen ist, in einen Spiegel hineinzublicken, in dem man wie ein „Monster" aussieht, hat man schwer mit sich zu ringen, um nicht allmählich dem zu ähneln. Umso wichtiger und wertvoller werden dann Menschen, die bessere Spiegel abgeben, die einen daran erinnern, dass man andere Gesichter hat oder gehabt hat.

Alltägliche Beobachtung zeigt, dass ein Großteil zwischenmenschlicher Kommunikation dem Zweck der Beachtung dient und nicht nur dem Informationsaustausch. „Manchmal gehe ich einfach nur einkaufen, um mir ein bisschen Beachtung zu holen. Wenn die Kassiererin dann ein paar freundliche Worte mit mir wechselt, dann werde ich plötzlich wieder lebendig, sogar meine Stimme verändert sich, mein Herz pumpt wieder fröhlicher, und ich kann wieder zügiger laufen", meinte eine pensionierte Lehrerin, die auf diese Weise ihr Bedürfnis nach Beachtung im Alltag konkret umsetzt.

Beachtung ist ein Austauschgeschehen, das den Vorgängen der Informationsverarbeitung und Datenübertragung weit überlegen ist, weil sie ein viel breiteres Spektrum menschlicher Sehnsüchte abdeckt: Die Sehnsucht nach Daseinsbestätigung, Anerkennung, Achtung, Würdigung, Gesehen- und Gehörtwerden. Wer überzeugt

---

[3] Berger, P. L., Einladung zur Soziologie. Zürich 1969 (engl. 1963), S. 84.

ist, genügend Beachtung zu erhalten, wird ein sicheres, vertrauensvolles Verhalten an den Tag legen, auf das die Umwelt wahrscheinlich mit Zuwendung reagiert, was seine ursprüngliche Annahme beweist. Und umgekehrt: Wer überzeugt ist, dass ihn niemand beachtet, wird wahrscheinlich ein misstrauisches, abweisendes Verhalten an den Tag legen, auf das die anderen mit Unmut und Argwohn reagieren, womit sich seine Annahme auch beweist.

Beachtung bedeutet Austausch. Sie macht die Wahrnehmung der eigenen Einstellung zur Voraussetzung für die Wertschätzung der anderen. Geben und Empfangen überlagern einander. Beachtung ist eben nicht Einbahnstraße, sondern ein Austausch von Botschaften. Sie ist wechselseitig und mehrdimensional. Ein Geschehen, bei dem Sender und Empfänger Energie austauschen. Ein Beispiel einer abendlichen Paarszene:

Sie:	„Ich bin wohl Luft für dich."
Er:	schweigt.
Sie:	„Ich habe was gesagt."
Er:	„Wie bitte?"
Sie:	„Kannst du mich nicht mal mehr begrüßen?"
Er:	„Wie soll ich dich denn begrüßen, wenn du die Zeitung liest?"
Sie:	„Du mich grüßen? Das ist ja das Neueste. Ich weiß nur, dass du das letzte Mal mit mir geredet hast, als du betrunken warst."
Er:	„Schon wieder die alte Leier" ... (er schaltet den Fernseher an)

Dieses Beispiel zeigt, wie persönliche negative Prämissen dem anderen ein Verhalten aufzwingen, so dass sie sich in der Tat beweisen. Ähnliche Muster lassen sich auch in diesem Beispiel einer Unterhaltung zweier Freundinnen finden:

Sie:	„Sag mal ehrlich, findest du mich attraktiv?"
Freundin:	„Was soll ich denn dazu sagen, ich seh' dich

	doch jeden Tag. Meine Mutter findet immer, du würdest dich gut pflegen."
Sie:	„Was heißt denn – gut pflegen?"
Freundin:	„Na, überleg mal, wieviel du im Monat für ‚beauty' ausgibst. Soviel gebe ich nicht mal in einem Jahr aus."
Sie:	„Das regt mich jetzt richtig auf."
Freundin:	„So siehst du auch aus – wirklich aufregend."

Frauen haben es oft nicht gelernt, sich positiv darzustellen, und können deswegen auch anderen nur wenig positive Beachtung gönnen. Statt einander gegenseitig zu bestärken, fassen sie einander entweder mit Samthandschuhen an, oder sie verletzen sich durch kleine, gezielte Sticheleien. Oft steckt dahinter die Ablehnung des eigenen Geschlechts oder ein schwaches Selbstwertgefühl. Aber paradoxerweise löst diese Schwäche gerade Reaktionen aus, die sich wie selbsterfüllende Prophezeiungen auswirken. Man befürchtet, nicht attraktiv genug zu sein und nicht genügend Beachtung zu erhalten, und durch diese Annahme zieht man genau das Befürchtete an.

Zu Hause. Mal wieder bei der Schwester anrufen. Post durchsehen. Beantworter abhören. Umziehen und Wäsche in die Waschmaschine stecken. Die Freundin ausführlich wegen ihres Liebeskummers trösten. Gemüselasagne vorbereiten. Radiosendung anhören. Wein bereitstellen. Haarpackung ist auch mal wieder fällig. Werde ich das wohl alles schaffen, bis die Freunde am Abend zum Essen kommen? Beim „multi-tasking", so habe ich gelesen, gibt es ja anscheinend keine Grenzen und keine Verlierer, man muss nur möglichst vieles gleichzeitig erledigen. Also Gemüse schneiden und Radio hören, Haare behandeln und gleichzeitig telefonieren. Früher hat meine Lasagne irgendwie besser geschmeckt, aber beim Telefonieren hat mir die Freundin meine Fahrigkeit wenigstens verziehen. Ich erkenne: Multi-tasking hat seinen Preis. Meine Aufmerksamkeit hat seine Grenzen. Ich muss meine private Haushaltsführung in puncto Beachtung näher anschauen.

Der menschlichen Kapazität, Beachtung zu vergeben, sind Grenzen gesetzt. So wie jede Sekunde oder Minute der Lebenszeit nur einmal ausgegeben werden kann, so ist jeder Moment an Beachtung nur einmal zu vergeben. Auch unsere eigene Aufnahmekapazität für Beachtung ist beschränkt. Wir müssen uns ständig neu entscheiden, was wir aufnehmen können und wofür wir unsere Zeit und Zuwendung ausgeben. Das fängt schon im Kleinen an: Will ich lieber einen Brief schreiben oder telefonieren? Gehe ich zu dem Fest, oder bleibe ich lieber bei meinen Kindern? Kümmere ich mich um meine Freunde, oder helfe ich lieber meinem Nachbarn? Lese ich lieber ein Buch oder die Zeitung? Gehe ich lieber zum Joggen, oder mache ich eine Kaffeepause? Meditiere ich, oder gehe ich lieber in die Kneipe? Da die meisten nicht gern Zeit und Energie für Dinge ausgeben, die ihnen nicht wichtig sind, so versuchen sie sich auf das zu beschränken, was ihnen als Priorität erscheint und persönlichen Sinn ergibt. Mit jeder Ausgabe, ob das nun Zeit, Energie,

Zuwendung oder Geld ist, verzichten wir auf die Verwirklichung alternativer Möglichkeiten. Man kann nicht alles gleichzeitig haben. So zahlt jeder den Preis für seine Priorität und entscheidet sich für bestimmte Entfaltungsmöglichkeiten. Beachtung ist also ein kostbares Gut, um das die Medien, Parteien, Partner, Familie und Freunde gleichermaßen buhlen. Die unzähligen Radioprogramme, Fernsehkanäle, Filmproduktionen, die neuen Dienste im Internet – was wären sie ohne Beachtung?

Wir können nur in subjektiv begrenztem Maße Beachtung bewusst wahrnehmen und verarbeiten. Das heißt, Beachtung ist nicht nur begrenzt, sie ist auch selektiv. Wenn beispielsweise auf einem Fest viele Gäste sind, so ist es gar nicht möglich, dass wir allen Beachtung schenken. Unser Auge konzentriert sich vielleicht auf einen alten Bekannten, dabei übersehen wir aber andere Bekannte oder neue potentiell interessante Personen, die uns etwas bedeuten könnten. Womöglich laufen wir sogar an unserem Traumpartner vorbei, einfach weil unsere Sinne durch eine bestimmte situative Auswahl besetzt sind. Oder wir reagieren auf einen bestimmten Gesprächsfetzen und verpassen dabei andere reizvolle Gespräche, einfach weil unser Ohr durch einen bestimmten Reiz in Beschlag genommen wurde. Die Aufnahmefähigkeit unserer Sinne ist nun einmal begrenzt und selektiv. Unsere wichtigsten Kanäle der Verarbeitung von Beachtung – unsere Augen und Ohren – können immer nur an einem Ort zu einer bestimmten Zeit in einer bestimmten Situation sein. Je komplexer die Situation, in der wir uns befinden, desto größer auch die Wahrscheinlichkeit, dass wir vieles ausblenden und nicht beachten, was unsere Beachtung vielleicht auch verdienen würde.

Auch der jeweilige Zusammenhang entscheidet mit darüber, wem wir uns zuwenden. Waren Sie jemals in einer Gruppe, in der alle anderen eine andere Hautfarbe, eine andere Religion oder ein anderes Geschlecht hatten? Oder in einer Gruppe, in der Sie der Jüngste oder der Älteste waren? Natürlich wird sich jeder mehr oder weniger bewusst mit Ihnen beschäftigen, weil Sie anders als die anderen sind oder aussehen und deswegen auffallen. Sicher erhalten

Sie mehr Beachtung als der Rest der Gruppe. Das kann man übrigens auch ganz leicht erreichen, wenn man zu spät kommt oder zu früh geht. Man wird sich auch besser an Sie erinnern, weil Sie sich von der Gruppe abheben. Womöglich erhalten Sie mehr Vorschusslorbeeren, wenn man Sie mag. Oder auch das Gegenteil, man lehnt Sie mehr ab, als Sie es verdienen, weil man Sie nicht mag. Hinzu kommt noch die „interne Agenda", die Menschen mit sich herumtragen. Damit sind ihre inneren Ziele und Absichten gemeint. Wenn Sie als interessanter Gast angesagt sind und die Neugier der anderen Gäste angestachelt ist, werden Sie wahrscheinlich mehr Beachtung gewinnen. „Das ist doch der, der neulich in der Zeitung stand . . ." Am meisten Aufmerksamkeit schenken wir den Menschen, die für unser Leben interessant und relevant sind oder es potentiell werden könnten. Ob sie es verdienen oder nicht, ist eine andere Frage.

Beachtung ist immer dann entscheidend, wenn es um zwischenmenschlichen Austausch geht. Letztlich bestimmt derjenige, dem man Beachtung schenkt, was sich zwischen Menschen ereignet und abspielt. Durch Beachtung wählen wir bewusst oder unbewusst, wen oder was wir in unser Leben einlassen. Durch Nichtbeachtung verhindern oder scheiden wir aus, was nicht dazugehört. Eine Pfarrfrau beschreibt diese Erfahrung: „Früher haben wir in unserem Pfarrhaushalt immer sehr viele Gäste eingeladen, weil wir es allen irgendwie recht machen wollten. Bis ich realisierte, dass diese Zusammenkünfte so eigenartig folgenlos waren. Man kann all den Leuten einfach nicht gerecht werden. Wenn man bedenkt, wie komplex jeder Einzelne ist und wie schwierig die Situation ist, wenn man alle an einen Tisch bringen will ... Man hat halt nur zwei Hände, zwei Augen und zwei Ohren. Seit wir immer nur wenige auf einmal einladen, ist viel mehr Nähe und Intensität in unser Leben eingekehrt. Jeder fühlt sich mehr gemeint, und auch wir fühlen uns nicht mehr so überfordert."

Im Spiegel anderer Menschen

Ich überlege, wie viele meiner Gedanken pro Tag um meine Mitmenschen, Eltern, Geschwister, Kollegen, Liebhaber, Verwandte, Freunde, Kinder und Nachbarn kreisen. Und nun mache ich ein Rechenexempel und vergleiche die Zeit und die Menge meiner Gedanken, die ich mit meinen vertrauten Gegenständen – Auto, Radio, Schlüssel, Dusche, Geschirrspüler, Kühlschrank – verbringe. Ich stelle fest, dass andere Menschen außerordentlich wichtig für mich sind. Ja sogar lebenswichtig.

In unserem Leben hängt sehr viel von anderen Menschen ab. Menschen, im Gegensatz zu Gegenständen, handeln absichtsvoll, gesteuert von inneren Beweggründen, und sie reagieren aufeinander, weil sie sich gegenseitig wahrnehmen. Menschlicher Austausch und Beachtung ist wechselseitige Wahrnehmung. Wenn man beispielsweise bei einer Einladung jemandem begegnet, nimmt man nicht nur die andere Person wahr, man wird auch wahrgenommen. Nicht nur man selbst macht sich einen Reim auf den Gast, der einem gerade vorgestellt wurde, auch er macht sich zur gleichen Zeit seine Gedanken „Aha, das ist die, über die neulich gesprochen wurde. Redet ein bisschen viel. Sieht aber nicht schlecht aus." Bei Gegenständen hingegen handelt es sich um einseitige Wahrnehmung. Der Wasserhahn beispielsweise wird es einem wahrscheinlich nicht übel nehmen, wenn man ihn nur flüchtig beachtet. Er beachtet einen jedenfalls nicht, deswegen macht man sich darüber auch keine Gedanken. Menschen hingegen haben wichtigen Einfluss auf unser Selbstbild und unser Selbstwertgefühl. Wir realisieren sofort, ob man uns Aufmerksamkeit zollt. Wir spüren auch ziemlich schnell, ob wir für andere interessant, begehrenswert oder gleichgültig sind, und wir verhalten uns dementsprechend. Wir leben in einem komplexen Gewebe aus Beachtung und Nichtbeachtung. So arbeiten die meisten Menschen besser, wenn sie von ihren Vorgesetzten beachtet und ermutigt werden. Und umgekehrt, man kann gar nicht anders als ungeschickt sein, wenn man mit jemandem zusammentrifft, der einen für unbeholfen hält. Eine Frau, die in einem Café bediente, beschreibt ihre Erfahrung so: „Obwohl ich daheim meinen Haushalt bestens im Griff habe, wurde ich an meiner Arbeitsstelle zum regelrechten ‚Trottel vom Dienst‘. Man brauchte mich bloß schräg anzuschauen, schon schwappte mir der Kaffee über, oder der Kuchen rutschte mir vom Teller. Ich wurde immer mehr zu dem, was die anderen in mich hineinsahen. Mit der Zeit fühlte ich mich wie ein Krüppel. Verurteilt zur Ungeschicklichkeit.“ Beachtung ist also wie ein Spiegel, der uns vorgehalten wird. Wenn man gezwungen ist, in einen Spiegel zu schauen, der einen entstellt, stigmatisiert und reduziert, sucht man verzweifelt nach anderen Leuten, die einem wohlwollende oder bessere Spiegel vorhalten.

Wie sehr wir davon abhängig sind, zeigt etwa das Verhalten von Menschen im Hotel: Blitzschnell verändert man sein Verhalten, kaum dass man das Zimmer oder den Fahrstuhl verlassen hat. Da werden rasch die Haare ein bisschen korrigiert, die Krawatte zurechtgerückt, die Sorgenfalten um die Stirn etwas geglättet und ein unverfängliches Lächeln aufgesetzt. Wenn Menschen wissen, dass sie gesehen werden, ändern sie automatisch ihr Verhalten und richten sich danach, wie sie gern gesehen werden wollen. Kaum fühlt man ein Auge oder eine Videokamera oder einen Fotoapparat auf sich gerichtet, so passt man sich automatisch dem prüfenden Blick der anderen an. Unter dem fremden Auge verliert man die kindliche Unschuld. Man zeigt sich, wie man erscheinen will, verkörpert die eigene „Schokoladenseite“. Was hier geschieht, wenn Menschen sich beachtet fühlen, nennt man in der Sozialpsychologie „Selbstpräsentation“ (Fiske).

Wie nützlich eine derartige Selbst-Kosmetik ist, wird bei Menschen mit angekratztem Selbstbewusstsein deutlich. Gerade sie tun sich nämlich oft durch eine ungeschminkte und besonders wirklichkeitsgetreue Selbstdarstellung hervor und erhalten dadurch immer wieder die Bestätigung für ihr lädiertes Selbstgefühl. Im Gegensatz zu ihren selbstbewussten Zeitgenossen, die die Kunst der Schönung, der Tönung und des Charmes beherrschen.

Gefühle und Einstellungen, die wir bei anderen auslösen, sind für uns das Wichtigste und Sinnlichste, das es überhaupt gibt. Sie finden statt unter den Bedingungen einer Welt, in der nichts bleibt, weil sich alles im rasanten Tempo wandelt, in der allerdings immer wieder Augenblicke der Berührung und Betroffenheit stattfinden. Wir leben im Zeitalter von Spiegeln, jeder träumt von einer bestimmten Rolle, die er im Spiegel des Bewusstseins der anderen einnimmt oder einnehmen möchte. Und fast jeder ist enttäuscht oder gekränkt, wenn er die erwünschte Zuwendung, die er meint, dass sie ihm zustehen würde, nicht bekommt. „Nichts beschäftigt uns so sehr wie unser Selbstbild im Spiegel des anderen Bewusstseins", meint Franck zutreffend[4]. Vor allem, wer möchte nicht gern eine besondere Rolle auf der inneren Bühne derjenigen einnehmen, die einem selbst wichtig sind? Mit dem Ziel, aus seiner kleinen Welt einen angenehmen und inspirierenden Aufenthaltsort zu machen, kommt der Mensch nun einmal nicht ohne diese begehrte Zuwendung aus.

Wer erfolgreich sein will, muss einen gewissen Aufwand betreiben. Man kann versuchen aufzufallen, stets den richtigen Eindruck zu machen, anzugeben, aufzuschneiden, sich nach vorne zu drängeln, den Mund voll zu nehmen, sich marktschreierisch anzupreisen. Vielleicht lässt sich so die Faszination der Schönheitswettbewerbe, von Fitness und Body-Styling erklären.

Waren es früher Fleiß, Protektion, Erbschaft oder Hochleistung, die Beachtung garantierten, so treten heute neue Muster hinzu: die günstige Chance, das Risiko, der Erfolg oder der Zufall, plötzlich entdeckt zu werden. Es gibt Strategien, die auf dem Markt der Eitelkeiten gängig sind, und es gibt andere, sanfte und liebenswerte Methoden, die auf die lange Sicht auch ihre Früchte tragen. Bevor ich darauf eingehe, möchte ich zunächst einen Blick in die ersten Anfänge von Beachtung tun, um den Hintergrund unseres Beachtungshungers zu verstehen.

---

[4] Franck, G., Ökonomie der Aufmerksamkeit. München, Wien 1998, S. 17.

Erste Erfahrungen

Mir gegenüber sitzt eine schwangere Frau. Sie berührt ihre stark gewölbte Leibesmitte, schließt die Augen, horcht nach innen, während ich tiefe, schwingende Gongtöne durch den Raum trage. Nach dem Abklingen der Gongtöne sagt sie: „Da innen hat es sich so schön bewegt ... es hat reagiert." Der Gongton war durch den Bauchinnenraum hindurchgeklungen und hat Resonanz geweckt. Ihr kommen die Tränen: „Ich glaube, ich weiß jetzt, was mir so früh gefehlt hat." Von klein auf fühlte sie sich nicht angesprochen, nicht gemeint – ein „überflüssiges Kind".

An diesem Beispiel lässt sich bereits ablesen, was Klänge bewirken. Sie können Resonanz erwecken und eine Wiederbelebung vorgeburtlicher Erfahrungen bewirken. Bereits im Mutterleib macht das Kind seine ersten Erfahrungen mit Vorläufern von Resonanz und Beachtung. Sicherheit erfährt es zuerst in der warmen Geborgenheit der Gebärmutter, wo es im „Urmeer" angenehmer Flüssigkeit, zum Takt eines regelmäßig klopfenden Herzens schwebt und schaukelt. Auch wenn es im Uterus sein eigenes emotionales Leben lebt, so ist es doch nicht unberührt von den Emotionen und Stimuli, die die Mutter an das Kind weitergibt. Emotionen und Affekte werden als körperliches Geschehen an den Fötus weitergegeben, der wiederum sensumotorisch und plazentär auf die Mutter reagiert. Schon im mütterlichen Schoß findet ein intensiver Austausch zwischen Mutter und Kind statt. Das Kind bewegt sich mit dem mütterlichen Leib, es reagiert auf Bewegungsspiele, beispielsweise ausgelöst durch sanften Druck auf die Bauchdecke, und es erlebt eine totale körperliche Nähe. Nie wieder wird es einem Menschen körperlich so nahe sein, nie wieder wird es so viel selbstverständliche, mitgegebene Beachtung empfangen, so dass es wohlbegründet ist, wenn Petzold diese Verbundenheit als Quelle des Grundvertrauens ansieht, in der die Vorläufer für die über die

gesamte Lebensspanne hin sich vollziehenden Kommunikations-
prozesse begründet sind[5].

Wenn die Wärme der Gebärmutter durch die mütterlichen Arme
abgelöst wird und das Kind seinen Kopf gegen die Brust der Mutter lehnt, erfährt es jene frühe Geborgenheit und den Schutz, den
es braucht, um sich gehalten und getragen zu fühlen. Sobald das
Neugeborene mit seinem ersten Schrei sein Dasein kundgetan hat,
fängt es an zu schauen und die Aufmerksamkeit seiner Eltern durch
Laute und Bewegungen zu erregen. Es äußert seine Bedürfnisse
durch Schreien, Strampeln und Weinen, wobei das Stillen von Hunger und Durst nur eine Seite dieser Bedürftigkeit ausmacht, genauso wesentlich ist das Bedürfnis nach Hautkontakt, nach Wärme und
einfühlender Beachtung. Wenn Mutter oder Vater das Kind berühren, es anschauen, mit ihm sprechen und lächeln, dann entsteht
dieses erste intime Band, ein wechselseitiger Austausch, in dem
auch das Kind durch seine Antworten auf das Genährt- und Be-
rührtwerden zur Bestätigung seiner Bezugspersonen beiträgt. Ein-
fühlende Ansprache, liebevolle Blicke und feinspürige Berührungen, das sind die Ingredienzien, die diesen frühen Dialog für beide
befriedigend macht. Hier entsteht das grundlegende Gefühl von
Daseinsgewissheit und Vertrauen, das nicht nur für die Hinwendung zum Leben und zu den Mitmenschen zentral ist, sondern
auch für die Fähigkeit, zu warten und Bedürfnisse aufzuschieben,
in der Gewissheit, dass sie zu gegebener Zeit gestillt werden.

Diese Entwicklung kann entgleisen, wenn Eltern nicht in der
Lage sind, ihrem Kind einfühlsame Beachtung zu schenken. Wenn
beispielsweise die Mutter eigene ungestillte Bedürfnisse nach Zuwendung und Beachtung auf das Kind projiziert, wird sie die
Bedürfnisse des Kindes nicht ohne Ängste oder Abwehr erleben.
Auf Grund ihres eigenen verdrängten Hungers nach Zuwendung
wird sie ihr Kind vielleicht als unersättlich erleben. Oder sie fühlt
sich überfordert und weist das Kind deswegen ab. Da sie selbst

---

[5] Petzold, H. G., Die Kraft liebevoller Blicke. Psychotherapie und Babyforschung.
Bd. II, Paderborn 1995, S. 13 f.

Schwierigkeiten im Umgang mit ihren eigenen Beachtungsbedürfnissen hat, erlebt sie sich wegen ihrer mangelnden Einfühlung womöglich schuldbewusst, was sie zu verwöhnenden, überbeschützenden Reaktionen führt, deren unberechenbare Wechselhaftigkeit das Kind nicht verarbeiten kann. Aus dieser gespaltenen Einstellung heraus kann sich ein Zirkel bilden: Die Mutter fühlt sich aufgefressen und unzufrieden, weil sie sich nicht in der Lage fühlt, ihr Kind angemessen wahrzunehmen und sich einzufühlen. Das Kind wird durch die mangelnde Einfühlung nörgelnd, abweisend, aggressiv oder tyrannisch.

Wenn der Dialog zwischen Mutter und Kind entgleist, so wird das Kind dazu neigen, sich in der Welt unwillkommen und ungeborgen zu fühlen. Es wird Schwierigkeiten haben, seine Bedürfnisse angstfrei zu erleben oder aufzuschieben in der Sicherheit, dass sie später erfüllt werden. Es bildet sich ein Teufelskreis aus Misstrauen, Gier und Ablehnung, da sich kein gesundes, sicheres Vertrauen entwickeln konnte. Ich denke an manche meiner Patienten, die sich an frühe Atmosphären der Fremdheit, des Unwillkommenseins oder der Ablehnung erinnern können. Ihnen gemeinsam ist die Neigung, die Welt als einen unfreundlichen, unwirtlichen oder feindlichen Ort zu sehen. Typisch ist die Aussage einer meiner Klientinnen: „Ich empfinde meinen Mann manchmal wie meine Mutter, die sich mir immer dann entzog, wenn ich sie gerade brauchte, und sich mir aufdrängte, wenn ich mal allein sein wollte. Bis zum heutigen Tag kann ich fast Gift darauf nehmen, dass sie anruft oder mich besucht, wenn ich nicht erreichbar bin. Und mein Mann hat sicher immer dann unheimlich viel zu tun, wenn ich mal mit ihm reden möchte. Also entziehe ich mich, und dadurch wird er immer zugeknöpfter – ein verflixter Knoten, den ich allein nicht lösen kann." Linda, eine junge Frau aus der Textilbranche, erlebte die mangelnde Einfühlung noch drastischer: „Ich fühle mich niemals zu Hause, weder in meinem Körper, weder in meinen edlen Klamotten noch in meiner Wohnung, noch in der Welt." Sie fühlte sich nicht nur kaum gesehen und erkannt, sondern auch völlig auf sich selbst gestellt. Diese Haltung forderte von ihr eine konstante

Wachsamkeit, da sie sich niemandem anvertrauen konnte. Sie glaubte, sie habe kein Recht, einen Platz oder Raum auszufüllen, da sie der Überzeugung war, dass der „Stoff", aus dem sie gemacht war, nicht wertvoll genug sei. Gleichzeitig steckte sie ihr ganzes Geld in teure Kleidung, die ihr immer wieder die Hoffnung gaben, in eine neue Haut schlüpfen zu können. Trug sie ein neues Kleid jedoch mehr als einmal, machte sich wieder dieses Gefühl der Enttäuschung breit. Selbst die teuersten Modellkleider konnten ihr nicht das geben, wonach sie sich sehnte. Das war auch der Grund, weswegen sie sich auf einen Dialog mit mir einließ. Einer ihrer Schlüsselsätze, die eine Wendung brachten, war: „Ich will nicht, dass Sie mich aufgeben. Ich habe sonst nichts, was mich hält. Wenn ich spüre, dass Sie mich verstehen, fühle ich mich wieder voller Hoffnung. Irgendwie macht es mich sogar fast kämpferisch . . . ich bin bereit, aus diesem Alptraum aufzuwachen, weil ich endlich gehört werden will." Hier wird deutlich, wie wesentlich die Erfahrung kommunikativer Anerkennung die Ausbildung eines Selbstwertbewusstseins stützt. Dieses Gefühl von Anerkennung wiederherzustellen ist eine der entscheidenden Herausforderungen an jede Therapie. Selbst wenn Störungen früh im Leben eines Menschen eingetreten sind, so lassen sie sich doch zu einem wesentlichen Ausmaß durch gute Erfahrungen der Einfühlung im späteren Leben relativieren.

Wir bringen zwar schon von Geburt an gewisse Anlagen mit, die sich darauf auswirken, wie wir Beachtung auf uns ziehen, schenken, aufnehmen oder austauschen – etwa gewisse Begabungen, unser Temperament, unsere soziale Geschicklichkeit oder unsere körperliche Ausstattung. Doch den Löwenanteil unseres Verhaltens, unsere Grundeinstellung, die Meinung über uns selbst und unser Vertrauen in andere Menschen, lernen wir am Vorbild unserer wichtigsten Bezugspersonen in der Kindheit und Jugend. Von ihnen übernehmen wir ein Wertesystem, Spielregeln, unsere Grenzen und unsere Stärken. Dem Kind liefern die engsten Bezugspersonen die Definition dessen, wer und wie es ist. Ihre Haltung und Einstellung formt seine Entwicklung, und durch ihr Modell lernt es – unter anderem – den Umgang mit Beachtung. Grundsätzlich gilt,

dass die Selbstanerkennung des Kindes durch seine Bezugspersonen wächst, und es gilt auch, dass nur die Beachtung durch andere
zur Beachtung von anderen Menschen befähigt.

Ich werde gesehen – ich sehe mich selbst

„Natürlich war ich schlimm, sonst hätte mein Vater mich ja nicht so geschlagen", berichtet ein Mädchen ihrer Klassenkameradin, die zu einem ganz anderen Schluss kommt: „Wenn meine Mutter spinnt, dann brauche ich ihr nur über den Weg zu laufen, schon fange ich eine. Dann bleibe ich halt auf meinem Zimmer und warte, bis sie wieder normal tickt." Ein drittes Mädchen meint: „Wenn mein Vater abends heimkommt, gibt es nur Stress und Geschimpfe. Am liebsten würde ich bei meiner Oma bleiben. Die ist immer so lieb zu mir. Die findet auch, dass mein Papa richtig gemein zu mir ist." Alle drei Kinder haben negative elterliche Zuschreibungen zu verarbeiten, dennoch reagiert jedes von ihnen unterschiedlich. Wie kommt das?

Jedes der drei Kinder verfügt über unterschiedliche Kompetenzen, mit derartigen Negativbewertungen umzugehen. Das erste Mädchen identifiziert sich mit der Bewertung ihres Vaters und empfindet seine Bestrafung als „verdient", weil sie so schlimm sei. Ihre Kameradin kann sich schon besser distanzieren und schützen. Sie sieht die Schicksalhaftigkeit ihrer Situation und auch, dass ihre Mutter nicht bösartig ist, sondern einfach „nicht richtig tickt". Das dritte Mädchen holt sich Unterstützung von ihrer Großmutter, um ihr Selbstbild zu stärken. Auch ihr gelingt es, sich abzugrenzen gegenüber den negativen Einflüssen ihres Vaters und mit einer positiven Bewertung der eigenen Möglichkeiten und guter Einflüsse seitens ihrer Großmutter auszugleichen. Die drei Mädchen verfügen also über unterschiedliche Kapazitäten und Schutzfaktoren, um mit elterlichen Zuschreibungen umzugehen. Die Grundlagen für solche verschiedenen Einstellungen liegen in der Entstehung und Entwicklung von Identität. Wie entsteht und entwickelt sich Identität?

Hierzu hat Hilarion Petzold das Konzept des „Lebensgefährts" entwickelt, ein Bild, das beschreiben soll, wie Menschen sich in der

Zeit und im Kontext bewegen im Prozess der Identitätsfindung[6]. Aufgabe des Menschen ist es, Wege zu finden, Routen zu planen, Ressourcen zu finden, um den „Wagen des Lebens" zu steuern und voranzubringen. Darin besteht Identitätsarbeit. Dadurch erhält das Lebensgefährt einen Namen: Paula, die engagierte Ärztin, Erwin, der pflichtbewusste Organisator, Ingrid, die begabte Lehrerin. Manchmal fährt man „die Karre in den Dreck", dann muss der Wagenlenker nach Hilfen Ausschau halten. Da gibt es Ressourcen, die er mobilisieren kann – Erfahrungen, Kenntnisse, Freunde, die das Lebensgefährt von hinten anschieben. Da gibt es andere, die in die Speichen greifen, neue Ideen haben, neue Kräfte und Motivation generieren. Wesentlich für den Identitätsprozess sind diejenigen, die vorn an den Seilen ziehen, die sich „vor den Karren spannen" lassen, um ihn wieder in Gang zu bringen. Petzold spricht hier von Attraktoren, die als anziehende, mobilisierende Kräfte, zu neuen Aufgaben, Zielen und Visionen motivieren. Ausschlaggebend bei der Formung von Identität ist, dass diese verschiedenen Kräfte in die gleiche Richtung schieben, um Schereneffekte zu verhindern, wie dies bei Konflikten oder unterschiedlichen Motivationen der Fall ist. Es ist also darauf zu achten, welche Ressourcen und Hilfen man für die Identitätsarbeit zur Verfügung hat, wie sie eingesetzt werden, um das „Lebensgefährt" voranzubringen. Außerdem ist darauf zu schauen, welche Ressourcen auf dem Gefährt selbst vorhanden sind, was man hinter sich lassen oder loslassen muss, und was man wieder einladen und aufnehmen sollte. Um den „Wagen des Lebens" zu steuern und voranzubringen, gilt es also, nicht nur die eigenen, sondern auch die Ressourcen des Umfeldes zu nutzen, um optimale Hilfe zu erlangen.

Was wir von uns selbst halten, hängt nicht nur von uns selbst, sondern in hohem Maße von der Beachtung ab, die wir von anderen empfangen. Sie ist von zwei Säulen getragen: vom Wunsch, als Subjekt und nicht als Objekt erkannt zu werden, und dem Bedürf-

---

[6] Petzold, H., Integrative Therapie. Ausgewählte Werke, Bd. II, 2: Klinische Theorie. Paderborn 1991, S. 333–395.

nis, dass es dem anderen ebenso geht wie mir selbst[7]. Dies verweist auf eine wechselseitige Bewegung, in der der andere als unersetzbares, einzigartiges Zentrum seiner eigenen Welt erlebt wird, der, wie auch ich, in seiner Andersheit zwar nie gänzlich erreichbar ist, der aber auch ist wie ich, deswegen kann ich mich mit ihm identifizieren und mich in ihn einfühlen, so wie er das mit mir tut. Jessica Benjamin, eine Vertreterin der Säuglingsforschung, sieht hier ein frühes Wechselspiel zwischen Mutter und Kind am Werk, nämlich die wechselseitige Stimulierung als Grundform der Bezogenheit. So wie es den Säugling nicht ohne die Mutter gibt, so wird auch die Mutter als Mutter durch die Resonanz des Säuglings bestätigt. Der Säugling entwickelt sein Selbst gerade dadurch, dass die Mutter seine selbständigen Aktionen und Reaktionen beantwortet und bestätigt. Die Beachtung liegt dabei ganz im Atmosphärischen oder im Gefühl des Angenommenseins, das man sich durch die gegenseitige Anerkennung schenkt. Die neuere Säuglingsforschung stützt durch ihre Befunde dieses Bild des „kompetenten", d. h. des aktiven, umweltbezogenen und kommunikativen Säuglings, wodurch die traditionellen Annahmen psychoanalytischer Auffassungen in Frage gestellt werden: die Vorstellung vom symbiotischen, hilflosen, seiner Triebnatur ausgelieferten Wesen. Der Säugling sucht nach Austausch mit der Welt in vielfältigen Ausdrucksformen. Übersetzt könnten sie etwa so lauten: Schau mich an! Beachte mich! Hör mir zu! Berühre mich! Hab mich lieb! Bewundere mich! – vielleicht aber auch: Geh weg! Ich ziehe mich zurück! Ich will nichts damit zu tun haben! Ich greife dich an! All diese Botschaften haben eines gemeinsam, sie zeigen Bezogenheit, also ein Verhältnis zu sich selbst, das mit dem Verhältnis zu den Bezugspersonen eng verkoppelt ist. Entscheidend für das Phänomen Beachtung ist dieses seelische Bedürfnis nach Zusammengehörigkeit, dessen Befriedigung sich als eine Art Verstärker auf das eigene Selbst auswirkt. Beachtung wird als Erfolgserlebnis erfahren und erhöht das

---

[7] Benjamin, J., Like Subjects, Love Subjects. Essays on Recognition and Sexual Difference. New Haven, London 1995.

Sicherheitsgefühl, während ihr Mangel als Misserfolg erlebt wird und dazu beiträgt, es herabzusetzen.

Die anderen sind der Spiegel, in dem wir Ahnungen und Bilder unseres Selbst erwerben. Auf ihre Beachtung sind wir angewiesen, um unser Selbstgefühl zu entwickeln und zu regulieren. Von ihnen müssen wir uns aber auch unterscheiden, um uns als eigenständig und unabhängig zu fühlen. Um Identitätsentwicklung geht es nicht nur im Kindesalter, sie findet, um mit Erikson (1950/1963) zu sprechen, über das ganze Leben hin statt. Sie muss als Entwicklungsprozess gesehen werden, der durch Krisen und Belastungen gefährdet, aber auch durch positive Anreize und Herausforderungen gestärkt und gefördert werden kann. Im Kern geht es immer um die Verwobenheit zwischen Außenperspektive „Ich werde gesehen" und Innenperspektive „Ich sehe mich selbst". Diese Sicht, die die Außenperspektive zur Grundlage von Identität macht, ist relativ neu. Für Psychoanalytiker früherer Zeiten, wie Freud und Kohut, ging Identität vornehmlich aus der Selbstwahrnehmung und Selbsteinschätzung hervor, ihr Blick war nach innen gerichtet auf die eigenen Empfindungen, Gefühle und Gedanken. William James hat 1890 als erster zu begründen versucht, dass Identität aus kommunikativen Erfahrungen entsteht und dass das soziale Selbst über die anderen definiert wird. George H. Mead und Erving Goffman haben diese Perspektive weiter ausgearbeitet, und Hilarion Petzold akzentuiert wohl am deutlichsten, wie Identität durch die Zuweisung von Eigenschaften und Fähigkeiten von Seiten der anderen und durch die Wahrnehmung und Bewertung dieser Zuschreibungen ausgebildet wird.

Der Betrachtungsweise, dass innerseelische Prozesse mit zwischenmenschlichen verkoppelt sind, nähert sich neuerdings auch die neue Hirnforschung. Das Selbst wird auch neurobiologisch nicht mehr als isoliert denkendes Zentrum gedacht im Sinne Descartes' „Ich denke, also bin ich", sondern zunehmend als jeweils individuelle Verbindung von neuronalen Gruppen, zu deren Entstehung und Strukturierung zwischenmenschlicher Austausch von entscheidender Bedeutung ist. Das Eindringen anderer in das Bewusstsein und die Fähigkeit, „sich mit den Augen des anderen zu sehen", bildet überhaupt die Grundlage für das Gefühl eigener Identität – dies gesteht inzwischen auch die moderne Neurobiologie ein (Damasio).

Um die Frage: Wie wird man, wer man ist? heute zu beantworten, gerät man genau an die Schnittstelle zwischen dem Einzelnen und den anderen, die in der englischen Sprache mit den Begriffen „I" (Ich) – wie ich mich sehe – und „Me" (Mich) – wie mich die anderen sehen – deutlich unterschieden wird. Dieser Blick der anderen – zunächst der Bezugspersonen und später des erweiterten sozialen Umfeldes – auf das eigene Selbst hat strukturierende Wirkung auf die zunächst noch formlose Innenwelt des Ichs. Erst der Blick der anderen erzeugt Selbstbezug, also der Blick auf sich mit den Augen der anderen.

Persönliche Identität bildet sich also in der Auseinandersetzung mit außenvermittelten Zuschreibungen. „Sie finden, dass ich ein tüchtiger Mensch bin." Ich schätze diese Wahrnehmung ein, bewerte sie und finde: „Ja, das stimmt, denn immerhin habe ich einiges geleistet." Das Wort „beachtenswert" zeigt, was Identität ausmacht. Verschränkung von Identifizierung „Ich achte dich", Bewertung und Einschätzung „Ich fühle mich von dir geachtet, und ich kann mich achten" und Identifikation „Ja, ich bin ein beachtenswerter Mensch", die zur Verinnerlichung „So will ich sein, das gehört zu mir" und zu Identitätssicherheit und Identitätsbewusstsein führt „So will ich gesehen werden, und so stelle ich mich auch weiterhin dar".

Wenn man verstanden hat, dass Identität kein „Für sich" ist, sondern immer zurückgebunden ist an andere Menschen als ein Aushandeln von Erkanntwerden und Sich-selbst-Erkennen, dann wird auch einsichtig, dass jede Zuweisung oder Bewertung, die ich anderen gebe, Rückwirkungseffekte auf meine eigene Identität hat. Einfacher gesagt: Wenn ich anderen etwas Gutes tue, tue ich auch mir selbst etwas Gutes. Wenn ich andere beachte, achte ich mich auch selbst. Und umgekehrt, wenn ich mich dem anderen verweigere, dann verrate ich nicht nur ihn, sondern auch mich selbst.

Wenn ich beispielsweise jemanden ausgrenze, ihn nicht anschaue, ihn schneide oder für „Luft" erkläre, so wirkt das immer auch auf mich selbst als Einschränkung und Verkümmerung meiner Identität zurück. Wenn Eltern zu ihrem Kind sagen: „Die darfst du nicht mit nach Hause bringen, sie ist zu schmuddelig . . . Du darfst nicht mit diesen Jugoslawenkindern spielen, das ist kein guter Umgang für dich . . . die können wir nicht einladen, weil Papa sie nicht mag", wirkt solche Ausgrenzung nicht nur nach außen als Ächtung, sondern hat auch einen Rückwirkungseffekt auf einen selbst und die eigene Familie. Kurz vor seinem Tod schrieb George Orwell ein Gedicht über die Freundin seiner Kindheit: „Wir spielten die Spiele, die jeder spielt, / Und die Tochter des Klempners, vielleicht war sie sieben, / Zeigte mir alles, was sie hatte . . . Als ich dann die Todsünde beging. / Ich traf die Klempnerskinder auf der Straße / Und sagte, bei Gott, ich sagte: / Ich darf nicht länger mit euch spielen, / Meine Mutter sagt, ihr seid zu gewöhnlich." Das saß. Immerhin hat er es über vierzig Jahre in sich herumgetragen.

Man verliert ein Stück seiner Mitmenschlichkeit, weil man sich von anderen abschneidet. Man reduziert andere und sich selbst in seinem Selbstwertgefühl. Gemeinschaft entsteht dadurch, dass Menschen verschieden sein und sich wandeln dürfen und dabei verbunden bleiben. Identitätsverlust und Identitätsdeformierung beginnen mit dem Rückzug von anderen Menschen, wenn man ihnen die Resonanz entzieht, ihnen aus dem Weg geht, sie übersieht, einen Bogen um sie macht oder einfach ignoriert. Viele Familien- und Nachbarschaftsverhältnisse zeichnen sich dadurch aus, dass man einander vielleicht gerade noch grüßt, aber sich ansonsten schlicht ausschweigt, ausgrenzt und nicht beachtet. Diese Passivität, die oft unter dem Deckmantel „sich in Frieden lassen" oder „das geht mich nichts an" gerechtfertigt wird, bewirkt nicht nur eine Gleichgültigkeit, sie lässt auch die eigene kleine Welt verarmen und dürftig werden. Es entsteht ein soziales Vakuum, in dem alle vereinsamen. Oft beginnen solche Prozesse subtil und schleichend, hie und da eine spitze Bemerkung, Wegschauen oder ein vieldeutiger Blick und verächtliche Andeutungen, schon beginnt sich eine unsichtbare Mauer aufzurichten, die den Betroffenen wehrlos macht und ihn ausgrenzt. Solche heimlichen Prozesse sind weit schlimmer als offen ausgetragene Auseinandersetzungen. Sie sind destruktiv und gehen immer auf Kosten der Mitmenschlichkeit für alle Beteiligten. Werden sie chronisch und anhaltend, so führen sie zu einem Verlust an gegenseitiger Achtung. Verächtlichkeit, nach Meinung der Psychotherapeutin Hoffmann-Axthelm, sei heute eine Lebenshaltung, die immer weiter um sich greift und zum „überheblich-verächtlichen" Lebensstil vieler geworden ist[8].

Wo Verachtung und Ausgrenzung stillschweigend geduldet werden, braucht es Zivilcourage und Wachheit, sich diesen oft unmerklichen Prozessen entgegenzustellen. Mehr Wachheit und Widerspruchsgeist aufzubringen, könnte zunächst einmal bedeuten: mehr seelische Kraft und Aufmerksamkeit für andere Menschen einsetzen, denn sie werden überall im Leben und nicht nur in Liebes- und Ehebeziehungen notwendig gebraucht. Es bedeutet auch, feinspürig und hellhörig zu werden für diese oft unmerklich einsetzenden und schleichenden Prozesse der Ausgrenzung. Und das heißt nicht nur, sie aufzudecken, zu benennen, sondern auch den Mut aufzubringen, nicht mitzumachen. Viele Familiendramen wären unnötig: „Er passt einfach nicht zu uns, sein Leben ist so ganz anders", meinten die Eltern einer kinderreichen Familie über ihren jüngsten Sohn, „wenn er da ist, steht er immer im Mittelpunkt. Wir wollen einfach unsere Ruhe." Eines Tages blieb er auch wirklich fern, und sie hatten wirklich ihre Ruhe. Aber um welchen Preis?

Vielleicht wird jetzt deutlich, wie eng Identität verwoben ist mit dem Geben und Empfangen von Beachtung. Entsprechend könnte man wechselseitige Beachtung als ein zentrales Ausbalancieren und Aushandeln von Identität auffassen. Sie gewährleistet Wertschätzung und Würde. Bleibt sie aus, oder wird sie verweigert, so entzieht man sich gegenseitig den guten Boden und die weite Sicht, die das Leben lebenswert machen.

---

[8] Hoffmann-Axthelm, D., Wenn Narziss Athena küsst. Über die Verachtung. Frankfurt a. M. 1998.

Philosophische Überlegungen

Ich denke an ein Gespräch mit einem Freund, der mir sagte: „Was nützt mir all mein Geld, mein Erfolg, wenn ich mich nicht in anderen erkennen kann? Was nützt mir mein Wissen, wenn ich es nicht teilen kann? Erst in der Erfahrung, gesehen zu werden, kann ich überhaupt genießen, wer ich bin." Nach einem Glas Wein komme ich darauf zurück: „Hast du nicht Angst davor, dass die Anerkennung der anderen dich auch beeinträchtigen könnte?" Nach einer beredten Pause meint er: „Für mich sind Abhängigkeit und Selbständigkeit keine Gegensätze, sondern so etwas wie Markierungen, die mir das Feld abstecken, auf dem ich mich frei bewegen kann."

Der antiken Ethik der Griechen verdanken wir eine bedeutende Entdeckung. Sie lautet: Menschen geben sich nicht zufrieden mit der einfachen, puren Tatsache ihres Daseins. Sie wollen wissen, was sie davon zu halten haben, dass es sie gibt. Mehr noch, sie wollen wissen, ob ihr Leben etwas wert ist, ob es ein gutes ist oder wie es ein gutes werden könnte. Der Psychotherapeut Petzold spricht in diesem Zusammenhang von der exzentrischen Position, die Menschen zu ihrem Leben einnehmen. Das heißt: Wir leben nicht nur unser Leben, wir verhalten uns auch dazu, d. h., wir nehmen Stellung dazu und können zu unserem Leben auf Distanz gehen, es aus einem Abstand heraus noch einmal betrachten und deuten. Damit wird aus der selbstverständlichen Tatsache des Lebens eine Aufgabe. Leben widerfährt uns nicht mehr nur, sondern wir sind gefragt. Unser Bemühen ist gefordert, weil es um mehr als nur ein beliebiges Existieren geht. Die Griechen haben also für uns den Anfang gemacht mit ihren radikalen Fragen nach einem guten, bedachten, bewusst geführten Leben. Seither ist die Frage nicht mehr aus der Welt zu schaffen: Wie hätte ein Leben auszusehen, das wir achten und wertschätzen können? Nur das „geprüfte" Leben sei lebenswert, hieß das Bekenntnis Sokrates' – und das heißt für uns: das bewusst beachtete und wertgeschätzte Leben. Mit anderen

Worten: ob wir oberflächlich oder interessiert, gleichgültig oder aufmerksam, dumpf oder achtsam, leichtfertig oder achtungsvoll mit unserem Leben umgehen, ist nicht beliebig oder bedeutungslos, sondern entscheidet über seinen Wert. Das klingt vielleicht ein wenig anspruchsvoll. Doch wird man zugestehen, dass es schwerfällt von Ernsthaftigkeit oder Achtung zu sprechen, wenn man sich die schleichende Reduktion auf Büro, Bier, Bett und Urlaub mancher Lebensformen vor Augen führt.

Menschen wollen ihr Leben achten und wertschätzen. Deshalb macht es einen Unterschied, ob sie miteinander gleichgültig oder aufmerksam, sorgfältig oder nachlässig umgehen. Während sonst das Interesse an einem Gebiet durch Information befriedigt werden kann, braucht es hier Orientierung im Sinne von Betroffensein. Um diese Orientierung näher zu beleuchten, greife ich zurück auf die Erkenntnisse von Martin Buber und Emmanuel Lévinas. Man kann beide Philosophen als Hinweis lesen, dass in der Beachtung, die Menschen einander schenken, ein lebensnotwendiges Potential schlummert. Beiden kommt es entschieden darauf an, dass wir nicht im eigenen stecken bleiben, sondern die Bereitschaft dafür entwickeln, uns von der Präsenz des anderen berühren und betreffen zu lassen. Das Ich ist angewiesen auf das Du und entwickelt sich am konkreten Gegenüber. Das bedeutet auch, dass alles, was man anderen an Beachtung zufließen lässt, auch auf das eigene Ich zurückwirkt. Begegnung bedeutet bei Buber, dass das Ich und der andere sich einander rückhaltlos öffnen und ein Verhältnis uneingeschränkter Gegenseitigkeit eingehen. Hieß es noch bei Buber „Ich und Du", so hat Lévinas das Du noch zentraler gestellt. „Du und Ich" lautet sein Begegnungsgedanke. „Einem Menschen begegnen", sagt er, „heißt von einem Rätsel wachgehalten werden". Man könnte das, was Lévinas als Rätsel bezeichnet, so verstehen, dass in jedem, der mir begegnet, immer ein Rest Fremdheit und unüberwindlicher Ferne bleibt. Menschliche Beziehungen bleiben nur dann lebendig, wenn in ihnen ein Rest gewahrt wird, der nicht auslotbar, verfügbar und mitteilbar ist. Der andere Mensch begegnet mir als jemand, der einen Anspruch an mich richtet, deswegen stellt

Lévinas die Verantwortung für die anderen höher als die Freiheit des Ichs.

Jeder Mensch, der mir begegnet, hat ein Recht auf mich, ohne dass eine Gegenseitigkeit besteht, insofern steht er über mir. Vielleicht bedarf er meiner konkreten Hilfe, stets aber ist ihm meine Beachtung nötig. Wir können uns zwar dem Blick eines anderen Menschen verweigern, aber wir sind nicht in der Lage zu leugnen, dass uns dieser Blick getroffen hat. Wir sind nicht in der Lage, wie Lévinas sagt, die Existenz des Blickes zu verleugnen, selbst wenn wir uns darüber hinwegsetzen. Die Freiheit, das Gute zu wollen, kann uns niemand rauben. Sie kann zwar verschüttet, aber nicht zerstört werden. Nach Lévinas sind wir aufgerufen, für den anderen einzustehen. Nicht nur für den Menschen, auch für die Erde, die Natur, für die Dinge, für all das, was uns anvertraut wurde. Und jemandem wirklich zu antworten, heißt, sich auf ihn einlassen, sich seine Sache zu eigen machen. Lévinas beschreibt Augenblicke, in denen ein Mensch in das Leben eines anderen eintritt, in denen die gewohnte Sicherheit verloren geht, die einen aber dennoch mit Überraschung und Freude erfüllt und vielleicht Reichtümer in einem weckt, von denen man bisher nichts ahnte. Stellen Sie sich vor: jemand würde mitten im Alltag plötzlich an Ihrer Haustüre klingeln. Sie brechen Ihre Arbeit ab, öffnen die Türe und nach anfänglichen Hürden – Sie müssen sich ja erst damit abfinden, dass Ihre Arbeit nun unterbrochen ist und dass Sie unangemeldet überrascht wurden – würde sich ein tiefes Gespräch ergeben. Würde Ihr Tag durch solch eine Erfahrung nicht plötzlich wie verwandelt?

„Wie geht es dir?" „Was bedeutet dir dies oder jenes?" „Bist du traurig?" „Wie verkraftest du das?", mit solchen Fragen sind wir wirklich gemeint. Wir mögen fragen, was der Sinn dieser Fragen ist, was sie wohl zu bedeuten haben. Und wir können die an uns gestellte Anfrage aufgreifen, sie als Herausforderung annehmen und uns einander zeigen. Dies könnte ein kleiner schöpferischer Akt sein, der aus dem Moment heraus geschaffen wird, für den es keine Vorlagen gibt, sondern nur ein kreatives Angesprochensein – ein Sich-Einlassen auf diesen Augenblick. Ein Beispiel dafür erlebte ich auf einer Bahnreise. Endlich mal wieder ungestört an meinem Buch arbeiten, dachte ich und vertiefte mich in meine Aufzeichnungen. Mein Nachbar hatte ganz andere Bedürfnisse. Er war unruhig und wirkte bedrückt. Nach anfänglicher Abwehr ließ ich mich auf ein Gespräch ein. Er sprach davon, wie endlos lang die Tage seien, seit er seine Frau verloren hatte, und wie nervös er sei, jetzt in eine neue Wohnung ziehen zu müssen. Als er ausstieg, war er wie verwandelt. „Endlich mal jemand, der mir zuhört", sagte er mit leuchtenden Augen. Ich schämte mich ein wenig, als mir bewusst wurde, dass ich über „Beachtung" schreiben wollte, wo dicht neben mir jemand saß, der dringend Beachtung benötigte. So einfach kann es sein, einfach die Bücher zuklappen und hinschauen.

Wir haben die Macht zu wählen, wir können uns behaupten, unseren Egoismus durchsetzen und fortsetzen, unseren Ego-Trip auszuleben. Wo sich diese Freiheit aber in Beachtung des anderen verwandelt, da werden ungeahnte Kräfte frei. Es gibt andere, die die Welt anders sehen und die mich brauchen. Vielleicht wäre dann eine wechselseitige Relativierung möglich oder zumindest mehr gegenseitiges Zuhören und Wahrnehmen.

Der Kult des Scheins

Ich sitze mit einem Betriebswirtschaftstudenten aus England zusammen. Wir sprechen darüber, was es bedeuten könnte, zu sich selbst zu kommen. Er hat sich nach der Trennung von seinen deutschen Eltern so etwas wie ein „Programm" entworfen, mit dem er gelernt hat umzugehen. „Das Wichtigste für mich ist, dass ich auf mich selbst stolz sein kann und mich an meinen Erfolgen erfreuen kann. Ich lebe ganz bewusst gesund – gehe ins Fitness, jogge, schwimme, trinke keinen Alkohol. Durch meine Therapie habe ich gelernt, meine Gefühle zuzulassen." Ich merke, wie meine Gefühle sich verflüchtigen. Ob er wohl gemerkt hat, was seine Sprache über ihn verrät? Wenn ich ihn „beim Wort" nehme, so lässt er seine Gefühle in der Tat zu. Kennt er auch das Gegenteil – wenn seine Gefühle aufgehen – aber da klingelt gerade sein Mobiltelefon. Schade!

Wenn dem Menschen heute an etwas gelegen ist, dann ist es seine Individualität. Dieser Student hat mir das eindrücklich und stellvertretend für viele vor Augen geführt. Individualität – das ist die Art und Weise, in der man sich von seinesgleichen unterscheidet. Oder konkreter: einen Platz zu haben, der leer bleibt, wenn man nicht da ist. Unersetzbar sein. Sie wird in unserer Epoche erstmals als Einzel-Individualität vorgestellt und ist damit an die Möglichkeit der Unterscheidung und der Absetzung von anderen verwiesen. Individualität wird als Abgrenzung, Prägnanz und Besonderheit verstanden. Sie will sich zeigen und erkennbar werden. Doch auch Besonderheit ist ein knappes Gut, eine Ausnahme. Aber was besonders ist, das wollen eben alle. Denn heute gilt nur, wer etwas Besonderes besitzt und es auch dementsprechend zur Schau stellt. Alle wollen irgendwie kenntlich werden; selbst wer nicht weiß, wer er ist, möchte sich zumindest unterscheiden.

In unserer Zeit, die nicht nur schneller, sondern auch lauter und glänzender geworden ist, braucht es zunehmend mehr an Inszenierung und lautstarker Persönlichkeit, um überhaupt gemerkt zu werden. „Das Schlimmste, was dir passieren kann heutzutage – wenn du schüchtern bist. Das ist noch schlimmer als hässlich sein", so der Kommentar einer jungen Frau, die für das Fernsehen arbeitet. Wer Aufmerksamkeit auf sich ziehen will, muss auffällig sein oder zu extremen Mitteln greifen, um nicht übertönt zu werden vom Lärm und den vorhandenen Steigerungen, die unsere Sinne betäuben. Für ein paar Minuten Beachtung lassen viele freiwillig die Hüllen und Masken ihrer Eigenheit fallen und sich sozusagen teilweise „ent-eignen". Kein Wunder, dass wir in unserer Zeit eine Hochblüte der Schau- und Zeigelust, der Identitätsintensität und des öffentlichen Eindruckschindens erleben. Millionen werden täglich umgesetzt im Geschäft mit der Beachtungssucht. Es wird immer mehr gearbeitet, produziert und konsumiert. Wir sind so gründlich durch die Schule des Konsumismus und der Plackerei gegangen, dass wir für die Beachtung, die wir eigentlich bräuchten, kaum mehr Zeit und Muße finden. Mehr als jede andere Generation vor uns haben wir uns dem Nützlichkeitsdiktat und dem Kult der Attraktivität verschrieben und finden keine Zeit mehr, einander im wechselseitigen Austausch oder uns selbst in Ruhe und Muße zu beachten. Unsere Beziehungen gestalten sich immer schwieriger, wir isolieren uns voneinander, weil wir uns zunehmend in den eigenen vier Wänden mit unserem PC, unserem „Büro im Haus" einspinnen. Vielleicht kommunizieren wir noch mit unseren Freunden und Familien, aber die anderen erhalten nur noch E-Mail-Adressen oder gesichtslose Beantworterstimmen. Das heißt, es gibt immer weniger Interaktionen, und die Kunst des Gesprächs geht verloren. Diese Art elektronischer Kommunikation führt nicht nur zur Verarmung ausgefeilter Kommunikationsfähigkeiten, ihr Preis ist auch ein Defizit an Respekt und gegenseitiger Beachtung. Man braucht Blicke, Hautwärme und Berührung, die man über einen Buddie oder Chat im Chat-Net nicht bekommen kann. Diese lebendige Art von Beachtung ist nicht über das Netz zu erreichen. Man muss auch real zusammensitzen, sich zeigen und gesehen werden. Eine 17-jährige Schülerin: „Ich hab' meine Freundin schon ewig nicht mehr gesehen, aber wir mailen uns täglich. Irgendwie vermisse ich sie schon, vor allem um mal wieder richtig Blödsinn miteinander zu machen." Ein 19-jähriger Gymnasiast: „Früher bin ich halt um die Ecke gegangen und hab' gefragt ‚Kannste mir mal 'ne Fluppe geben?' Heute kannste dir ja nicht mal mehr 'ne müde Mark leihen, weil sie alle an ihren Maschinen 'rumhängen."

Neu an unserem Lebensstil ist auch die hohe Professionalität und Technologie, mit der uns beigebracht wird, dass unsere Seelen und Körper plastizierbar, formbar und beeinflussbar sind. Jeder kann an sich arbeiten, jeder kann sich begehrenswert oder unwiderstehlich stylen, wenn er nur die richtigen Produkte benutzt. Weder dem Spiel noch dem Träumen, weder den Freunden noch den Nachbarn, weder der Gartenarbeit noch dem Gebet bringen wir mit solcher Bereitwilligkeit Opfer an Zeit und Aufmerksamkeit wie dem Kult, Aufmerksamkeit auf sich zu ziehen. Schon früh greift dieser Kult um die Attraktivität. Wie oft höre ich von Kindern auf die Frage, was sie einmal werden wollen, die typischen Antworten: „Star", „Fernsehstar", „Sportler", „berühmt". Die Welt ist eine Bühne, sang Elvis Presley. Für den, der sich auf der Höhe der Zeit hält, in der Scheinen und So-tun-als-ob alles gelten, hätte schonungslose Echtheit wahrscheinlich gnadenlose Folgen. Man kommt also nicht aus ohne ein bisschen Maskerade und Mitmachillusion. Das ist auch gut so, denn dabeisein ist allemal besser als nur stumm bleiben, beneiden und den anderen applaudieren. Wie man es auch dreht und wendet, ein Zuviel an Schein und Dafür-gehalten-Werden geht aber immer auf Kosten wirklicher Begegnungschancen zwischen Personen. Was bleibt? Man kann „ja" sagen zum unumgänglichen Kult der Inszenierung und des Designs, und man kann zugleich „nein" sagen, insofern man sich davon nicht beherrschen und sein Wesen verbiegen oder entfremden lässt. Oder man kann es machen, wie es der Student aus England vorlebt, man stellt sich unter ein Erfolgsprogramm, das die Gefühle und Empfindungen beherrscht und rationalisiert. Das Problem ist nur, dass die Gefühle dabei auf der Strecke oder eben „zu" bleiben.

Eine Haltung, die unseren Gefühlen entspricht und die verhindert, dass wir weder seelisch noch geistig Schaden nehmen, konnte ich am ehesten bei den Philosophen finden. Bei Heidegger, der zu einer Haltung kritischer Distanz und Gelassenheit rät, oder bei Nietzsche, der in einer Notiz aus seinen „Unzeitgemäßen Betrachtungen" uns an das Wesentliche erinnert, was uns im Innersten angeht: „Die junge Seele sehe auf das Leben zurück mit der Frage: was hast du bis jetzt wahrhaft geliebt, was hat deine Seele hinangezogen, was hat sie beherrscht und zugleich beglückt? Stelle dir die Reihe dieser verehrten Gegenstände vor dir auf, und vielleicht ergeben sie dir, durch ihr Wesen und ihre Folge, ein Gesetz, das Grundgesetz deines eigentlichen Selbst."[9]

---

[9] Nietzsche, F., Unzeitgemäße Betrachtungen. Kap. „Schopenhauer als Erzieher". Stuttgart 1930, S. 216.

Versteckspiel

Zwei Frauen unterhalten sich im Café. "Wie du das alles schaffst, immer topchic angezogen, immer gut drauf, jeden Tag joggen und dann noch die Super-Gastgeberin. Und jetzt gönnst du dir nicht mal ein Stück Kuchen." – "Das macht mir halt Spaß. Außerdem brauche ich das für mich, um mich wohlzufühlen." – "Aber das bringt dir doch auch einiges, oder?" – "Wie meinst du das?" – "Na ja, halt, dass die anderen sagen, was du für 'ne tolle Frau bist." – "Das ist mir doch egal... Das juckt mich doch nicht. Ich bin einfach so."

Wer wäre bereit zuzugeben, dass er arbeitet, lehrt, lernt, kocht, verkauft, Sport treibt, Diät hält, weil er Beachtung braucht? Weshalb verstecken wir diesen Wunsch so geschickt und behaupten, "weil es Spaß macht", "weil es mich so interessiert", "weil ich mir so besser gefalle", "weil das erwartet wird"? Wenn wir doch alle Beachtung brauchen, dann könnten wir doch einfach offen zugeben, wie es um uns steht, oder? Leider funktioniert das nicht. Und vor allem dort nicht, wo es um Wissenschaft und Forschung geht. Es könnte sein, dass der Wissenschaft bei ihrem Streben, partout objektiv sein zu wollen, und ihrem Bestehen auf Tatsachen und Beweisen etwas entgeht. Denn gerade hier, wo es so nüchtern, trocken und emsig um die Leidenschaft für die Sache und um die Wahrheitssuche geht, wird noch viel weniger zugegeben, dass es letztlich immer um das eigene Herzblut geht. Denn, wie Georg Franck süffisant feststellt, ist es keineswegs nur die eigene Neugierde, die einen zum Wissenschaftler werden lässt, sondern vor allem auch das Staunen und die Aufmerksamkeit, die man auf die eigene Person zu lenken versucht.

Testen Sie sich selbst. Wie schwer fällt es Ihnen, zuzugeben, dass Sie manchmal gern im Mittelpunkt stehen? Oder wenn Sie sich dabei ertappen, viel herumzutelefonieren, dass Sie eigentlich Beachtung brauchen? Ich vermute, dass es Ihnen wie den meisten Menschen unangenehm wäre, wenn die anderen wüssten, wie es um Ihren Hunger nach Beachtung stünde. Wir geben unser Bedürfnis nach Beachtung nicht offen zu, weil wir uns dafür schämen. Zwar haben wir keinen Grund, uns minderwertig zu fühlen, weil Beachtung ja etwas ist, das alle wollen. Aber das entlastet nicht wirklich. Unser Wunsch nach Beachtung erscheint als persönlicher Makel nach dem Motto: „Wenn du das nötig hast, dann bist du eitel, bedürftig, gefallsüchtig, gierig oder abhängig." Oft reicht es schon aus, wenn wir solche Gedanken bei anderen vermuten, die so oder ähnlich über uns denken könnten. Wir denken ja selbst, wir sollten weniger beachtungshungrig, eitel oder zumindest autonomer und unabhängiger sein. Mit dieser Einstellung beginnt ein Teufelskreis, denn je mehr wir uns diesen Wunsch nach Beachtung versagen, desto hungriger werden wir danach, desto mehr müssen wir uns verstecken vor unseren eigenen Bedürfnissen und vor dem Ertapptwerden durch andere. Und wir werden blind gegenüber unseren Aktivitäten und so genannten Sachzwängen, weil wir den Bedarf an Beachtung, der dahinter steckt, verleugnen oder abwehren müssen. Die Folge davon: Je mehr wir unser Bedürfnis nach Beachtung verstecken, desto unbewusster und mächtiger wird es. Viel einfacher wäre es, sich zuzugestehen: Ja, ich brauche Beachtung. Das Bedürfnis nach Beachtung motiviert und bestimmt mein Verhalten, Tun und Handeln. Es prägt meinen Umgang mit Situationen, mit meiner Arbeit und mit Menschen. Egal wie sachorientiert und rational ich mich gebe, letztlich steckt hinter all meinem Wirken und Handeln auch der überlebenswichtige Wunsch nach Beachtung. „Je bewusster das Bedürfnis nach, der Austausch von und der Umgang mit Beachtung ist, desto größer sind die Chancen, dass wir in einer Begegnung außer Austausch von Beachtung auch noch anderes bewirken können."[10] Mit dieser Einsicht gibt der Psychotherapeut Wolf Büntig einen Lösungsweg an, der uns aus der Versklavung durch den unbewussten Drang nach Beachtung befreien könnte. Er lautet: Sich das Bedürfnis nach Beachtung

---

[10] Büntig, W., Beachtung – ein menschliches Grundbedürfnis. In: Zist. Programm 1996, S. 10–12.

bewusst machen und sich prüfen, wie viel davon, von wem und wofür man es tatsächlich braucht. Dahinter steckt die Erkenntnis: Wenn man weiß, was man wirklich beabsichtigt, kann man tun, was man will.

Wenn wir unseren Mitmenschen bewusst zeigen, dass wir Beachtung brauchen, bleibt das natürlich nicht ohne Wirkung. Zu sagen: „Das bin ich wirklich. So fühle ich. Das ist es, was ich brauche", kann mit Menschen, denen wir nahestehen, Nähe und Intimität erzeugen. Im günstigen Fall erzielen wir durch diese Offenheit Verständnis und positive Resonanz bei unseren Nächsten. Wir können aber auch Fluchtimpulse auslösen, weil andere unwillkürlich an die eigene Bedürftigkeit erinnert werden. Aus Selbstschutz ziehen sie sich zurück, weil sie mit ihren eigenen verdrängten Wünschen konfrontiert werden. Diese Wünsche können bei anderen Ängste auslösen, weil sie einen zentralen Punkt ihres Angewiesenseins auf andere berühren. Irgendwo tief innen spüren wir alle, dass wir ohne Beachtung nicht überleben könnten.

Die wichtigste Person, vor der wir solche Wünsche verbergen, sind aber oft genug wir selbst. Wir schauen nicht hin und finden Ausflüchte oder Rationalisierungen, um zu leugnen, worum es uns eigentlich geht. Häufig höre ich: „Die wollen alle etwas von mir." „Ich kann mich gar nicht retten vor Angeboten." „Mein Handy klingelt rund um die Uhr." „Meine Stellung verlangt es, dass ich mich sehen lasse." „Wenn ich nicht so hilfsbereit wäre, wer tut es denn dann?" „Wenn ich nicht mitmachen würde, wäre ich sofort ‚out'." Solche Erklärungen und Rechtfertigungen verbergen das Wesentliche – das Verlangen nach Beachtung.

Hauptsache Beachtung

New York. Ein Verzweifelter steht stundenlang auf dem schmalen Dachsims eines Wolkenkratzers. Die Polizisten reden ihm über Lautsprecher gut zu. „Wir wollen Ihnen helfen!" „Werden Sie vernünftig!" „Geben Sie auf!" Schließlich lässt er sich dann überreden und gibt sein selbstmörderisches Vorhaben auf. Am nächsten Tag lese ich die Geschichte in der Zeitung.

Menschen sind bereit, fast alles zu tun, um Beachtung auf sich zu ziehen. Nicht nur Einzelne, auch Gruppen oder Massen. Man denke nur an Massendemonstrationen, wo mit dem Marschieren, dem Skandieren von Parolen und Plakaten lautstark die Forderung nach Beachtung von Missständen, Nöten oder Ungerechtigkeiten demonstriert werden soll. Andere wiederum beteiligen sich an jeder erdenklichen Sensation, die auf einem Spektrum zwischen Lächerlichkeit und Tollkühnheit angesiedelt ist. Und es gibt jene radikalen Aktivisten oder Unruhestifter, denen die Medien ständig Beachtung schenken. All dies beweist die ungeheure Bedeutung, die dem Bedürfnis nach Beachtung zukommt. Es zeigt auch, dass Menschen bereit sind, fast alles bis hin zum Selbstmord zu tun, um sich oder einer Idee, die sie vertreten, Beachtung zu verschaffen. Daran lässt sich ablesen, mit welcher mächtigen seelischen Antriebskraft wir es zu tun haben, die, konstruktiv eingesetzt, Menschen zu Höchstleistungen anspornen und beflügeln und, destruktiv eingesetzt, Menschen in tiefste Abgründe stürzen kann. Wie sämtliche seelischen Triebkräfte kann die Beachtung Gutes und Schlechtes bewirken. Es kommt darauf an, welchen Gebrauch man von ihr macht. Eine Studentin erzählt aus ihrer Kindheit: „Was habe ich tagsüber alles angestellt. Meine Mutter berichtete abends natürlich alles brühwarm meinem Vater . . . und wenn es dann Ohrfeigen prasselte, war das trotzdem wie ein Segen. Hauptsache Beachtung, auch wenn es wehtat und meine Backen knallrot waren."

Zum großen Teil sind unsere Gefühle und Gedanken davon geprägt, wie wir von unserer haltenden Umgebung, von unserer „einbindenden Kultur" gehalten und gesehen werden. Viele hatten den Vorteil, dass sie als Kind viel Sicherheit vermittelt bekamen. Ihnen wurde die lebensnotwendige Botschaft nicht nur in Worten vermittelt, sie konnten sie auch leibhaftig spüren: „Du bist meine Tochter / mein Sohn. Gut, dass es dich gibt. Wir sind eine Familie." Wer solche wertschätzende Geborgenheit vermittelt bekam, wird wahrscheinlich nicht auf ständiger Aufmerksamkeit und dauernder körperlicher Nähe bestehen, weil er weiß, dass er Beachtung und Nähe erhält, wenn er sie braucht. Liebe kann aber verschiedene Gestalt und Stärke annehmen. Liebe kann sehen oder nicht sehen, sie kann erkennen oder nicht erkennen. Gerade im Sehen und Erkennen, in der Beachtung, die wir dem anderen schenken, liegt der verborgene Wert der Liebe. Hier liegt auch das Geheimnis der Selbständigkeit, wir brauchen den anderen, um gesehen zu werden und um zu merken, dass wir auch ohne ihn auskommen können. Wie verhalten wir uns etwa einem Menschen gegenüber, der gerade in einer Krise steckt. Die übliche Reaktion ist, dass wir versuchen, ihn zu trösten, zu beschwichtigen oder gar die negativen Gefühle abzulenken. Diese Reaktion ist verständlich, vor allem wenn wir diesen Menschen gern haben und Negatives von ihm fernhalten wollen. Wenn wir aber auf diesen Menschen als jemanden reagieren, der eine Krise durchlebt, statt uns die Beseitigung negativer Gefühle zur Aufgabe zu machen, so bringen wir damit unser Vertrauen in seine notwendige Entwicklung und seine Kraft zum Ausdruck. Wir halten ihn, ohne ihn festzuhalten. Das heißt, wir gewähren ihm Beistand, Beachtung und ermöglichen damit eine wertvolle Erfahrung, die ihn in seine eigene Kraft bringt.

Der Preis, den man zahlen muss, wenn man in seiner Eigenart nicht gesehen wird, kann hoch und manchmal sogar lebenslänglich sein. Viele von uns sind schon früh in ihrem Wesen nicht gesehen worden. Das kleine Mädchen, das eigentlich ein Junge werden sollte; der Junge, der wie der Vater ein begeisterter Sportler werden soll, obwohl er eigentlich am liebsten tagträumt und liest; der

Älteste, der das elterliche Geschäft einmal übernehmen soll; der Jüngste, der „ganz wie der Vater" geraten ist, oder die Schwester, die dem Namen der Oma Ehre machen soll – ihnen allen gemeinsam ist das Schicksal, dass sie als die Person, die sie werden sollen, und nicht als die Person, die sie sind, gesehen werden. In den ersten Lebensjahren sind Kinder unglaublich findig, wie sie das Interesse bei anderen wecken können. Ob sie nun besonders brav, von unbeirrbarer Heiterkeit, witzig, komisch oder überaus folgsam sind; unermüdlich experimentieren sie durch Schreien, Blickkontakt, Lächeln und Lauten mit der Frage „Was muss ich tun, dass du mich lieb hast?"

Aber auch im späteren Leben gilt das im übertragenen Sinn. Fragen nicht auch Erwachsene ständig: Was bringt etwas? Was nicht? Wie kann ich Zuneigung erwecken? Wie gewinne ich das Interesse der anderen? Bin ich okay, so wie ich bin? Mache ich den richtigen Eindruck?

Unsere Entwicklung hängt davon ab, ob wir beim Werben um die Beachtung anderer erfolgreich sind. Manche besitzen eine viel größere Fähigkeit, die Aufmerksamkeit anderer auf sich zu ziehen, als andere. Die Fähigkeit, das Interesse bei anderen zu erwecken, ist genauso grundlegend wie die, etwas mit den Händen greifen zu können. Erst dadurch können wir Dinge und Werkzeuge, und später auch den Kopf benutzen. Beides wird das Kind sein Leben lang in verschiedenen Formen tun. Es wird Dinge begreifen, und es wird versuchen, zu erkennen und erkannt zu werden. Im Grunde handelt es sich bei beidem um das Gleiche: dem Leben eine Bedeutung zu geben. Bedeutung gewinnen wir aber nur dann, wenn wir von anderen beachtet werden.

Beachtung mag wohlwollend oder feindselig, liebevoll oder unangenehm sein – Hauptsache, dass jeder einen Teil davon abbekommt. Wie wichtig dieser grundlegende Vorgang ist, wie groß die Gefahr der Bedeutungslosigkeit, sehen wir bei Kindern, die tagsüber zu wenig bekommen und am Abend, wenn die gestressten Eltern von der Arbeit heimkehren, lautstark nörgeln, sich skurrile Dinge einfallen lassen oder völlig „abgefahren" sind. Immerhin gibt es dann engen Kontakt durch Geschimpfe oder gar Schläge. Kinder können unglaublich erfinderisch sein im Bemühen, gesehen zu werden. Sie scheuen weder unangenehmes Auffallen noch Strafe oder Schmerz. Selbst wenn sie Vorhaltungen und Schläge in Kauf nehmen müssen, ist dieser schmerzhafte, handfeste Kontakt immer noch besser als Gleichgültigkeit oder Liebesentzug, die einem zum „Niemand" macht. Hauptsache Beachtung – auch wenn sie weh tut, aber immerhin ist man dann „Jemand". Wenn Kinder sich jedoch erkannt fühlen, dann können sie auch eher Grenzsetzungen tolerieren und diese sogar als Erleichterung empfinden.

Wie weit der Hunger nach Beachtung zu einem Verhaltenscredo geworden ist, kann auch an wenigen Phänomenen aus dem Schulalltag demonstriert werden. Eine Grundschullehrerin habe ich dazu befragt: „Es ist einfach unglaublich, was Schülern alles so einfällt, um auf sich aufmerksam zu machen. In jeder Klasse gibt es ja diese Clowns, denen immer etwas Neues einfällt. Und wenn man ihre Fratzen dann irgendwann nicht mehr lustig findet, dann beginnen sie andere aufzuwiegeln und wie die Rabauken aufeinander einzudreschen. Dann gibt es natürlich diejenigen, die ständig Widerworte gebrauchen oder Schimpfworte, die schlimmer sind, als dass ich sie aussprechen könnte. Die anderen petzen und meinen, so würden sie besser dastehen." Nach den Gründen für solches Verhalten befragt, meinte sie: „Manchmal scheint es mir, als würden immer mehr Kinder den Untergang ihrer Persönlichkeit fürchten, wenn sie nicht auf irgendeine Weise auffällig würden." Die Erfahrung dieser Lehrerin ist kein Einzelfall. Die Schule scheint heute so etwas wie ein Sammelbecken von Beachtungsdefiziten zu sein, die die Lehrer und Schulpsychologen in oft langwieriger Arbeit auszugleichen versuchen. Ebensowenig geht auch das Beachtungsschinden der Erwachsenen ohne Blessuren ab. Ein paar mehr oder weniger alltägliche Beispiele: Eine Frau mittleren Alters meint, ihr Leben sei sinnlos geworden, weil sie ein paar Kilo zugenommen hat und nicht mehr in ihre Designer-Jeans passt. Keiner würde sie mehr beachten, nicht einmal mehr in ihre Stammkneipe wage sie sich, weil sie sich wie ein „aufgeblasenes Nichts", wie eine „dicke

Kröte" fühlt. Ein Dirigent, der so identifiziert ist mit seiner beruflichen Tätigkeit, dass er glaubt, tatsächlich nur die Wahl zwischen Schlaftabletten oder Kugel zu haben, da ihm wegen eines jüngeren Kollegen nur noch die Arbeit mit weniger prestigeträchtigen Orchestern bleibt. Und die vielen, die Unmengen von Geld für Kosmetika verbrauchen, die ständig „an sich arbeiten" innen wie außen, die sich freiwillig selbst foltern in den unzähligen Bodybuildings- und Fitnesscentern, sie alle sind ständig damit beschäftigt – meist nicht bewusst –, Beachtung zu erwirken. Gefangen im Image verleugnen sie sich ständig selbst, statt sich einfach zufrieden zu geben mit dem, was ist. Das hat natürlich gesellschaftliche Hintergründe. Wer in der Welt des Scheinens und des Dafür-gehalten-Werdens etwas gelten will, der hat weder Zeit, das Ganze seiner Persönlichkeit wahrzunehmen, noch Raum, andere einzulassen. Die Wahrnehmung verengt sich auf Segmente der Selbststilisierung, modisches Outfit, Fitness, überlegene Gesprächskühle und Life-style. Wer wirklich wichtig sein will heutzutage, verfügt nicht nur über Porsche und Immobilien, über Pelzmäntel und Topfigur, er verkörpert auch die gerade gefragten Qualitäten als Surfer, Tennisspieler, Kunstliebhaber und Weinkenner. Wenn so viel vom Tun-als-ob abhängt, durch das man sich Beachtung erhofft, dann rückt das Handeln immer näher an die Schauspielkunst. Dagegen gilt es aber nicht nur die Spontaneität, den Einfallsreichtum, den Eigensinn wiederzugewinnen, sondern das Wichtigste – die Persönlichkeit und das eigene Format.

Hunger nach Beachtung

Ich versuche mich an einen Augenblick der Beachtung zu erinnern. War es der von Herzen kommende Gruß beim Einkaufen? Das aufrichtig gemeinte „Wie geht es dir?" meines Kollegen? Ein Blick? Ein Kompliment? Der warme Händedruck meines Postboten? Oder die morgendliche Umarmung? Ich empfinde diese Momente nochmals nach, spüre, wie es vor allem die vielen kleinen Aufmerksamkeiten sind, die dazu beitragen, dass ich mich zugehörig und wahrgenommen und dadurch besser und lebendiger in meiner Haut fühle. Ist da Eitelkeit mit im Spiel? Vielleicht. Aber was wäre denn ein Leben ohne diese wärmenden und inspirierenden Zutaten?

Die meisten Menschen haben eher zu wenig echte Beachtung erfahren und sind deshalb ausgehungert nach Beachtung und Anerkennung. Man braucht nur zu beobachten, wie jemand auflebt, wenn wir ihm auf irgendeine Weise kundtun, dass wir ihn beachten. Ob es nun die Verkäuferin, der Kollege, der Nachbar oder Freund ist, jeder kann dies erproben und dabei feststellen, dass es nur wenig braucht, und der andere lebt sichtbar und fühlbar auf.

„Für mich wäre es ein Albtraum, in einer Gegend zu leben, wo mich niemand kennt, grüßt und keiner irgendwie Notiz von mir nimmt. Auf mein Geld und meine Wohnung könnte ich verzichten, aber nicht auf die Menschen. Ich würde mich fühlen wie ein Nichts. Es würde für mich keinen Sinn machen, zu leben." Diese Aussage eines Bankfachmanns beweist: Beachtung ist machtvoller als Geld, Macht und Herkunft. Sie bestätigt uns in unserem Dasein und ist die wirkungsvollste aller irdischen Belohnungen. Geld ist out. Beachtung ist in – so könnte man plakativ die Beobachtungen des kalifornischen Publizisten Michael Goldhaber zuspitzen. Nach seinem Modell der Ökonomie der Aufmerksamkeit, tritt das Geld immer mehr zurück hinter dem Streben nach Beachtung. Selbst Geld wird letztlich dazu benutzt, um den Status zu verbessern und zu erhöhen, um sich Güter anzueignen, die einem erlauben, Beachtung in den Augen anderer zu gewinnen.

Aber ist das nicht eigenartig, dass wir derart motiviert werden durch die Zuwendung und die Gefühle anderer, obwohl wir keinen Zugang zur Erlebnissphäre eines anderen haben? Wir wissen zwar manches über die Bedingungen, die nötig sind, um Beachtung zu erzeugen. Wir wissen aber letztlich nicht, was sich im Bewusstsein anderer abspielt. Dennoch leben wir, als ob wir wüssten, was andere empfinden, fühlen und meinen. Nach Franck ist dieser Kontakt von Bewusstsein zu Bewusstsein eine einzige Veranstaltung des Wunschdenkens, weil wir es einfach nicht aushalten ohne die Vorstellung, eine Rolle im Seelenleben anderer zu spielen. Geht man davon aus, dass die Seele eine maßgebliche Rolle im täglichen Zusammenleben spielt, so gibt es auch einen intuitiven leib-seelischen Zugang zu anderen Wesen. Wenn wir einander Beseeltheit zugestehen, dann gibt es auch ein gemeinsames Fühlen, Spüren und Empfinden. Empirisch zwar schwer nachweisbar, aber in der Logik der Gefühle und Sinne wissen wir alle, worum es geht. Franck meint: „Wir alle tun so, als ob wir in einer Gesellschaft beseelter Wesen lebten. Der zwischenmenschliche Tausch der Aufmerksamkeit ist zwar Magie. Es ist aber Magie, die funktioniert."[11] Magie, die sich eben nicht auf den Bereich des Berechenbaren einschränken lässt.

So gesehen unterliegt die Beachtung ebenso wie das Geld und die Religion den Gesetzen der Magie. Beachtung als magische Verwandlung der Welt scheint mir ein zutreffender Ausdruck für die mitunter irrationalen Folgen, die Beachtung nach sich ziehen kann. Man braucht sich nur vorzustellen, wie aus der zufälligen Beachtung eines Menschen Verliebtheit erwachsen kann, und alles verwandelt sich so tiefgreifend, obwohl sich objektiv überhaupt nichts verändert hat. Beachtung – das ist eine Art Sammelbecken für Wünsche, Hoffnungen, Sehnsüchte, Vorstellungen und Erwartungen. Deswegen kann man nie genug davon bekommen. Oder haben Sie

---

[11] Franck, a.a.O. S. 18.

schon einmal jemanden getroffen, der sich darüber beklagt hat, dass er zu viel Beachtung, Zuwendung oder zu viel Geld erhält? Vielleicht aus der unerwünschten Quelle, von der unerwarteten Seite oder für die falsche Sache; aber von Menschen, an denen uns liegt und für Kompetenzen und Eigenschaften, die wir uns zugute halten, können wir wahrscheinlich nur schwerlich zu viel dieses kostbaren Lebenselixiers bekommen. Einerseits kann man nicht genug davon bekommen, andererseits ist Beachtung das Einfachste, Billigste und Schönste, was man schenken kann.

Würde man eine Hierarchie der Bedürfnisse aufstellen, so käme das Bedürfnis nach Beachtung noch vor dem Wunsch nach Sexualität. Ohne Sexualität können Menschen über längere Strecken auskommen, aber ohne Zuwendung würde ihre Seele schon nach kurzer Zeit zu frieren beginnen. Der Zauber, der von empfangener Zuwendung ausgeht, übertrifft die Magie der Sexualität, denn das Bedürfnis nach Beachtung ist gewaltiger und existentieller als der Wunsch nach Sexualität. Wie häufig versteckt sich hinter sexuellem Austausch letztlich der Wunsch nach Beachtung, meinte der Psychotherapeut Wolf Büntig. Nicht wissend, dass sie geleitet sind vom Bedürfnis nach Aufmerksamkeit und Beachtung, betätigen sich zahllose Menschen sexuell, ohne jemals die Erfüllung zu finden, nach der sie so begierig suchen – nämlich nach Beachtung.

Wo immer Menschen zusammenkommen, geht das Gerangel um Beachtung los. Schon bei kleinen Geschwistern und später im Kindergarten geht es darum, wem man mehr Aufmerksamkeit und Beachtung schenkt, wer es schafft, durch ein Lächeln, Charme, verbale, kreative oder aggressive Aktivitäten das Interesse und die Aufmerksamkeit an sich zu fesseln. Immer geht es um den beliebten „Platz an der Sonne". Dabei handelt es sich um die schon früh einsetzende Erfahrung der sozialen Fähigkeit und fundamentalen Bedürftigkeit, Verbundenheit, Zustimmung, Gefolgschaft, Sympathie und Unterstützung zu mobilisieren.

Von der Schule, der Tanzstunde bis zu Gesprächen bei Einladungen oder im Zugabteil kennt der Wunsch nach Beachtung unzählige, einfallsreiche Möglichkeiten, sich in sämtlichen Bereichen menschlichen Lebens zum Ausdruck zu bringen. Ein aufschlussreiches Beispiel dafür ist die Sitzordnung in Gruppen oder Seminaren. Überlegen Sie, wo würden Sie sitzen, wenn Sie vom Gruppenleiter Beachtung erhalten wollten? Ich nehme an, Sie sagen „gegenüber", weil es in der Tat so ist: wer dem Leiter oder dem Lehrer gegenüber sitzt, hat mehr Chancen beachtet zu werden. Und umgekehrt: Sie wollen nicht bemerkt werden, weil Sie sich schlecht fühlen oder Ihre Hausaufgabe nicht erledigt haben. Wahrscheinlich werden Sie sich außer Sichtweite des Leiters, also entweder seitlich, nach hinten oder in eine abgelegene Ecke setzen. Auch als Gruppenleiterin fällt mir oft auf, dass Teilnehmer, die sich mit mir auseinander setzen und ihren eigenen Standpunkt einbringen wollen, sich mir gegenüber setzen. Und andere, die möglichst unbehelligt bleiben wollen, wählen am liebsten Plätze, die sich außerhalb meines Blickwinkels oder in Türnähe befinden. Beachtung hängt also auch von äußeren Faktoren wie Sitzordnung, Räumlichkeit, Blickwinkel, Helligkeit, Kleidung ab. Faktoren, die manchmal banal sind, die aber dennoch Wirkung auf die Anziehung oder Vermeidung von Beachtung ausüben. Die heißen Diskussionen um die Tischordnung bei Konfirmationen, Geburtstagen, Hochzeiten oder anderen Festivitäten sind letztlich immer auch mehr oder weniger versteckte Verteilungskämpfe um Beachtung. Wer darf im Mittelpunkt sitzen? Wer muss in die Ecke? Wer darf sich zeigen? Wer muss versteckt werden? Diese Fragestellungen mögen trivial erscheinen. Aber sie haben einen großen Einfluss auf die Wechselbeziehung und den Austausch der Beteiligten. Selbst das perfekt vorbereitete Fest kann misslingen, wenn die Verteilung der Plätze ungeschickt oder ungerecht ausgetragen worden ist. Eine gut aussehende, erfolgreiche junge Frau, die zum Geburtstag ihrer Freundin eingeladen war, berichtet: „Bei der Geburtstagsfeier ist mir endlich ein Licht aufgegangen – ich musste bei den Jugendlichen am Tisch sitzen, die alle viel jünger waren als ich, also möglichst weit weg von den interessanten Männern, damit bloß kein Kontakt entstehen konnte – ich könnte ja einen wegschnappen. Meine liebe Freundin, die mir immer wieder versicherte, dass sie mit mir überhaupt nicht konkurrieren würde, hat mir dadurch bewiesen, wie sie wirklich zu mir steht. Was jemand sagt, zählt für mich nicht, sondern was er tut. Nun habe ich ihre Antwort – ab in die Kinderecke."

Masken des Beachtungshungers

„Ich glaube nicht an Beachtung", sagte eine Nonne, die ich bei einem Vortrag traf. „Ich glaube an Jesus Christus." Das gab mir zu denken.

Um zu verhindern, dass unser Hunger nach Beachtung aufgedeckt wird, flüchten wir und verschließen uns, weil nicht sein kann, was nicht sein darf. Wer gibt schon gern zu, dass er so unermüdlich arbeitet, betet, kauft oder investiert, weil er motiviert ist vom Verlangen nach Beachtung? Wer gesteht sich schon gern ein, dass viele wichtige und nützliche Interaktionen in Wirklichkeit verkleidete Beachtungssituationen sind? Es gibt offensichtlich einen Unterschied zwischen dem, was wir tun, und dem, was wir wirklich fühlen und brauchen. Womöglich sind Sie jetzt schon hellhörig geworden für Ihr eigenes Muster, wie Sie Dinge tun und eigentlich etwas anderes damit bewirken wollen. Weil so vieles zum Fokus von Beachtungshunger werden kann und von Mensch zu Mensch so verschiedenartig ausfällt, möchte ich ein paar typische Masken vorstellen, deren Gebrauch häufig als Ablenkungsmanöver benutzt wird. Erkennen Sie sich vielleicht in einer dieser Beschreibungen wieder?

Die Helfer-Maske

„Natürlich helfe ich dir gern." – „Mache ich für dich." – „Brauchst du Hilfe beim Umzug?" „Du kannst immer auf mich zählen." „Du brauchst mir nichts dafür geben. Ich helf' doch gern." Die Rolle des stets Hilfsbereiten ist eine Spielart, sich Beachtung zu verschaffen, indem man sich unentbehrlich macht. Solche Menschen sind davon überzeugt, dass sie nur auf diese Weise Zuwendung von anderen bekommen, wenn sie möglichst aufopfernd und stets verfügbar sind. Ihr Gefühl, nicht gut genug zu sein, wird durch die Zuwendung und Hilfe für andere bekämpft. Ihnen ist nichts zu viel, selbst wenn sie über ihre eigenen Kraftreserven hinausgehen. Sie verlangen auch nie etwas für sich und sind deshalb bitter enttäuscht, wenn die Freunde sich nicht dankbar erweisen oder alles für selbstverständlich halten. Das Problem dieser Haltung ist der mangelnde Ausgleich zwischen Geben und Nehmen. Findet er nicht statt, so entsteht ein Ungleichgewicht. Wenn man nur gibt und nichts für sich in Anspruch nimmt, dann steht man sich letztlich selbst im Weg. Man wird ausgelaugt, wenn nicht gar böse, weil man mehr gibt, als man bekommt, und es kann passieren, dass die Menschen, für die man sich so einsetzte, dennoch verschwinden. Eine Krankenschwester beschreibt das zutreffend: „Wie oft bin ich schier über meine eigene Leiche gegangen, nur weil es wieder irgend jemandem schlecht ging. Selbst nachts konnte man mich erreichen, obwohl ich eigentlich völlig erschöpft war. Es war, als würde ich auch ständig Situationen anziehen, wo es was zu helfen oder zuzupacken galt, selbst meine Gästeliege war immer von irgend jemandem belegt, obwohl ich mir vornahm, mal ein Wochenende allein zu verbringen. Ich kann das Gefühl nicht loswerden, dass man mich ganz schön ausgenutzt hat. Aber irgendwie weiß ich auch, dass ich mir das selbst einbrocke."

Die Hilflosigkeits-Maske

„Du musst mir unbedingt zuhören, mir geht's so fürchterlich. – Ich brauch' dich aber jetzt." Oder „Nimm doch Rücksicht auf mich, mein Kopf schmerzt wieder mal." Oder „Ich kann nicht mitmachen, mein Rücken tut mir so weh." Oder „Wenn du meine Freundin bist, dann musst du mir aus der Patsche helfen. Ich hab' dir ja neulich auch dein Kind gehütet." Oder „Ich bin im Moment total pleite – kannst du nicht bezahlen? Wenn ich mal wieder bei Kasse bin, werde ich es dir sicher zurückgeben." Oder „Ich weiß, du hast viel um die Ohren, aber ich möchte verreisen und brauche jemanden, der meine Katze hütet." Für Menschen mit dieser ausbeuterischen Haltung bedeutet Beachtung, Macht über jemanden auszuüben. Sie gehen davon aus, dass alle anderen ihnen etwas schuldig seien. Sie „saugen" an ihren Mitmenschen und versuchen durch Forderungen sich das einzuklagen, worauf sie meinen ein Anrecht zu haben. In der Therapie beklagt sich eine Frau, dass ihr Mann ihr so wenig gäbe. „Er ist schuld, dass es mir so schlecht geht. Er müsste nur ein bisschen mehr auf mich eingehen und verstehen, dass ich eben viel Aufmerksamkeit brauche. Warum soll immer ich auf ihn zugehen? Soll er doch! Er kann doch von Glück reden, dass ich mich überhaupt auf ihn einließ, wenn ich an die vielen denke, die ich seinetwegen abblitzen ließ." Auf den ersten Blick wirkt diese Taktik mitleiderregend, geht es der Betroffenen doch so schlecht. Aber die wahre Ursache ist erlernte Hilflosigkeit, Egozentrik und eine parasitäre Anspruchshaltung, die dem Partner Schuldgefühle verursachen soll. Nicht nur ihr Partner, auch die Freunde lassen sie immer irgendwie „hängen" und zeigen zu wenig Verständnis für ihre Bedürftigkeit. Wenn es jemandem in ihrem Umfeld schlecht geht, dann geht es ihr im Vergleich dazu immer noch viel schlechter. Es ist schwierig, neben ihr einen Platz zu finden, weil sie nur die eigenen Wünsche nach Beachtung wahrnimmt, während sie gegenüber denen der anderen blind und taub ist.

Die Rechthaber-Maske

„Ich sehe das ganz anders." „Du hast keine Ahnung." „Du siehst das falsch." „Hör auf mit deinen Gefühlen." Kein Wunder, dass es schwierig ist, mit Menschen, die eine derartige „Rammbockphilosophie" verbreiten, einen konstruktiven Dialog einzugehen. Solche Menschen setzen lieber andere herab, als sich selbst zu verbessern. Man könnte fast meinen, dass sie einen „Überlegenheitskomplex" haben. Offensichtlich leiden aber sie unter einem Minderwertigkeitskomplex, weil sie es nötig haben, andere herabzusetzen. Auch wenn dahinter ein gereizter Wunsch nach Nähe steckt, so stößt diese Art, sich Beachtung zu verschaffen, andere vor den Kopf. Wenn man auf andere losgeht, kann man nicht erwarten, dass sie stehen bleiben. Man kann seinen Selbstwert aufblasen, indem man andere verhöhnt: „Wann hattest du denn zum letzten Mal einen vernünftigen Gedanken?" „Naivität ist wirklich deine große Stärke." „Man muss es halt nicht nur wollen, sondern auch können." Die Abwertung, Feindseligkeit und das Misstrauen, die in solchen Sätzen wohnen, erzeugen zwar Beachtung, aber eben deren negative Spielart. „Ich möchte Recht haben, weil mich das zufrieden macht", bemerkte einer meiner Klienten. Schon früh mag er wohl gelernt haben, dass das Rechthaben Sicherheit gibt. Es beschützt vor der Angst oder dem Zweifel, dass er es nicht wert ist, beachtet zu werden. Rechthaben ist wie eine Autoimmunerkrankung, die die Lebensfreude raubt und dazu führt, dass man sich aus Angst und Selbstschutz um die Beachtung bringt, die man sich so sehnlichst wünscht. Wann immer Menschen sich darüber beklagen, dass andere ihnen nicht zustimmen, obwohl sie Recht haben, frage ich sie, ob sie lieber Recht haben wollen oder glücklich sein wollen. Mitunter kann man vielleicht beides haben, aber wie oft mühen sich Menschen mit der Aussichtslosigkeit ab, andere auf ihre Seite zu bekommen? Hauptsache Recht haben, auch wenn man sich dabei miserabel fühlt. Ich denke an einen Bekannten, der allen Ernstes vertrat, dass er nur einmal im Leben Unrecht hatte – als er dachte, er sei im Unrecht. Sonst habe er bisher immer Recht gehabt. Menschen, die es nötig haben, immer im Recht zu sein, scheinen wohl zu glauben, dass die Welt sie wegen ihres profunden Wissens braucht. Oft erweist sich diese Meinung aber als irrig.

Die Kontrolleur-Maske

Jemand ruft an und sagt: „Warum hast du mich nicht angerufen? Seit gestern warte ich, dass du dich meldest!" Oder „Warum hast du mir nicht gesagt, dass du ins Kino gehst? Ich wäre auch gern mitgegangen." Oder „Es tut mir so gut, bei dir zu sein. Ich habe mir überlegt, ich bleibe noch übers Wochenende. Du hast doch nichts dagegen?"

Die so genannten „Klammeraffen" betrachten Zeit und Raum der anderen als Ausdehnung ihrer selbst und stellen nicht nur aufdringliche Forderungen, sondern versuchen auch, den anderen Schuldgefühle zu machen und ihnen ihren Willen aufzudrücken. Sie suchen sich Beachtung zu verschaffen, indem sie über das Leben anderer verfügen wollen. Durch die Kontrolle anderer meinen sie sich vor der Zurückweisung und dem Verlassenwerden, das sie so fürchten, schützen zu können. Ihr Leitmotiv ist Neid und Eifersucht. Ihr exklusives Ziel – „Du sollst keine anderen haben neben mir". Manchmal führt das dazu, dass nicht geduldet wird, dass der Partner Erfolg hat. „Du wirst doch nicht etwa schon wieder arbeiten", lautet dann die Pauschalantwort auf alle Forderungen des Partners nach Alleinsein oder „Atmenkönnen". Eine Klientin mit besonders ausgeprägten Beachtungswünschen rief die Kollegen ihres Mannes regelmäßig zu nächtlicher und frühmorgendlicher Stunde an – denn meist war ihr Partner wirklich nur bei einer Besprechung oder im Auto unterwegs – in der Angst oder Hoffnung, ihren Mann doch einmal zu ertappen. Andere schreiben anonyme Briefe, schmieden Pläne, wie sie etwas herausfinden können, und sind sogar kontrollierend in Situationen, die ihre Interessen und Wünsche gar nicht berühren.

Die Hans-Dampf-Maske

„Immer was los." „Bloß nichts verpassen." „Alles ist so irre geil." „Hauptsache Action." „Gib Gas – bringt Spaß." „Immer gut drauf." Nach außen wirkt diese Haltung ziemlich schillernd und aufregend. Hinter diesem grellbunten Paravent verbirgt sich aber häufig ein unstillbarer Hunger nach Beachtung. Bloß nichts fühlen oder spüren, heißt ihre Devise, sonst könnte ja ans Licht kommen, wie bedürftig und einsam sie in Wirklichkeit sind. Deswegen reden sie auch unaufhörlich, um ja keine Pausen entstehen zu lassen. Denn das hieße ja, atmen und fühlen. Da sie ohnehin auf Antworten nicht hoffen, weil sie vielleicht schon zu oft ins Leere geredet haben, geben sie von sich aus auch gleich die Antworten. Besser so – als sich im Schweigen zu verlieren. Ein erprobtes Mittel, um sich zu schützen und zu verschanzen. Eine Variante davon ist die Sex-Maske, die ebenso vermeidet, zu fühlen, was man wirklich braucht. Getrieben von Akrobatik mit Zielmarke Orgasmus, bleibt von diesen kontaktarmen Verbindungen oft nichts weiter als ein schaler Nachgeschmack. Die ersehnte Erfüllung bleibt aus, weil die meisten nicht wissen, dass sie einem Ersatz nachjagen, der niemals das finden lässt, wonach sie so verzweifelt suchen: nämlich Beachtung. Die Geschichte eines erfolgreichen Zahnarztes veranschaulicht diese kritische Dynamik: Er lebte allein und tröstete sich an einsamen Abenden mit diversen Frauen, die er seine „Mäuschen" nannte. In seinem Terminkalender führte er akribisch Buch darüber, mit wie vielen Frauen er schon geschlafen hatte. Ganz stolz berichtete er, dass er sich langsam der Zielmarke 100 nähern würde. Als er dann eine „Frau" kennen lernte (so nannte er sie im Gegensatz zu seinen Mäuschen), geriet er regelrecht in Panik. Es sei so anstrengend mit ihr, weil sie ihn völlig besetze. Er meinte, er müsse sie ständig unterhalten, auf ihre Wünsche eingehen. Es war ihm fremd, diese neue Beziehung als Chance zu sehen, sich hinzugeben, einmal schwach sein zu dürfen und sich fallen zu lassen. Lieber wolle er seine bisher sorgsam gehüteten Reservate beibehalten, denn Beachtung, die er sich so sehnlichst wünschte, war für ihn undenkbar ohne Mühe, Leistung und „Entertainment".

Die Diva-Maske

„Ich bin eben anders." „Ich bin besonders." „Die anderen sind mir zu oberflächlich . . . spirituell nicht weit genug." „Lieber einsam als durchschnittlich." „Was wissen die schon." „Ich bin eben speziell." Jeder glaubt dies vielleicht hin und wieder von sich selbst. Wenn man damit meint, dass man eine Kreatur der Schöpfung sei, dann ist dagegen nichts einzuwenden. Führt diese Haltung aber zu Missbrauch, dann sieht die Sache etwas anders aus. Ich denke hier an die vielen Tricks von Geschäftsleuten, Kunsthändlern oder Geld-investoren, die ihre Opfer immer an der gleichen Schwachstelle ins Messer laufen lassen – ihr Wunsch nach „Speziellsein". Das Muster ist immer das Gleiche: Ich gebe dir etwas Außergewöhnliches fast für nichts oder halb geschenkt. Dann stellt es sich heraus, dass man bestohlen wurde. Einfach weil man einen besonderen „Deal" ma-chen und so speziell sein wollte, dass man plötzlich zum Opfer wird.

Diese Haltung, die nach außen hin den Anstrich des Besonderen trägt, ist meist eine elegant kaschierte Art, sich Beachtung zu ver-schaffen. Man verschanzt sich hinter Ansprüchen an Einzigartig-keit, Überheblichkeit oder Märtyrertum, entwertet die anderen, weil man sich für etwas Besseres hält und sowieso niemandem traut. Häufig hat man schon früh gelernt, dass man als Herr oder Frau „Special" niemals übersehen wird, egal welche Rolle man übernimmt – von melodramatisch bis hin zu hochintellektuell. Viel-leicht erntet man mit dieser Strategie nicht die Wärme und Zuwen-dung, die man so sehnlichst wünscht, aber dafür ist man eben „besonders". Das kann mitunter sehr anstrengend und einsam sein. Ute, eine Geschäftsfrau, trat ziemlich theatralisch auf, mit lauter Stimme und unüberhörbarem Lachen, immer und unbeirrbar „gut drauf". Sie tat viel für andere, war überaus hilfsbereit und über-häufte ihre Freunde mit Geschenken und Einladungen. Im Hinter-grund lauerte die Sehnsucht, geliebt und beachtet zu werden. Schon früh hatte sie mit ihrem Vater, der sie sehr vernachlässigte und schlug, darum gekämpft, ihm Gefühle zu entlocken. Ihre Un-sicherheit, ob sie überhaupt liebenswert sei, überspielte sie mit einer übertriebenen Fassade. Sie lernte, ihre Verletzlichkeit und Empfindsamkeit zu übergehen, und war immer wieder schwer ent-täuscht, wenn sie merkte, wie Menschen zwar gern ihre Hilfs-bereitschaft annahmen, um dann aber wieder ihre eigenen Wege zu gehen.

Vielleicht haben Sie sich selbst in einer dieser Beschreibungen wiedererkannt. Oder Sie haben Muster entdeckt, die Ihnen aus

Ihrem Bekanntenkreis her vertraut sein mögen. Sämtliche Muster, wie auch immer sie nun im Einzelfall aussehen, haben den Nachteil: Sie sind Umwege oder Hindernisse, die dem direkten Austausch von Beachtung im Wege stehen. Immer wieder höre ich eine dafür typische Phantasie, die in etwa so lautet: „Wenn ich tot bin und die an meinem Grab stehen, werden die schon merken, was sie an mir gehabt haben." Statt den einfachen Weg zu wählen und zu bitten: „Mama oder Papa hört mir doch endlich mal zu! Schaut doch mal, was ich gemacht habe!" Als Kind konnten wir noch nicht begreifen, dass wir im Grunde Beachtung brauchen. Als Erwachsene sind wir aber in der Lage, unsere Erfahrungen zu deuten und zu verstehen, dass der Schlüssel zum Verständnis von Beachtung in Bewusstmachung liegt. Diese Art von Sprache zu erlernen und zu wissen, wie man sie anwendet, ist der erste Schritt im Umgang mit Beachtung. Wenn Sie auf direktem Weg Aufmerksamkeit und Beachtung gewinnen wollen, dann genügt es nicht nur, Ihre eigenen Muster zu erkennen, sondern sie auch schrittweise abzulegen und durch neue effektivere zu ersetzen. Das zu lernen dauert seine Zeit. Aber es lohnt sich, denn nun steht einem mehr Energie zur Verfügung, weil die seelische Kraft nicht länger durch Abwehr, Angst oder Verleugnung gebunden ist. Wenn man sich von seiner auserkorenen Maske trennt, sehen die Dinge anders aus – klarer und weniger bedrohlich. Wir werden von Opfern zu Forschern, beginnen Verbindungen herzustellen und neue Muster zu erkennen. Dabei hilft auch die Neugier, ein wenig näher hinzuschauen und weiterzugehen. Wir allein kennen unsere eigenen Gefühle und wissen, was bestimmte Erfahrungen für uns selbst bedeuten.

Differenzieren lernen

„Mir ist das regelrecht zuwider, diese ewige Küsserei, wenn wir uns treffen, weil es so erschreckend hohl ist. Es ist doch reines Getue – von Freundschaft keine Spur. Es geht doch nur um ‚In-sein‘ und ‚Cool-sein‘. Hauptsache man spielt mit", erklärte eine junge Studentin, die schon früh erkannt hat, dass ihr diese Art des Beachtungsaustausches mit ihren Kommilitonen zu oberflächlich und undifferenziert schien.

Sätze wie diese höre ich nicht selten. Sie sind wie so viele andere, die bezeugen, dass Menschen wenig Differenzierungsmöglichkeiten entwickeln konnten, um mit ihrem Wunsch nach Beachtung umzugehen. Wie sieht nun solch eine Differenzierungsarbeit aus? Differenzierungsarbeit in Sachen Beachtung beginnt mit Gewahrsein. Sobald wir über Gewahrsein sprechen, wird es zu Bewusstsein. Und wenn wir über Bewusstsein sprechen, nehmen wir eine Haltung ein, die, wenn sie sich festigt, zu einem Teil unserer Persönlichkeit wird. Beginnen Sie mit einfachen Schritten. Prüfen Sie einmal, wie viel Zeit, Energie, Kraft oder Geld Sie pro Tag für andere ausgeben. Vergleichen Sie dann, wie viel Zeit und Engagement bleibt für Sie? Gibt es Nischen im Tagesablauf, in denen Sie sich selbst Beachtung schenken? Wie oft gönnen Sie sich solche Oasen?

- Untersuchen Sie einmal Ihren Terminkalender. Wie viele Termine dienen vor allem dem Wunsch nach Beachtung? Was ließe sich streichen? Was ist überflüssig? Was ist reine Gewohnheit? Pflichtgefühl? Berechnung?
- Gehen Sie die Liste Ihrer Einladungen durch. Wie viele davon sind reine Pflichtübungen, weil Sie meinen, sie anderen schuldig zu sein? Wie viele machen Ihnen wirklich Freude? Worauf könnten Sie verzichten? Wie oft sprechen Sie Gegeneinladungen aus, obwohl Sie eigentlich kein Interesse oder keine Zeit dafür haben?

- Überlegen Sie einmal, wie es um den Aufwand steht, den Sie betreiben, wenn Sie Gäste einladen oder Geschenke überreichen. Muss es denn ein Vier-Gang-Menü sein? Würde es nicht ein einfaches schmackhaftes Gericht tun? Müssen es wirklich vierzig rote Rosen sein, wo doch eine einzige, die von Herzen kommt, weit größere Wirkung erzielt? Kann es sein, dass Sie Geschenke kaufen, die teurer sind, als Ihnen lieb ist, damit man Sie beachtet? Oder nicht für geizig hält?
- Wann täuschen Sie Nähe vor und benutzen Floskeln, die nur Ersatz für wirkliche Nähe sind? Beispielsweise „Ich habe dich so vermisst" – obwohl Sie sich kaum kennen. „Du hast mir so gefehlt" – obwohl Sie sich nur höchst selten treffen. Wann versprechen Sie mehr, als Sie wirklich einhalten wollen? Wann benutzen Sie die „richtigen" Worte, nur um sich nicht engagieren zu müssen? „Wir sollten uns wirklich bald mal wieder treffen." „Lass uns bald ein Glas Wein zusammen trinken." „Das müssen wir feiern" – obwohl Sie sich vor einem Jahr zum letzten Mal sahen.
- Gibt es Situationen, wo Sie simulierte oder unechte Gesten ausführen, lediglich um Beachtung zu erhalten – Umarmungen, leere Küsse, Streicheln, Schulterklopfen?

Wenn Sie sich in einer der Beschreibungen selbst wiedererkennen, dann ist Sorgfalt geboten. Sie möchten vielleicht gern viel Beachtung erhalten, aber Sie stehen sich selbst im Weg, weil Sie entweder zu viel tun oder nicht wissen, wie viel Sie eigentlich wirklich brauchen. Folgende Fragen können vielleicht weiterführend sein: Geben Sie selbst so viel, wie Sie gern empfangen möchten? Geben Sie zu viel, oder geben Sie zu wenig?

Ich denke in diesem Zusammenhang an Eva, eine Patientin, die mir schon nach wenigen Sitzungen einen Blumenstrauß überreichte. Ich nahm ihn an als Zeichen ihrer Dankbarkeit. Intuitiv spürte sie wohl, dass ich mich an Blumen regelrecht begeistern kann. Nachdem ich aber nach kurzer Zeit schon wieder einen bekam und dann in immer kürzeren Abständen, kippte meine anfängliche Freude ins krasse Gegenteil um. Ich fühlte mich bedrängt, und sämtliche Versuche, ihr Verhalten zu deuten, blieben folgenlos. Der Wendepunkt kam, nachdem sie erkannte, dass ihre „Zuvielitis", wie wir ihr Verhalten betitelten, ihrem verzweifelten Wunsch nach Beachtung entsprang. Wie kam dieser Umschwung? Ich versuchte sie in einer anderen Dimension, in einer anderen Sprache zu erreichen, die weniger ausgelaugt war als die vielen Worte und Gesten, die in ihrem Raum waren. Ich ließ mich von ihr berühren. Wissend, dass die Hand, wenn sie berührt, auch sich selbst erfühlt. Beides geschieht in einem solchen Moment gleichzeitig – ein Zu-sich-selbst-Kommen und ein Zum-anderen-Kommen. Was ich beabsichtigte, war, dass Eva sich selbst spürte und sich nicht in Blumen ausdrücken musste. Sie erfuhr: „Es gibt mich" auch ohne Beigaben, die ihr Zuwendung verschaffen sollten. Schon früh hatte sie nämlich gelernt, sich Beachtung durch Süßigkeiten und Gefälligkeiten zu kaufen, weil sie davon ausging, dass es nicht genügte, mit jemandem einfach zu sein, sondern dass man sich alles verdienen oder erkaufen müsse. Die vielen Kontaktabbrüche, die sie schon erlebt hatte, deutete sie als „Nicht-gut-genug-Sein" oder als Bestätigung ihrer Weltauslegung „Undank ist der Welt Lohn". Nun hatte sie leibhaftig erfahren, dass es auch eine andere Logik des Miteinanderseins gab, die jenseits von Belohnung und Anstrengung lag. Es braucht nicht einmal Blumen, manchmal genügt eine einfache Berührung.

Eine Kultur der Beachtung

Ich bin zum Essen eingeladen. Wir essen eine wunderbare Vorspeise mit gefüllten Salbeiblättern, ein Fischgratin und meine Lieblingsnachspeise: Feigen in Portwein. Mein Gastgeber weiß, wie man genießt. Es ist eine wahre Freude zu sehen, wie langsam und genüsslich er sich jedem Bissen widmet. Umso mehr erstaunt es mich, dass er unaufhörlich über seine Erfolge und seine Trophäen redet. „Das habe ich gemacht ... und das auch noch ... stell dir vor, die wollen mich auch einladen ... den von Weizsäcker kenne ich schon lange ...“ Ist das nicht merkwürdig, dass jemand, der sein Essverhalten derart kultiviert und veredelt hat, so wenig differenziert mit seinem Bedürfnis nach Beachtung umgeht? Mir dämmert, vielleicht ist dies nicht nur sein Problem. Wer zeigt uns eigentlich, wie man sein Bedürfnis nach Beachtung kultivieren kann? Vielleicht wurde es uns allen zu wenig gezeigt und vorgelebt.

Vergleicht man den Umgang mit Beachtung mit anderen Grundbedürfnissen wie Essen oder Trinken, so fällt auf, dass die meisten Menschen doch irgendwann gelernt haben, mit ihnen umzugehen, und sie im Laufe des Erwachsenwerdens zu differenzieren und zu kultivieren. Zu Beginn schrien wir nach Brust und Flasche, irgendwann lernten wir zu sagen: „Ich habe Durst“ oder „Ich bin hungrig“. Und als Erwachsene legen wir vielleicht einen Weinkeller oder eine Vorratskammer an und gehen mit unserem Bedürfnis nach Essen und Trinken so um, dass wir unterscheiden können zwischen Notwendigem und Genuss, zwischen „Jetzt“, „Noch nicht“ oder „Später“, zwischen zu viel, zu wenig oder genug. Wir sind nicht mehr abhängig von zufälligen Quellen der Befriedigung, sondern können differenzieren, wählen und entscheiden, ob, wie viel und wann wir etwas brauchen. Wir wissen auch, dass alles seine Zeit hat und dass es sich manchmal lohnt, zu warten oder zu verschieben. Für einen Säugling existiert diese Hoffnung noch nicht, für ihn ist alles absolute Erfahrung. Er kann noch nicht differenzieren und hat noch keine Erfahrung im Umgang mit dem Phänomen „Zeit" und dem Vertrauen, dass es ein „Nachher" oder ein „Später" gibt.

Auch den Umgang mit dem Grundbedürfnis Beachtung lernen wir in der frühesten Kindheit. Nur wird dieses Bedürfnis meist verkannt oder nicht genügend ernst genommen und bleibt daher unbewusst. Dies wirkt sich natürlich auch auf den Umgang damit aus, der auf einer primitiven Stufe, undifferenziert und unkultiviert wie am Anfang bleibt und deshalb, wie Büntig feststellt, abhängig wird von zufälligen Quellen der Befriedigung. Situative Spontanintimität, Nähe ohne Umschweife, Beziehungsautismus, Genuss ohne Reue, das sind Varianten von Beziehungsmustern, die im Zusammenhang mit dem auf einer frühen Stufe stecken gebliebenen Umgang mit Beachtung zu sehen sind. In den Liedtexten der Schlager und Schnulzen findet man ihre „süße" Entsprechung. Da werden Illusionen von Nähe vorgegaukelt: „Ohne dich kann ich nicht sein", da wird rauschhaftes Augenblicksglück suggeriert: „Ich möchte alles für dich sein", es werden Phantombilder heraufbeschworen: „Lass mich deine Prinzessin sein", Teilhabechancen versprochen: „Tu doch bloß nicht so schüchtern", die die Wirklichkeit verfälschen. Hier werden Liebesprogramme besungen, die vielleicht auf dem Niveau der Liebe des Säuglings zu seiner Mutter anzusiedeln sind, deswegen spielt auch der Mund und die Brust immer eine wichtige Rolle bei diesen Texten. Aber Beachtung und Liebe, die den anderen wirklich meint, kennt differenziertere Muster, nicht nur Flüchtigkeit und Anspruchslosigkeit, kleine Häppchen und schnelle Schlucke, sondern Intensität und Stetigkeit.

So wie es eine Gesprächskultur, eine Spielkultur und eine Esskultur gibt, brauchen wir auch eine Kultur der Beachtung. Mir fällt auf, dass man kaum darüber spricht, als würde man davon ausgehen, dass jeder ohnehin weiß, wie man damit umzugehen hat. Man muss sein eigenes Maß herausfinden und selbst entwickeln, weil es keine Anleitungen und kaum Hilfestellungen gibt. Ist das nicht auffallend, dass es zum Thema Esskultur unzählige Bücher, Seminare und Anleitungen gibt und zum Thema Beachtung nur sehr wenig? Die Gründe dafür sind vielschichtig. Sicher hängt es damit zusammen, dass das Bedürfnis nach Beachtung meist verkannt oder abgewehrt wird. Und was den Umgang damit erschwert, ist auch die Tatsache, dass es vielen schwer fällt, über Gefühle zu sprechen. Trotz des heute zunehmenden Stellenwertes von Emotionen und Gefühlsausdruck liegt doch auf ihnen immer noch ein Schleier von Abwertung, Scham oder Ablehnung. Hinzu kommt, dass der Austausch von Beachtung nicht nur bewusst, sondern auch unbewusst verläuft. Gleich, ob es sich um berufliche Angelegenheiten, Geldausgaben, Beziehungen oder Partnerschaft handelt, immer spielt der bewusste oder unbewusste Einfluss von Beachtung eine entscheidende Rolle. Problematisch wird es, wenn das Bedürfnis nach Beachtung unbewusst bleibt. Dann überlassen wir uns unseren Ängsten, Unsicherheiten, Verführbarkeiten und der Gier nach Beachtung, die kein Maß kennt.

Wäre das Lebensmittel Beachtung nun so einfach mit einem Rezept oder in einer treffenden Formel zu fassen, so wäre das eine unzulässige Verkürzung, die vergleichbar wäre mit der seelenlosen Abstraktion: „Wie viel Streicheleinheiten brauchst du?" Der Beachtungsaustausch würde seinen Zauber verlieren. Bei der Frage nach der Effektivität und dem Maß an Beachtung, das der Einzelne braucht und vertragen kann, wird immer nur das ungefähre, nie das präzise Wissen leiten. Wer die Beachtung, die er braucht, erkennen und verstehen will, muss sie zuerst anerkennen als notwendigen Bestandteil seelischen Verlangens. Man stelle sich vor, ein Neandertaler hätte sich der Beachtung seiner Horde entzogen, er wäre wahrscheinlich den körperlichen und seelischen Hungertod gestorben. Das gilt bis heute – ein Baby, das ohne Pflege und Beachtung aufwachsen müsste, würde krank werden und sterben. Beachtung ist also nicht nur willkommene Zugabe des Lebens, sondern lebensnotwendig. Wie komplex und bedroht sie ist, wie leicht sie sich in ein Zuwenig oder Zuviel verkehrt, eröffnet sich erst bei näherem Hinschauen.

Eine erste Studie über die lebensnotwendige Bedeutung von Beachtung finden wir bei König Friedrich II. von Sizilien, Kaiser des Heiligen Römischen Reiches (1212–1250). Er, der selbst mehrere

Sprachen sprach, wollte herausfinden, ob die Sprache etwas Angeborenes oder Gelerntes ist. Zu diesem Zweck ließ er eine Gruppe Neugeborener von Ammen aufziehen, die sich außer dem Füttern und der Körperhygiene jeglichen sprachlichen Kontaktes enthielten. König Friedrichs Experiment endete ohne linguistisches Resultat – die Kinder starben, ohne je ein Wort gesprochen zu haben. Der Franziskanermönch Salimbene von Parma, der die Ergebnisse des experimentierfreudigen Königs aufzeichnete, deutete den Befund dahingehend, dass Kinder nicht leben können ohne den Austausch der Hände, der Gesten, der Berührungen und Blicke. Fazit: die Kinder starben an einem Mangel von Beachtung.

Etwa 800 Jahre später um 1940 beschrieb der Psychoanalytiker René Spitz das Schicksal von Kindern in einem Findelhaus und in einem Säuglingsheim des Frauengefängnisses. Obwohl die Hygiene und die Vorsichtsmaßregeln gegen Ansteckungskrankheiten untadelig waren, zeigte sich bei den Findelkindern, die sich eine Kinderschwester teilen mussten und mit denen kaum gespielt oder körperliche Berührungen ausgetauscht wurden, eine erstaunlich hohe Sterblichkeitsziffer im Gegensatz zu den Kindern des Säuglingsheimes, die von ihren Müttern mindestens ein Jahr lang voll versorgt wurden. Spitz entdeckte, dass ein Mangel an Beachtung und zwischenmenschlichem Austausch – streicheln, spielen, sprechen, liebkosen, anfassen – für Kinder verhängnisvoll ist[12].

Warum sollte Beachtung genauso wichtig sein wie Essen und Trinken? Dieser Frage ging auch der englische Kinderpsychiater John Bowlby Ende der vierziger Jahre bei seinen Untersuchungen zur Bindungsfähigkeit nach. Bis dahin galt den meisten Psychoanalytikern die Ernährung als das emotional entscheidende Band zwischen Müttern und Säuglingen[13]. Die Frage nach den Hintergründen für die zum Teil schmerzlich beeindruckenden Trennungsreaktionen von Kleinkindern bei Abwesenheit der Mutter, führten ihn zur Erkenntnis, dass emotional bedeutsame Bindungen im

---

[12] Spitz, R. A., Vom Säugling zum Kleinkind. Stuttgart 1972.
[13] Bowlby, J., Attachment and loss. 3 Bde., London 1969, 1973, 1980.

Dienst des Überlebens existentielle Bedeutung haben. Eine grundlegende Annahme seiner Bindungstheorie besagt, dass die Entwicklung und die psychische Gesundheit stark durch die Art und Weise, wie Mutter und Kind Beachtung austauschen, beeinflusst werden. Sind die anfänglichen Beachtungssignale noch undifferenziert, unbeholfen und unspezifisch – das Kind schreit oder brüllt –, so münden sie jedoch mit der Zeit in gezielte Mitteilungsformen, wie beispielsweise „Ich möchte, dass du mich jetzt in den Arm nimmst." „Ich brauche deine Hand jetzt." Auch sein Kollege Ainsworth beobachtete, dass nicht die Länge oder Häufigkeit verbrachter Zeit ausschlaggebend waren, sondern das einfühlsame Wechselspiel zwischen Mutter und Kind. Eine Mutter, die spürt, wann ihr Kind umarmt werden will und wann es in Ruhe gelassen werden muss, sorgt nicht nur für Anregung, wechselseitige Stimulation und Freude, sondern auch für ein wünschenswertes Resultat Jahre später: ein selbstsicheres Kind.

Auch die Entwicklungsforscherin Cécile Ernst, die zwar zu anderen Ergebnissen als Spitz und Bowlby kam, weil sie nachweisen konnte, dass der Verlust der Mutter von den betroffenen Kindern ertragen wird, wenn die Umgebung dem Kind auch nachher genügend emotionale Stabilität und Fürsorge angedeihen lässt, bestätigt letztlich die Bedeutung anhaltender Schutzfaktoren, die in Verbindung mit der kreativen Anpassung des Kindes bestimmen, welche seelischen Folgen belastende Erfahrungen oder Trennungen nach sich ziehen[14].

Ein Relikt dieses ursprünglichen Beachtungsaustausches können wir täglich bei Abreisen oder Ankünften auf Bahnhöfen oder Flughäfen beobachten – man umarmt sich, und man küsst sich. Das ist nicht nur eine simple Angewohnheit. Dahinter verbirgt sich ein sehr früh erfahrenes Bindungsverhalten. Wann immer Trennungen bevorstehen oder überstanden sind, versuchen Menschen gerade-

---

[14] Ernst, C., Sind Säuglinge besonders verletzlich? – Argumente für eine hohe Umweltresistenz in der frühesten Kindheit. In: Petzold, H. G., Psychotherapie und Babyforschung. Bd. I/II.

zu reflexartig den Haut-zu-Haut-Kontakt wiederherzustellen. Dieser Hautkontakt stellt eine Art körperlicher Vergewisserung dar, die offensichtlich macht, was die ursprünglichste und wirkungsvollste Form jeglicher Beachtung ist: Hautkontakt.

In der Reihe derer, die dem Phänomen Beachtung eine prominente Rolle zugeschrieben haben, darf Ronald D. Laing nicht fehlen[15]. Er war ein bedeutender englischer Denker innerhalb der modernen Psychiatrie, der in seinen Untersuchungen mit erwachsenen psychiatrischen Patienten zu dem Schluss kam, dass das Gesehen- und Erkanntwerden eine eminent wichtige Rolle in der Entstehung psychischer Erkrankungen spielen. Der Verlust oder der Mangel an Beachtung waren für ihn ausschlaggebend bei der Entstehung emotionaler Störungen. Der Angelpunkt, um den seine Beobachtungen kreisten, war das Prinzip „Sein ist Wahrgenommenwerden". Nicht-gesehen-Werden, so zeigte er an unzähligen Patientenbeispielen auf, ist die schwerwiegendste Form menschlicher Entbehrung, schlimmer sogar als feindselige oder negative Aufmerksamkeit. Selbst psychotische Verzerrungen deutete er häufig als zwanghafte Wunschvorstellungen nach Aufmerksamkeit oder als archaische Bedürfnisse nach Anerkennung. So beschreibt er beispielsweise einen Mann, der, wenn er an einer Menschenmenge vorbeiging, ständig meinte, das Gerede und Gemurmle gelte ihm. Wenn in einer Bar jemand hinter ihm plötzlich lachte, so musste ein Witz auf seine Kosten gemacht worden sein. Bei näherem Kennenlernen wird aber deutlich, dass es nicht der Beziehungswahn ist, der solche Menschen quält, sondern vielmehr die Angst, niemandem etwas bedeuten zu können. Was diese Menschen tatsächlich beschäftigt, ist nämlich genau das Gegenteil von dem, was einem offensichtlich erscheint. Hinter der Idee, von allen beachtet zu werden, steckt vielmehr der Gedanke, im Gefühlsleben anderer keine Rolle zu spielen. Je stärker dieser Eindruck ist, desto mehr nimmt das Gefühl überhand, Mittelpunkt der Welt der ande-

---

[15] Laing, R. D., Das geteilte Selbst. Köln 1972, 1994; ders., Das Selbst und die Anderen. Köln 1973.

ren zu sein. Der so genannte „Napoleon-Komplex" und andere Größenwahnvorstellungen sind letztlich verzweifelte Versuche, das Gefühl, nicht gesehen oder bestätigt zu werden, zu überwinden.

Es scheint ein universelles Verlangen zu sein, gesehen und erkannt zu werden. Manche Menschen sind empfindlicher als andere, wenn es darum geht, gesehen und erkannt zu werden. Und manche verlangen vielleicht mehr nach Beachtung als andere. In den einzelnen Lebensphasen unterscheiden sich die Bedürfnisse nach Beachtung ebenfalls. Ein Blick in die psychiatrische Praxis zeigt aber, dass nicht in erster Linie das offenkundige Trauma oder die herausragende Erfahrung immer zu verheerenden Folgen führen muss, als vielmehr der subtile oder anhaltende Mangel an Beachtung. Wenn jemand in dieser Hinsicht sehr empfindlich ist und über eine längere Zeit beharrlicher Nichtbeachtung unterworfen worden ist, so kann es passieren, dass es zu langfristigen Folgen mit schweren psychischen Störungen kommen kann. Selbst das geringste Zeichen von Beachtung gibt zumindest Gewissheit, dass man bestätigt und bekräftigt wird, denn, um eine Bemerkung William James' zu übernehmen, es gäbe wohl nichts Schlimmeres, als sich in einer Gesellschaft zu bewegen und von allen unbemerkt zu bleiben.

Effektives und ineffektives Verhalten

Auf einer Strandpromenade beobachte ich, wie ein älterer Maler ein junges Mädchen portraitiert. Er überreicht ihr das Portrait mit den Worten: „Denke immer daran – du bist schön." Ein bisschen verlegen, aber strahlend vor Glück wendet sich das Mädchen an ihre Mutter, die daneben stand: „Hast du gehört? Jetzt weiß ich, ich bin jemand." Ich bin sicher, wann immer sie ihr Portrait anschaut, wird sie sich an diesen Satz erinnern.

Dieser Maler wusste, was er tat. Er gab ihr nicht nur das Portrait, sondern auch Beachtung in Form eines schlichten Satzes, der sie vielleicht noch lange begleiten wird. Hätte er gesagt: „Gefällt dir das Bild?" Oder „Wie habe ich das gemacht?", wäre diese Begegnung wahrscheinlich folgenlos geblieben.

Von Idries Shah stammt die Einsicht: „Wenn jemand nicht weiß, was er tut, und folglich glaubt, dass er etwas anderes tut, wird er sowohl in seinem offenen als auch in seinem verborgenen Handeln weniger effektiv sein und sein Verhalten weniger umsichtig planen und große Fehler im Denken und im Fühlen machen, weil er Aufmerksamkeit für etwas anderes hält, als sie ist."[16] Ich folge seiner Einsicht, denn in allem, was Menschen miteinander tun – sei es nun sprechen oder zuhören, unterrichten oder therapieren, verkaufen oder kaufen, publizieren oder informieren –, stets geht es auch um den Austausch von Beachtung. Je bewusster dieser Faktor ist, desto weniger sind Menschen gefährdet, ihr Tun zu verwechseln oder zu überlagern mit dem verborgenen Wunsch oder der Forderung nach Beachtung. Je unbewusster oder abgewehrter dieser Wunsch bleibt, desto gefährdeter sind Menschen in dem, was sie tun.

Wir alle haben abrufbereit Bilder in uns, die an Situationen erinnern, in denen wir uns angemessen beachtet fühlten. Jeder hat schon einmal erlebt, wie es ist, einfach so ohne Mühe und Leistung

---

[16] Shah, I., Wege des Lernens, München 1975/1985, S. 90.

beachtet zu werden; weil im rechten Moment ein Freund oder eine Kollegin da war, die einen mochte, so wie man gerade war. Das können Erlebnisse bei einem schönen Essen oder einem Spaziergang gewesen sein, man fühlte sich einander nahe, und alles war wie selbstverständlich, weil man ganz einfach präsent war. Das kann auch vor dem Zubettgehen gewesen sein, wenn man sich den Tag vor dem inneren Auge nochmals vergegenwärtigt und dankbar für die guten Begegnungen des Tages friedlich und satt einschläft. Jeder hat Gaben, die andere mögen, die anderen gut tun, die friedlich machen, besänftigen oder sogar erfreuen. Und das Schönste, was man jemandem durch Beachtung schenken kann, ist vielleicht, dass er sich selbst mag.

Vor einiger Zeit hatte ich ein Erlebnis, das mir so eindrücklich vermittelte, was effektive Beachtung bedeuten kann, dass ich es noch heute gut erinnere. Wie schon öfters, besuchte ich ein kleines Restaurant als verdiente Abrundung nach einem Orgelkonzert. Der Wirt, der mich wiedererkannte, fragte nur: „Wie immer?" und brachte mir unverzüglich meinen Lieblings-Weißwein. Kaum hatte ich meinen ersten Schluck getan, verstummte die übliche musikalische Beschallung und mit einem verschmitzten Lächeln meinte er: „Ich glaube als Musikerin kommt man ganz gut ohne die lästige Konservenmusik aus." Besser hätte ich mich nicht verstanden fühlen können, denn in der Tat meide ich viele Lokale einfach wegen ihres ewigen Lärms und insbesondere nach einem Konzert, wo ich nur ein Bedürfnis verspüre – Ruhe. Der Wirt hat nicht nur seine Aufgabe bestens erfüllt, er hat auch den Blick dafür behalten, worauf es ankommt. Gewiss ist nämlich, dass dieses lärmende Getriebe, dem wir in Restaurants ausgesetzt sind, uns voneinander isoliert und somit Mitmenschlichkeit verhindert. Er hat verstanden, dass es manchmal kleine Gesten sind, die für einen gelingenden Abend entscheidend sein können. Er kann sicher sein, dass ich wiederkommen werde.

Ebenso wird der Gastgeber, der über ein gutes Gespür für die Regulation von Nähe und Distanz verfügt, der seinen Gästen genügend Freiraum und auch ein gesundes Maß an Zuwendung schenkt, wahrscheinlich nicht zu klagen haben über einen Mangel an Besuch oder übereilte Abreisen, weil man sich bei ihm wohl fühlt und weil er die Kunst der angemessenen Beachtung beherrscht. Dieser Geschmack des Wohlfühlens lässt sich nicht herbeizwingen, er würde sogar dabei kaputtgehen. Er entsteht, weil der Gastgeber beachtet, was sein Gast wirklich braucht, ohne sich selbst zu sehr in Szene zu setzen. Doch jener, der seine Gäste vor lauter Überfürsorglichkeit regelrecht überschüttet, wird nicht nur selbst erschöpft sein, weil er in seinem Tun vom Hunger nach Aufmerksamkeit geleitet und daher weniger effektiv ist, sondern er wird auch seine Gäste vertreiben, die sein Tun als überflüssig oder sogar als störend empfinden. Auch der Computerfachmann, der aufmerksam zuhört, was sein Kunde für ein Gerät braucht und ihn vielleicht von einer zu aufwendigen Anschaffung sogar abrät, wird das Vertrauen seines Kunden sicher viel eher gewinnen als jemand, der vielleicht ein teures Modell verkauft, der aber die Bedürfnisse seines Kunden nicht genügend beachtet. Kurzfristig mag er zwar besser verdienen, aber auf die lange Sicht wird er seinen Kunden verlieren, weil dieser sich nicht in seinen Bedürfnissen gesehen fühlt. Wohingegen der aufmerksame Verkäufer vielleicht zunächst nicht soviel verdient, dafür aber einen Kunden gewonnen hat, der sich immer wieder an ihn wenden wird.

Ob es nun die Kleiderverkäuferin ist, die sich diskret im Hintergrund hält, wenn ihren Kundinnen nach Ausprobieren zumute ist, und mit einem verständnisvollen Lächeln signalisiert „Wenn Sie mich brauchen, komme ich gern", oder der Bankfachmann, der trotz abgestürztem Computer die Nerven behält, sein Denkhirn einschaltet und seinem gestressten Kunden vermittelt: „Ich schaue, was ich für Sie tun kann." Sie alle haben begriffen, was ihre Aufgabe ist, nämlich effizient zu bedienen und zu beraten, statt ihre Arbeit zu benutzen, um Aufmerksamkeit auf sich selbst zu lenken.

Auch als Käufer sind die Chancen, effektive Beachtung zu erhalten, sicher größer, wenn man weiß, was man tut. Das bedeutet, wenn man unterscheiden kann zwischen dem Wunsch einzukaufen und dem Bedürfnis nach Austausch oder Erweiterung von Beachtung. Wenn jemand nicht weiß, was er tut, und beispielsweise dem Verkäufer seine ganze Familiengeschichte oder seine Geldverhältnisse ausbreitet, dann sind die Chancen für einen effizienten Austausch beeinträchtigt. Erstens gibt es auch noch andere Kunden, und zweitens muss man sich nur in die Lage des Verkäufers versetzen, dessen Zeit vom Geschäftsführer für das Verkaufen bezahlt wird und nicht für Gratistherapie. Den Rekord an Beachtungssucht erlebte ich einmal in den USA, als eine Dame sich an die fünfzig Schuhpaare von der geplagten Verkäuferin anschleppen ließ, um dann entrüstet hinauszurauschen, weil angeblich nichts Passendes darunter war. Natürlich hat man als Käufer eine gewisse Macht, aber wenn sie in derart lächerlicher und übertriebener Weise missbraucht wird, dann sollte man sich nicht wundern, wenn selbst die geduldigste Fachkraft allmählich ihr ‚Keep smiling‘ verliert.

Der wirksame Austausch von Beachtung lässt sich sehr gut in Gaststätten beobachten. Das Vergnügen, auswärts zu essen, hat ja zu einem großen Teil damit zu tun, dass man Beachtung erhält. Selbst in bescheidenen Lokalen, wo der Grad an Aufmerksamkeit begrenzt ist auf das Servieren von kleinen Mahlzeiten, wird der Wirt das Vertrauen und den Zuspruch seiner Kunden gewinnen, wenn er beachtet, was sein Gast braucht. Auch der Ruf von teuren Restaurants hängt nicht nur mit der Qualität der Speisen und Getränke zusammen, sondern auch mit der Kapazität und der Qualität an Extra-Beachtung, die der zahlungsfreudige Kunde nicht nur erwartet, sondern auch gern zusätzlich bezahlt. Der Kellner, der seinen Gast mit Namen begrüßt, als wäre er persönlich erfreut, ihn zu sehen; der kundig auf die Fragen seines Gastes eingeht und einfühlsam berät, ohne zuviel Aufmerksamkeit auf seine Person zu lenken; der sich diskret zurückzieht, um die Tischgespräche nicht zu stören und dennoch aufmerksam bleibt, um hin und wieder nachzugießen; der weiß, dass sein Tagwerk leichter von der Hand geht, wenn er es beschwingt verrichtet, der ist effektiv in dem, was er tut. Er tut das, wozu er da ist, nämlich Mahlzeiten verkaufen, bedienen und das Wohl seiner Gäste in den Mittelpunkt stellen. Und das Gegenteil davon: der Kellner, der mit Demonstrationen intimer

Entspanntheit den Gast für sich gewinnen will, der keinen Aschenbecher ohne einen Zusatz seelischer Regungen auf den Tisch stellen kann, der die Gespräche durch seine aufdringliche Freundlichkeit stört und mehrmals fragt, ob es nicht doch noch ein Dessert sein soll, obwohl man verneint hat, und der vielleicht noch suggeriert, dass er jenseits seines Brotberufes ein verkanntes Genie sei, wird in seinem Beruf weniger effizient sein, weil er unter Darstellungszwang handelt und im Grunde Aufmerksamkeit für sich selbst sucht, statt das zu tun, was von ihm erwartet wird.

Jeder ein Star für ein paar Minuten

„Genug über mich erzählt", so ein Ausspruch, „Wie geht es dir? Was denkst du über mich?"

Ob man nun schweigt oder wie bei dem erwähnten Ausspruch ausschließlich um sich selbst kreist, ob man sich kleidet, dieses oder jenes Produkt wählt, jeder hat seine eigene Strategie. Als Beweggrund für unsere Aktivitäten stellen wir das Verlangen nach Beachtung nicht bewusst in Frage. Direkt oder indirekt lassen wir uns zu Konsum manipulieren, präsentieren die eigene Homepage im Internet und besuchen Gurus und esoterische Seminare. Der Hunger nach Beachtung kennt keine Grenzen. Im „Oxford English Dictionary" hat ein neuer Begriff Eingang gefunden „ego-surfing", der die Suche nach der Präsenz des eigenen Namens im Internet bezeichnet. Warum streben so viele Menschen in die Medien – wenn nicht als Stars, dann wenigstens als Talkshow-Gäste oder applaudierende Zuschauer oder hinter den Kulissen als Kabelträger und Kulissenschieber? Jeder will ein Stück vom öffentlichen Kuchen der Beachtung haben. „Täglicher Talk-Terror", „Bühne der kleinen Leute", „mediengeile Schwätzer", um nur ein paar Stichwörter zu nennen, die die Popularität des Talkshow-Formats pointieren. Selbst im Internet ist dieser Impuls, sich zu „outen", inzwischen verbreitete Praxis trotz des Anonymitätsschutzes, den dieses Medium bietet. Indiskretion ist salonfähig geworden. Dabei geht es aber nicht etwa nur um ein Sinken der Schamschwelle. Auffällig ist vielmehr die Preisgabe des privaten und intimen Seelenlebens vor einem anonymen Massenpublikum und eine Welle von Emotionalisierung des Öffentlichen, die längst auch auf die politische Arena übergegriffen hat.

„Mal im Fernsehen" – dieser Wunsch hat heute derart zugenommen, dass die Redakteure zunehmend Abwehrarbeit leisten müssen, um die Flut der Freiwilligen zu stoppen, so hat sich zumindest der vielbeschäftigte Talkmaster Hans Meiser geäußert. Da sieht man plötzlich Menschen wie du und ich – den Bekannten, der sonst nie Zeit hat, die Nachbarin, die man nur im Auto oder mit Handy kennt –, die im Scheinwerferlicht ihre Geheimnisse und verborgenen Vorlieben entdecken. Warum plaudern sie öffentlich über ihr „Innenleben", obwohl sie sich im Alltag kaum in die Karten blicken lassen?

Das kollektive Streben nach Beachtung erklärt den Erfolg solcher Fernsehsendungen. Schmerzliche Beachtungsdefizite auf Grund fehlender oder verminderter Kommunikation, wie sie in Massenkulturen vorkommen, tragen entscheidend dazu bei, dass Menschen auf mediale Kanäle zurückgreifen müssen. „Man wird halt endlich mal gesehen, und manchmal denke ich, ich wär' gern was Besonderes", so die Aussage einer älteren Dame, die schon öfters versuchte, sich für Auftritte in Talkshows anzubieten. Denn dort, so hofft sie, kann sie endlich mal im Mittelpunkt stehen. Dass Millionen von Zuschauern sich wenigstens einen Moment lang mit ihr beschäftigen, ist für sie ein berauschendes Gefühl. „Einmal im Zentrum von Millionen" – das verstärkt die Bewusstheit der eigenen Person und das Gefühl der eigenen Bedeutung. Selbst wenn es sich um eine Illusion von Aufmerksamkeit handelt, ist das immer noch besser als nur zuzuschauen, wie andere im Mittelpunkt stehen.

Neben dem Wunsch nach öffentlicher Anerkennung scheint mir vor allem das Bedürfnis, sich selbst sein Dasein bestätigen zu müssen, Anreiz für öffentliche Selbstoffenbarungen. „Ich war schon immer der Typ, der Leute um sich braucht . . . wo kann man besser ankommen als im Fernsehen? Seien wir doch ehrlich, das wollen doch alle." So die Aussage eines Studenten, der sich selbst als „narzisstisch" bezeichnet. Es geht also nicht nur um Bestätigung von außen, als vielmehr auch um das Bedürfnis nach Selbstaufwertung und Selbststeigerung. Nach einem Auftritt beschreibt das eine junge Frau: „Plötzlich war ich jemand . . . als wäre ich ein paar Zentimeter gewachsen. Ich hatte das Gefühl, alle drehen sich nach mir um auf der Straße." Und eine andere Frau, die immer wieder im Publikum von Talkshows auftritt: „Immerhin bekommt man was zu trinken, ist unter netten Leuten und kann so ein bisschen mit sich selbst experimentieren. Ich probier' einfach verschiedene Rollen aus – mal ein bisschen sexy, dann wieder eher gediegen, mit Mini oder auch mal im eleganten Kostüm." Es geht also nicht nur um Selbstoffenbarung, sondern auch um das Experimentieren mit sich selbst, um das Ausprobieren verschiedener Rollen und Selbsterkundung in einem anderen Kontext als der gewohnten Alltagswelt.

Es ist nicht das Bedürfnis nach Beachtung, das sich heute verstärkt meldet, sondern es sind die Bedingungen, unter denen das Streben nach Beachtung scheitern kann. Das ist auch der Grund, weshalb dieses Thema immer mehr in den Vordergrund rückt. Dass Menschen in früheren Zeiten nicht von Beachtung redeten, lag nicht daran, dass sie nicht darauf angewiesen waren, sondern es lag daran, dass alles, was damit zusammenhing, in familiären und sozialen Systemen geregelt war und daher nicht als problematisch gesehen wurde. Heute müssen wir Beachtung durch einen Austauschprozess in eigener Regie und Anstrengung erringen. Kein Wunder, dass sich die Medien hier als beliebtes und vielleicht auch als müheloses Forum anbieten. Dabei wird offensichtlich, in welchem Maße wir der von anderen gewährten Beachtung bedürfen und wie verletzlich sie ist, wenn sie verweigert wird. Es ist in der Tat heute riskanter und aufreibender geworden. Wir wissen auch zunehmend, dass verweigerte Beachtung nicht nur einen schmerzlichen Mangel hinterlässt, sondern auch schaden kann und als Unterdrückung erlebt wird in einer Gesellschaft, die das Gut Beachtung derart in den Mittelpunkt rückt. Wie das Lebensgefühl vieler ist auch das Fernsehen beides zugleich: Ausdruck von Krise und Einsamkeit und ihr versuchter Ausweg. Wer sich bewähren will, muss durch das Nadelöhr des Kameraobjektivs, um überhaupt registriert zu werden, so scheint es, das gilt für Personen, Leistungen und Ideen gleichermaßen. Eine Person, eine Leistung oder eine Idee haben ihre Bewährungsprobe erst dann bestanden, wenn das Auge der Kamera sie registriert. Und wo eine Kamera ist, da finden sich auch immer Freiwillige. Denn eines ist klar, das Fernsehen ist die effektivste Einrichtung in der Geschichte, die sich ausschließlich der Verteilung über Beachtung oder Nichtbeachtung verschrieben hat. Nicht nur die große Zuhörerschaft, auch die Bedeutung, die dem Medium selbst zugeschrieben wird, tragen entscheidend zur Beachtung bei, die sich Menschen von Fernsehauftritten erhoffen.

Vieles deutet darauf hin, dass die wechselseitige Distanz, die Menschen sich im Alltag zumuten, nicht aufrechtzuerhalten ist. Weil Menschen mehr Nähe brauchen, als sie vielleicht in ihrem täglichen Umfeld erhalten, besteht die Gefahr, dass sie die an sich leicht durchschaubare Medienillusion nur allzu leicht als bare Münze nehmen, frei nach dem Motto: Lieber ein bisschen Illusion als ganz allein. Dennoch führt die Selbstentblößung für die Illusion vertrauter Zugehörigkeit womöglich noch mehr in die Einsamkeit. Bei wachsender Preisgabe privaten, intimen Seelenlebens kann es nämlich passieren, dass die Intimität selbst zur Last wird, weil wir alles mitteilen und dadurch immer geheimnisloser werden. Dass alles Allzu-Zugängliche wertlos wird, davon sprach der Soziologe Georg Simmel schon 1908. Er machte darauf aufmerksam, dass niemand alle seine Geheimnisse offenbaren sollte, weil er dadurch für andere uninteressant würde. Wahrscheinlich sind wir uns umso weniger des Wertes und der Verletzlichkeit unserer Intimität bewusst, je mehr wir sie durch Beredsamkeit loszuwerden versuchen. Die Folge: wir können Gefühle und Anerkennung gar nicht mehr leben, wir müssen sie in Szene setzen.

All diese Gedanken könnten nach einer selbstgefälligen Stichelei wider den Daytime-Talk klingen. Es geht indes nicht um eine blinde Verteufelung oder Medienschelte, sondern um eine menschliche Balance zwischen privat und öffentlich, zwischen Vertrautem und Fremdem und eine individuell angemessene Abstimmung zwischen Beachtungsbedürfnissen und den Ansprüchen und den Schutz des Selbst. Es geht um die wichtigste Bedingung für jegliche Erfahrung wirklicher Beachtung: es geht um die Fähigkeit zu unterscheiden. Beachtung steht und fällt mit den Wahrnehmungschancen in Freundschaften, Familie und Beziehungen – also im Nahbereich. Nur wenn wir wirklich verankert sind und uns tagtäglich damit auseinander setzen, gewinnt unser Leben „Welthaftigkeit", Wahrhaftigkeit und Chancen der Begegnung.

Die Macht des Blickes

Mir fällt die Geschichte von John Lennons Mörder ein, der seinen Star seit Jahren bis in die intimsten Regungen seines Privatlebens verfolgte. Er musste erleben, dass dieser, als er ihm gegenüberstand, ihn keines Blickes würdigte. Er besorgte sich einen Revolver und erschoss ihn.

Warum lieben wir unsere Stars, obwohl wir wissen, dass sie uns, wenn wir ihnen begegnen würden, wahrscheinlich nicht einmal das kleinste Zeichen des Erkennens schenken würden? Sicher nicht nur, weil sie so liebenswert und einzigartig sind, sondern weil wir sie immer wieder im Scheinwerferlicht sehen und mit ihnen mittlerweile oft vertrauter sind als mit unseren Nächsten oder Nachbarn. Diese intime Kenntnis schmeichelt natürlich unserem Selbstverständnis, sie gibt uns das Gefühl, irgendwie dabeizusein und dazuzugehören. Und so kultivieren wir bei allem Starkult immer auch klammheimlich ein Stückchen Eigenliebe und Selbstpflege. Dabei wissen wir mit allen Konsequenzen für unser Selbstwertgefühl, dass uns unsere Stars keines einzigen Blickes würdigten, würden wir ihnen tatsächlich gegenüberstehen. Womit hat dieses Phänomen zu tun? Ich knüpfe an eine Erkenntnis des Psychoanalytikers Heinz Kohut an, der hervorhob, wie lebenswichtig es für das Kind sei, „den Glanz im Auge der Mutter" zu sehen. Die Bedeutung des Auges und des „Blickes des anderen" ist aber auch für spätere Lebensphasen von entscheidender Relevanz. Der Blick des anderen, der Nähe, Beachtung oder Bewunderung signalisiert, der aber auch vernichten kann, der Missachtung, Geringschätzung oder Verachtung vermitteln kann, ist ein zentrales Regulativ zwischenmenschlicher Beziehungen, von dem wir alle ein Leben lang betroffen bleiben. In sämtlichen Kulturen und Stämmen gibt es Namen für diesen Effekt des Sehens und Gesehenwerdens, der für ein Erleben steht, das ähnlich unfassbar wie etwa Liebe oder Hass ist, und unser Leben bestimmt.

Wie machtvoll Blicke sein können, hat jeder schon erlebt. Ich denke an die Erfahrung, wenn man sich plötzlich umdrehen muss, weil man sich von hinten angestarrt fühlt. Und umgekehrt: wenn man will, dass sich jemand, der vor einem sitzt, umdreht, starrt man ihn intensiv an – ein Wechselspiel, das bei sensiblen Menschen meistens funktioniert und vor allem bei Kindern sehr beliebt ist. Nicht ohne Grund gibt es ja die Redensart „im Auge der Öffentlichkeit stehen", die ausdrücken will, dass es eine Person beeinflusst, wenn und wie sie von vielen angeschaut wird.

Es gibt unzählige Überlieferungen darüber, wie hasserfüllte, neidische Blicke schaden können. Das „böse Auge" oder der „böse Blick" sind in allen Kulturen gefürchtet. Und in Indien beispielsweise reisen Menschen Hunderte von Kilometern, um von Heiligen gesehen zu werden, um sich den „guten Blick" zu holen, dem man heilende Wirkungen zuspricht.

Wenn wir sagen, im Blick liegen Himmel und Hölle, dann drückt sich darin die spezifische Macht des menschlichen Auges aus. Es kann wie kein anderes Sinnesorgan nicht nur auf- und wahrnehmen, sondern auch gestalten, senden und sprechen. Schon von klein auf ist der Dialog der Blicke – das Suchen des Blickes und das Angeschaut-Werden – fundamental für die Heranbildung von Selbsterkenntnis und Selbstwertgefühl. Wenn eine Mutter ihr Baby mit liebevollen Augen anschaut und ihm vermittelt: „Ich sehe dich. Das bist du", so entstehen schon früh Muster von Nähe, die sich wie ein roter Faden durch intime Situationen im Laufe des Lebens ziehen. Kinder, die häufig angeblickt werden, die sich in ihrem Wesen gesehen und angenommen fühlen, entwickeln Sicherheit, Selbstannahme und Selbstwertschätzung, weil sie etwas erfahren haben, das man in seiner Bedeutung nicht hoch genug einstufen kann: liebevolle, wertschätzende Beachtung.

So wie jeder wohlwollende Blick das Vertrauen stärkt, dass man beachtenswert ist, so löst das Gegenteil – die Verweigerung des Blickes, das Übersehen-Werden, das Vorbeisehen oder Hindurchsehen – Störungen im Zwischenmenschlichen aus, die nicht nur besonders auf Kinder, sondern über die gesamte Lebensspanne hin schädigende Auswirkungen haben. Wir wissen heute, dass fehlende Blickdialoge krank machen können. Menschen, denen die identitätstiftende Beachtung durch den Blick fehlt, können Blicke oft nicht aushalten, weil sie zu schmerzlich an das fehlende Angeschaut-Werden erinnert werden. Hierbei kommt mir eine Patientin in den Sinn, eine junge Krankenschwester, die den Blick-Kontakt mit mir kaum aushalten konnte. Wenn sich unsere Augen trafen, wendete sie ihren Kopf ruckartig zur Seite und redete unaufhörlich weiter. Nachdem ich mich vorsichtig in ihren kontaktvergessenen Monolog einklinkte, nahm sie fast abrupt Notiz von mir, um dann unbeirrt mit ihrem monotonen Selbstgespräch fortzufahren. Auf meine Frage, ob sie mich wahrnehme, meinte sie: „Mir verschwimmt alles vor den Augen, wenn ich Sie länger anschaue. Ich muss wegschauen, sonst wird's mir schummrig." Wir experimentierten ein wenig mit Blick-Kontakten aus der Ferne, aus der Nähe, mit verschiedenen Dauern von Blicken. Was dabei herauskam, war eindrücklich: Wenn sie Beachtung zuließ, schwammen ihr regelrecht „die Felle davon". Sie hatte es nicht gelernt, Beachtung anzunehmen und zu geben. Alte Reminiszenzen an frühe Situationen mit ihrer Mutter kamen auf. Sie erlebte noch einmal, wie arm an Beachtung der Kontakt mit ihrer „ewig gestressten" Mutter wohl gewesen sein mag. Vage konnte sie sich sogar daran erinnern, dass sie ihre Mutter immer als irgendwie abwesend erlebte – entweder musste sie gerade telefonieren oder fernsehen, während sie beisammen waren oder bei Tisch saßen. Selbst bei Umarmungen hatte sie das Gefühl, ihre Mutter blickte dabei ins Leere, und wenn sie etwas erzählte, so hatte sie ständig das Gefühl: „Meine Mutter hört mir nicht richtig zu."

So wirken also über die Kindheit hinaus Muster von „Abruferinnerungen" in verschiedene Lebensbereiche, vor allem wenn diese im engen therapeutischen Kontakt wieder aktualisiert werden. Wo immer Raum geschaffen wird für wechselseitige Einfühlung, so dass achtungsvolle Zwischenmenschlichkeit wachsen kann, besteht die Chance, korrigierend auf alte belastende Erfahrungen einzuwirken und neue realitätsgerechte Möglichkeiten daneben zu stellen. Konkret heißt das, Beachtung erst einmal wahrnehmen zu lernen, um sich dann die Muster anzuschauen, mit denen sie abgewehrt wird. Bei dieser Frau war es das abrupte Abwenden des Kopfes, das Wegschauen oder in die Ferne starren. Der nächste Schritt gilt dem Einüben vom Ertragen und Aushalten von Beachtung. Gelingt es hierbei allmählich, positive Perspektiven des „Ich werde gesehen" zur Verfügung zu stellen, so können diese zuversichtlichen Qualitäten dazu führen, dass Beachtung mit der Zeit sogar mehr als nur ertragen – nämlich auch genossen und als wohltuend erlebt werden kann.

Es ist der Blick des anderen, der uns definiert und formt. Ohne den Blick und die Resonanz des anderen können wir nicht erfahren, wer wir sind. Dies ist genauso wichtig wie essen, trinken und schlafen. Man stelle sich eine Gesellschaft vor, in der man beschlossen hätte, einander nicht anzusehen und so zu tun, als wäre man nicht existent. Bei einigen afrikanischen Stämmen lautet die übliche Grußformel sogar: „Ich sehe dich." Und umgekehrt dürfte nun deutlich werden, weshalb der Blick, der von sich nichts preisgibt, sondern nur den anderen anschaut und beobachtet, in unserer Sprache als stechender Blick oder gar als böser Blick bezeichnet wird. Kalte, vernichtende Blicke können jemanden geradezu lähmen, und hasserfüllte Blicke sind mitunter so wirkungsvoll, dass man unter ihnen erstarrt. Unter der Wirkung solcher Blicke zieht sich der Körper zusammen, er ist mitunter wie vom Blitzstrahl getroffen. In der Furcht vor dem Ausgeliefertsein an die Macht des Angesehenwerdens – bei uns heißt es ja auch, dass Blicke töten können – begründen sich auch die vielen Strategien des Verbergens und Versteckens, die Amulette und Beschwörungen, die ihm seine bedrängende Macht nehmen wollen.

Anders der fehlende Blick. Bei Erich Kästner heißt es sinngemäß, wer nicht sieht, ist unsichtbar. Wenn die Augen des anderen stumpf sind, weil ihnen, wie die Alten sagen, „der Sehstrahl fehlt", kann zwischen Menschen keine Wärme oder Berührung aufkommen. Es entsteht keine Resonanz, und man empfindet sich wie vor einem leblosen, stumpfen Spiegel, der nicht mehr reflektiert. Von Kindern weiß man, dass sie sozusagen über die Blicke der Eltern lernen, sich selbst zu sehen. Je nachdem, ob diese Blicke nun freundlich, traurig oder ausdruckslos sind, wird das Kind sein entstehendes Selbstbild mit diesen Gefühlen verbinden. Das hängt damit zusammen, dass Kinder sich zunächst einmal mit den Augen der anderen zu sehen lernen. Resonanzlose Augen sind für sie deshalb von besonderer Tragweite, weil sie auf Resonanz angewiesen sind, um resonanzfähig zu werden. Wenn Resonanz ausbleibt, so werden sie mit der Zeit auch sich selbst gegenüber resonanz- und ausdruckslos.

Anders ist der sprechende, offene Blick, der etwas vom Wesen des Schauenden mitteilt, der ein wechselseitiges Erkennen bewirkt. Dieser geöffnete Blick macht es möglich, dass man sich im Auge des Anredenden wiederfindet. Er stiftet Verbindung, Kontakt oder Beziehung und schafft Mitgefühl. Letztlich brauchen wir einem anderen nur tief in die Augen zu schauen, und wir würden seine Gefühle erkennen – seine Freude, seinen Schmerz, seine Ängste oder Sehnsüchte. Oft meinen wir, es sei unhöflich, andere Menschen direkt anzuschauen. Nur geschieht dabei, dass wir kaum mehr einen Menschen wirklich sehen. Wie häufig ist der Augenkontakt ein rein mechanischer, wenn Menschen sich begrüßen. Man schaut sich kaum an und versteckt sich hinter sozialen Masken, wodurch viele Kontakte so denkwürdig folgenlos bleiben, weil man sich nicht wirklich beachtet. Es ist schon eine Bereicherung, wenn wir in unsere Grußrituale etwas von dieser Geste übernehmen würden, die in dem afrikanischen „Ich sehe dich" steckt.

In der Medizin und Psychotherapie ist das Thema „Blick-Kontakt" durchaus nicht unproblematisch. Hören wir doch immer wieder Klagen von Patienten, die sich als Objekte betrachtet fühlen, die sich nicht gesehen oder durch Blicke zurückgewiesen fühlen. Ich habe mich häufig selbst gefragt, wie der Blick eines Therapeuten sein sollte, damit sein Patient sich gut aufgehoben und beachtet fühlt. Dazu gehören vier „einfache" Eigenschaften: klar, offen, warm und sanft. Also nicht wie der blendende Strahl einer Sonne oder das kalte Licht des Mondes, sondern eher wie wärmendes Kerzenlicht.

Zu viel Sonne kann schaden

Ein bekannter Filmemacher, der sich nach anstrengenden Dreharbeiten immer wieder in sein Landhaus zurückzieht, unterhält sich mit mir: „Ich glaube, es gibt zwei Sorten von Zeitgenossen, die einen, die sich immer beklagen, dass sie zu wenig Beachtung bekommen, und jene, denen der Überfluss an Beachtung zum größten Lebensproblem und deswegen das ‚Aussteigen' zur einzigen Rettung wird."

Leicht kann sich Beachtung in ein Zuwenig oder Zuviel verkehren. Jemand, der sich in sämtlichen Lebensbereichen beachtet fühlt, neigt unwillkürlich dazu, sich darin zu sonnen. Vergleichbar mit einem Sonnenbad, man spürt die Strahlen auf der Haut und genießt die Wärme und schließt die Augen, weil man sonst geblendet würde. Ist man der Wärme zu lange ausgesetzt, ohne die Möglichkeit sich zurückziehen zu können, schlägt die Wärme in Hitze um und wird zur regelrechten Belästigung. Überdruss stellt sich ein, die Haut beginnt zu brennen bis hin zum gefürchteten Sonnenbrand, der die Haut versengt. Dieses zeigt, was zuviel Beachtung bei denen anrichten kann, die unablässig von ihr verfolgt werden. Steht jemand unter der ständigen Hitze von Beachtung, dann wird er nicht mehr gewärmt, sondern kann in der Tat verbrennen. Man verbrennt, wenn man nicht mehr Wärme ab- und zurückgeben kann. Zuviel „Sonne" führt dazu, dass man die Augen verschließt und nach innen richtet. Die Wachsamkeitsschwelle wird herabgesenkt, die Vernunft eingeschläfert, weil man selbst nicht mehr sieht, sondern nur noch gesehen wird. Vielleicht kann man sich dieses Phänomen übermäßiger Beachtung durch einen Vergleich verdeutlichen: Eine Frau, deren Hobby Tennisspielen ist, wird sich wohl kaum je in der Situation der unablässig Beobachteten finden. Sie kann einfach spielen, je nach Lust und Laune, weil ohnehin niemand zuschaut und nichts Nennenswertes von ihr erwartet wird. Eine Weltklassespielerin, wie beispielsweise Steffi Graf, hingegen kennt das Spiel ohne Zuschauer wohl kaum. Beide spielen Tennis, aber beide machen jeweils ganz unvergleichliche Erfahrungen, denn wer vor Publikum spielt, spielt nie nur gegen sich selbst oder seinen Partner. Er kann nie ganz bei sich sein, weil er immer für alle da ist. Er kennt keine Privatheit, weil er einer ständigen Musterungssituation ausgesetzt ist, die zwischen erbarmungslos und bewundernd oszilliert. Von der Tyrannei des Erfolges sprach einmal ein prominenter Hotelgast und beschrieb, wie er regelrecht Angst hatte, von seinem Zimmer in die Empfangshalle des Hotels zu gehen, wo all die Menschen auf ihn warten, die ein Autogramm oder ein kurzes Gespräch wollten. „Lasst mich doch in Ruhe, reicht es denn nicht, wenn ich auf der Bühne für euch da bin?" Das würde er den Leuten am liebsten entgegenschleudern, stattdessen ist er freundlich, charmant, für alle Fragen offen, obwohl er sie schon unzählige Male beantwortet hat. Die Tyrannei des Erfolges birgt die Gefahr, dass kein Austausch mehr stattfindet. Man beschäftigt sich nur noch mit sich selbst, das verengt die Phantasie und schränkt die Tatkraft ein. Das mitunter schweißtreibende Realerleben von Geben und Nehmen erscheint als überflüssig, wenn nicht gar minderwertig. Eine ganze Garde von Medienstars ließe sich hier anführen – ich denke an Romy Schneider, Marilyn Monroe, James Dean, Humphrey Bogart –, die glanzvolle Darsteller waren, aber letztlich daran gescheitert sind, dass sie zuviel Beachtung absorbiert haben. Ein besonders tragisches Beispiel für exzessiven Beachtungsterror bot die verstorbene Lady Diana, die später die Geister, die sie rief, nicht mehr loswurde. Die Zudringlichkeit der Paparazzi und ihre verzweifelte Abwehr waren es auch, die den Ehemann von Caroline von Monaco zu Handgreiflichkeiten provozierten, die immer wieder Schlagzeilen machten.

Man kann in der Tat bezweifeln, ob derjenige, dem die Beachtung in den Schoß fällt, der sich nie darum bemühen muss, wirklich ein Experte in Sachen Beachtung sein kann. Wie kann er vertraut sein mit den vielen kleinen Geheimnissen und Entdeckungen, die sich erst auf den zweiten oder dritten Blick erschließen, die sich oft an entlegener Stelle oder im Kleinen offenbaren?

Der größte Feind der Beachtung ist zuviel Beachtung. Diese Tatsache finde ich immer wieder bestätigt, wenn ich mit Kindern zu tun habe, die Opfer von subtilen Formen elterlichen Missbrauchs sind. Eine Form ist die perfektionistisch ausgerichtete Delegation an das Kind, das die unbefriedigten Ambitionen der Eltern erfüllen soll. Diese Eltern versuchen jegliche intellektuelle Anregung und bestmögliche Förderung und Anerkennung zu geben und sind auch stolz auf ihr Kind, dennoch handelt es sich dabei um eine Ausbeutung des Kindes, die nicht selten in eine Überforderung mündet, nicht so sehr des Begabungspotentials des Kindes, als vielmehr seines emotionalen Gleichgewichts und Wachstums. Selbst wenn solche Kinder äußerlich erfolgreich sind, fehlen ihnen die Möglichkeiten, sich dem eigenen Erleben hinzugeben. Chronische Gefühle von Traurigkeit und Unvollständigkeit schleichen sich ein, sie fühlen sich innerlich hohl oder unlebendig, weil sie zu wenig Freiraum und unbefangenes Kindsein erleben durften, um ihre eigene innere Landschaft zu erkunden. Ihr emotionaler Reifungsprozess bleibt auf der Strecke, und in späteren Jahren stellen sich die typischen Symptome innerer Leere, Verzweiflung oder Einsamkeit ein, weil sie in vorzeitiger Bewusstheit elterlicher Ambitionen nicht sich selbst Beachtung schenken lernten, sondern die fehlende Beachtung der Eltern auszufüllen versuchten. Der leistungsorientierte Auftrag an das Kind: „Stille du meinen Hunger nach Beachtung" ist doppelbödig. Denn das Kind erhält zu viel Beachtung für oft nur einen bestimmten Aspekt seiner Möglichkeiten, wobei es oft auch sehr begabt und leistungsbereit ist. Andererseits bleibt das Kind in seinem ganzen Wesen nicht gesehen und deshalb unterernährt. Es kann deswegen kein „Beachtungspolster" ansetzen, das ihm über schlechte Zeiten hinweghilft, weil es keine sorgende Einfühlung erhielt und auch sich selbst keine geben kann. Die Diagnose einer aufgeweckten, erfolgreichen Flötistin mag für viele sprechen: „Irgendwie hatte ich in meiner Familie die Rolle der ‚Erfolgreichen'. Ich konnte mir ziemlich viel erlauben, hatte immer irgendwelche Privilegien. Wenn ich zum Essen kam, richtete man sich nach mir und kochte natürlich vegetarisch. Unausgesprochen erwartete man von mir, dass ich immer mit irgendwelchen Erfolgsmeldungen aufwarten konnte. Meine Briefe waren mit der Zeit nur noch Karriereberichte. Alles, was da nicht hineinpasste, ließ ich geflissentlich weg – meine Einsamkeit, meine Ängste, meine Zweifel und meine abgrundtiefen Schwächen im Umgang mit den einfachsten Dingen des Lebens. Aber auch ich selbst meine immer, ich müsste etwas Besonderes leisten, lade mir unheimlich viel auf und setze mich ständig unter Druck – als würde ich immer mit der Peitsche hinter mir herrennen. Oft weiß ich wirklich nicht mehr, warum ich das alles tue oder für wen. Ich weiß nicht einmal, ob es mir Spaß macht, was ich alles so leiste, ich muss einfach immer weitermachen."

Vor allem Mütter, denen vermittelt wurde, es liege ausschließlich in ihrer Hand, was aus den Kindern würde, sind besonders anfällig für eine produktorientierte Beachtung ihrer Kinder. Betrachtet man die vielen Ratgeber, die sich damit befassen, wie man eine „gute Mutter" werden kann, so ist es nicht verwunderlich, wenn Mütter ihre Kinder als Bestätigung brauchen, dass sie gute Mütter sind. Sie wollen ein „gutes Produkt" hervorbringen, um sich und der Umwelt zu beweisen: „Seht, wie perfekt ich bin." Es geht hier also um die Beachtung, die sich die Mutter über ihre Kinder holt. Die Folgen davon, wenn Kinder nicht in ihrer Eigenart gesehen werden, beschreibt ein Theologiestudent: „Meine Mutter brauchte meine fröhliche Art und meine Beliebtheit bei den Leuten, damit sie allen zeigen konnte, was sie für eine Super-Mutter war! Ich selbst wusste mit der Zeit immer weniger, was ich eigentlich wollte und wer ich war. Ich bin mir selbst regelrecht verloren gegangen. Erst jetzt, wo ich eine unglaubliche Wut spüre, merke ich, da meldet sich etwas in mir, das danach schreit zu leben."

Für die seelische Gesundheit eines Kindes ist es von entscheidender Bedeutung, dass es in seiner eigenen Gefühls- und Vorstellungswelt, die sich von der der Erwachsenen abgrenzt, leben darf. Wenn nun ein Kind zum Freund eines Elternteiles wird oder gar selbst Teil des Elternpaares wird, so verwischen sich die Grenzen innerhalb der Familie. Die Tochter, die tagsüber als Freundin der Mutter in Angelegenheiten, einschließlich ehelicher Probleme, hineingezogen wird, kann nur schwer damit umgehen, wenn sie abends abrupt in ihr Zimmer abgeschoben wird, weil der Vater nun von der Arbeit heimkommt. Beachtungsverwöhnt durch die exklusive Zuwendung der Mutter, kommt sie in eine Anmaßung hinein und empfindet jeden Dritten als Eindringling und Verrat an der Beziehung. Sie fühlt sich zurückgewiesen, verwirrt oder wütend und rächt sich, indem sie rebelliert, sich selbst bestraft oder Machtspiele inszeniert und Leidenszeichen produziert, die die Eltern dazu zwingen, sich mit ihr zu beschäftigen. Ich denke hier an ein Mädchen, das sich immer dann, wenn es sich „abgeschoben" fühlte, die Haare auszureißen begann. Die Eltern reagierten natürlich aufgebracht und mit Ängsten. Es schaukelte sich eine Endlosspirale aus wechselseitiger Empörung hoch, die nur lösbar schien, indem man mit therapeutischer Hilfe die Verstrickung und die damit verbundene Anmaßung durchschaubar machte. Das heißt, als die Tochter den Platz in der Familie erhielt, der ihr zustand – nicht zwischen den Eltern, sondern gegenüber von ihnen. Wenn die Beachtungsenergie eines Elternteils zu stark zum Kind statt zum Partner fließt, dann entsteht eine merkwürdige Verwirrung, weil in dem Kind etwas gesucht wird, was seiner Kinderrolle nicht gemäß ist. Der bekannte Therapeut Bert Hellinger kommentiert das so: „Einem Kind geht's am besten, wenn ein Mann im Kind sich und die Frau würdigt und achtet und die Frau im Kind sich und den Mann würdigt und achtet. So dass die Beziehung zum Kind sozusagen nur eine Fortsetzung der Paarbeziehung ist und nicht darüber hinausgeht, sondern sie krönt und abrundet. Dann ist es gut. Dann ist das Kind frei."[17]

Gleichgültig auf welche Seite sich die Kinder schlagen, immer ist der Preis hoch für ein Zuviel an Beachtung. Von seiten des Vaters, wo ohnehin die gegengeschlechtliche Spannung hinzukommt, ist der Fall umso tiefer, wenn man als Tochter den Platz der „Kronprinzessin" einnimmt, oft mit der unausgesprochenen Überhöhung:

---

[17] Weber, G. (Hg.), Zweierlei Glück. Die systemische Psychotherapie Bert Hellingers. Heidelberg 1995, S. 132.

„Du bist besser als deine Mutter", und plötzlich vom Thron gesto-
ßen wird, weil der Vater sich abwendet. Eine Patientin erinnert sich:
„Für mich war es das höchste Glücksgefühl, wenn ich in seiner Abwesenheit in seiner Bibliothek schnuppern durfte – der Geruch
seiner ausgegangenen Pfeifen und dieses Aroma, das von den viel-
gelesenen Büchern und der Tinte mit den unleserlichen Eintra-
gungen ausging. Das war so fremd und spannend, ich hatte ein
richtig kribbeliges Gefühl im Bauch. Ich wusste, das ist meine Welt,
ich wollte all diese Bücher lesen, um ihm Gesprächspartnerin zu
sein. Mit meiner Mutter konnte er ohnehin nicht so gut reden. Nie
wollte ich diese widerlichen Kleiderschürzen tragen und immer in
der Küche hantieren und all diese Drecksarbeit erledigen." Spürt
die Tochter dann irgendwann den Rückzug des Vaters, der häufig
im Zusammenhang mit ihrer Geschlechtsreife steht, dann buhlt sie
umso mehr um seine Gunst und versucht vor allem über „Be-
sonderssein", äußere Attraktivität oder verführerisches Verhalten
seine Beachtung zu gewinnen. In diesem Verhalten spiegelt sich
aber auch, wie mit ihr umgegangen wurde. „Wer verführt, ist verführt worden", sagt die Psychologin B. Wardetzki[18]. Die Folge
ist, dass verführte „Gefalltöchter" dieses Verhalten als Beziehungs-
muster im Erwachsenenleben wiederholen. Verwöhnt von der
Prinzessinnenrolle und gekränkt durch das Nichteinlösen dieses
verführerischen Versprechens, werden sie häufig in Beziehungen
verstrickt, die ebenfalls gezeichnet sind von dem Wechselbad von
Überhöhung und Ablehnung. Eine essgestörte Klientin beschrieb
dieses Muster: „Egal wo ich hinkam, immer verliebten sich die tollen Männer in mich, niemals Gleichaltrige, sondern immer Gurus,
Lehrer oder Gruppenleiter. Dadurch hatte ich immer eine Sonder-
stellung – die anderen Frauen beneideten mich. Ich war unglaublich geschmeichelt und legte mich mächtig ins Zeug, um immer toll
auszusehen, sportlich zu sein, intellektuell auf der Höhe und natürlich auch häuslich. So richtig – die ideale Mischung, wie Männer

---

[18] Wardetzki, B., Weiblicher Narzißmus. Der Hunger nach Anerkennung.
München 1991, S. 122.

das gern haben. Nur merkte ich erst viel später, wie mich das Ganze überforderte. Ich dachte immer, mein Essverhalten sei schon ein bisschen gestört, aber sonst läuft ja alles gut. Aber wie schlimm es eigentlich wirklich war und wie viel inzwischen falsch gelaufen ist, begreife ich erst jetzt, wo ich genauer hinschaue und mich aus diesem Korsett befreie. Irrsinn, wie ich mich abgezappelt und angestrengt habe. Nun gibt mir mein Körper die verdiente Quittung."

Wer zuviel Beachtung auf sich zieht, der bekommt auch viel Giftiges und Äußerliches ab und wird dadurch beeinträchtigt, sich zu ent-äußern und authentisch mitzuteilen oder auszudrücken. Es ist, als würde man ersticken an der Einseitigkeit ständigen Ausgesetztseins fremder Beachtung. Menschen, die regelrecht abhängig geworden sind vom exzessiven Beachtungskonsum, neigen zu selbst- oder fremdaggressiven Verzweiflungstaten. Ein Übermaß an Beachtung kann nicht nur süchtig oder abhängig machen, es kann auch Überdruss und Verzweiflung erzeugen, die sich nicht nur gegen die anderen, sondern auch gegen das eigene Ich, das sich seiner Isoliertheit bewusst wird, richtet. Eine Patientin erzählt einen bewegenden Traum, der diese abgrundtiefe Verzweiflung eindrücklich vermittelt: „Ich komme auf eine Theaterbühne, ausgestattet mit einer Perücke und einem wunderschönen langen Kleid, aber der Zuschauerraum ist leer. Nur der Hausmeister guckt mich befremdet und hämisch an und meint: ‚Das war's wohl!' Mir beginnen die Knie zu zittern, und ich stürze vom Podium ab in endlose Leere. Da ist nichts, was mich hält. Es ist nur noch ein unendliches Fallen. Ich schreie, aber niemand hört mich." Das Platzen der Beachtungsillusion kann, wie man bei diesem Traum sieht, der diesen Befund ins Wortwörtliche übersetzt, ein unsägliches Maß an Verzweiflung und Aussichtslosigkeit erzeugen, das sich nicht nur nach außen, sondern auch gegen das eigene Ich richtet.

Zu viel Schatten kann schaden

Ich kenne dieses Gefühl. Oft kommt es schlagartig, dieses Gefühl des Nicht-gesehen- oder wahrgenommen-Werdens. Mitten in der schrillen Fröhlichkeit der Bekannten. Wenn ich gemeinschaftlichen Wärmeentfaltungen ausgesetzt bin, die die Grenzen meiner Zuträglichkeit sprengen, oder bei Kneipenabenden, deren Gesprächsekstasen mir so hautnah fremd bleiben, dass ich mich von allen guten Geistern verlassen fühle. Nachts, wenn ich aus Alpträumen hochschrecke, und auch am Morgen, wenn die Phantasie mich plagt, wie wenig Zeit für gute und tiefe Gespräche bleibt. Meist sind die Empfindungen dabei ähnlich – Verlassenheit, Versagen. Natürlich weiß ich, dass diese Wünsche nach Verstandenwerden, Geborgenheit und Beachtung andere gerade zurückschrecken lassen. Und schlimmer noch, sie machen mir bewusst, wie abhängig wir voneinander sind.

Solche Gefühle, die auftauchen, wenn wir uns zu wenig beachtet und gesehen fühlen, kennt wohl jeder in mehr oder weniger hoher Dosierung. Wenn Beachtung ausbleibt, obwohl man sich für jemanden, ein Projekt oder eine Sache investiert hat, dann reagieren Menschen empfindlich, sind verletzt, gekränkt oder gar gedemütigt. Diese Gefühle können in jedem Lebensalter auftreten, keineswegs nur im Alter, wenn man sich nicht mehr gebraucht fühlt, oder bei elementaren Krisen in der Lebensmitte. Wir können heute diese spezifischen Erfahrungen mangelnder Beachtung der verschiedenen Lebensalter besser unterscheiden als frühere Generationen. Die Verlassenheitsängste der Kinder, das Erleben innerer Isolation bei Jugendlichen, die Infragestellung von Lebensentwürfen in der Lebensmitte und schließlich das Gefühl der Einsamkeit im Alter. Viele erleben den Mangel an Beachtung in der Familie, unter den Kindern, in der Einsamkeit zu zweit, in der Gleichgültigkeit und Routine im ungeliebt gewordenen Beruf, in der Anonymität der Großstadt, unter den Altersgenossen, die einem fremd geworden sind, im Alleinsein mit den eigenen Gedanken, Gefühlen und Haltungen. „Ich bin dieser Ausgrenzung nach Dienstschluss nicht gewachsen", sagt eine überaus engagierte Betriebswirtin, „selbst in den abendlichen Veranstaltungen und Kursen lässt man mich links liegen. Mache ich etwas falsch? Ich bin vielleicht ein wenig schüchtern, aber ich sehe keinen Grund, warum ich nicht behandelt werde wie alle anderen . . .". Je lebendiger und empfindsamer ein Mensch ist, desto stärker erlebt er mangelnde Beachtung. Andererseits erfährt er sich auch eher als ein Opfer und übersieht gern, wie er auch Akteur des eigenen Lebens ist. Die Bereitschaft, daran zu arbeiten, schrumpft oft schnell zusammen, wenn ich mit den Betroffenen nach Möglichkeiten Ausschau halte, wo sie ihre Gaben verbindlich einsetzen können. Oft höre ich dann die Ausflucht: „Ich mag mich aber nicht verpflichten oder festlegen."

Ich sitze gerade in einem Café und verfolge einen Dialog am Nachbartisch. Ich bekomme zwar nur Gesprächsfetzen mit, aber diese sprechen für sich: Zwei Berufskollegen unterhalten sich: „Stell dir vor, dann hab' ich das gemacht . . ." keine Reaktion, „Ist das nicht toll, oder?", keine Reaktion, „Aber ist das nicht unglaublich, oder?" – „Tut mir leid, ich muss jetzt gehen, ich habe heute noch wahnsinnig viel zu erledigen." Schon allein die Notwendigkeit solcher immer wiederkehrender Fragen zeigt einen Mangel an, weil die lebensnotwendige Bestätigung ausbleibt. Solche verweigerte Bestätigung untergräbt das Selbstwertgefühl und führt dazu, dass der andere immer weiter ausholt bis hin zum übertriebenen Selbstlob – einfach aus Mangel an Resonanz. Manche reagieren beleidigt oder wehren sich mit gewollter Überheblichkeit: „Der oder die ist es doch nicht wert, dass ich mich aufrege", „Darüber stehe ich", „Das habe ich doch nicht nötig", „Der kann mich mal". Wenn wir bei einer Familienfeier nicht eingeladen werden, dann können wir immer noch behaupten, dass uns solche Feste ohnehin nichts bedeuten; wenn wir von anderen übersehen oder abgeblitzt werden, bleibt immer noch die Beteuerung, dass uns an „denen" sowieso nichts liegt. Gehen wir bei einer Bewerbung leer aus, so hatten wir diese Stelle auch nicht wirklich gewollt, da wir etwas viel Besseres in Aussicht haben. Und wenn wir beim Examen oder der Fahrprüfung scheitern, bleibt immerhin noch der Seitenhieb auf die unfähigen Prüfer oder die unfairen Bedingungen. So macht man aus der Schwäche eine Tugend und rettet sein Gesicht. All diese Rationalisierungen oder Kompensationsversuche sind verständliche Strategien gegenüber stärkeren Kontrahenten, deren Funktion darin bestehen mag, unnötigen aggressiven Energieverbrauch zu vermeiden und gleichzeitig die persönliche Selbstachtung aufrechtzuerhalten, die ja ansonsten beim Ausbleiben von aggressiven Reaktionen leicht Schaden nimmt. Sind diese Reaktionen verhältnismäßig und begrenzt, so dienen sie als „Blitzableiter", die unser verunsichertes Selbstwertgefühl wieder ins Lot bringen[19].

Gravierendere Folgen mangelnder Beachtung werden mit dem Begriff „Narzissmus" bezeichnet, ein Phänomen, das heute epidemische Maße angenommen hat. Alice Miller, Christopher Lasch, Alexander Lowen haben sich dieser Erscheinung beispielhaft angenommen und befanden übereinstimmend, dass wir es hier mit einem kollektiven Problem zu tun haben, das nicht nur Sache des Einzelnen ist, sondern gesellschaftliche Ursachen hat, die zur Sozialisierung von „Subjekten ohne Solidarität" geführt haben[20]. Im allgemeinen Sprachgebrauch werden Narzissten als Menschen verstanden, die ausschließlich sich selbst anerkennen, sich überbewerten, egozentrisch, in sich selbst gefangen sind und daher nicht zuhören und auf andere eingehen können. Das Gefühl fehlender Beachtung steht im Zentrum unbewusster Phantasien und führt zu kompensatorischen Verhaltensweisen. Erkennbar sind solche Verhaltensmuster schon in einfachen Gesprächssituationen: Sie sprechen am liebsten über sich selbst, sind äußerst leicht kränkbar, empfindlich und beziehen die Inhalte des Gegenübers nur auf sich: „Das erinnert mich daran, als ich . . .", „Ja, das kenne ich auch, nur ist es bei mir noch viel schlimmer . . ." Sie fühlen sich nur angesprochen, wenn Mitteilungen sich auf ihre Situation beziehen „Als mein Wellensit-

---

[19] Reichlin, U., Verächtlich. In: Intra 44, 11. Jg. Sommer 2000.
[20] Petzold, H., Mythen der Psychotherapie. Paderborn 1999, S. 115.

tich starb, war ich auch untröstlich . . .", so reagierte doch tatsächlich eine ältere Dame, als sie vom Tod des Mannes ihrer Freundin hörte. Hier liegt es auf der Hand, dass solche Menschen wahrscheinlich zu wenig Beachtung erhielten, oder nicht die Beachtung, die sie wirklich gebraucht hätten. Insofern ist ihr Verhalten ein Bewältigungsversuch, das Gefühl mangelnder Beachtung auszugleichen.

Narzissmus darf aber nicht verharmlosend mit Eitelkeit gleichgesetzt werden, da er mit dauerhaftem Stress und erheblichen Frustrationen verbunden ist. Psychotherapeuten sind sich einig, dass narzisstische Menschen nicht zu viel, sondern eher zu wenig Selbstgefühl besitzen und daher verzweifelt auf der Suche sind, von anderen wahrgenommen und anerkannt zu werden. Narzisstische Erwachsene sind keine verwöhnten Kinder, über die sich das Füllhorn der Liebe im Übermaß verströmt hat. Im Gegenteil, sie sind die „gebrauchten" oder ausgebeuteten Kinder, die nicht in ihrer Eigenart gesehen wurden, die in ihrem Wesen nicht erkannt wurden und zu wenig einfühlsame Resonanz und Spiegelung erhielten. Für den, der in seinem Wesen nicht genügend erkannt und gespiegelt wurde, wird es schwierig, so etwas wie ein eigenes Selbst zu entwickeln. Was geschieht, wenn man in seiner Eigenart nicht gesehen wird? Man richtet seine Antennen nach außen, reagiert auf die Bedürfnisse seiner Bezugspersonen und passt sich dem an, was von einem gewünscht und erwartet wird. Das eigene Selbst kann sich nicht entwickeln und differenzieren, weil es nicht gelebt werden darf. Weder die Selbstliebe noch die Liebe für andere kann sich entfalten, stattdessen entwickelt sich ein stummer oder aufmerksamkeitheischender, lärmender Kampf um Anerkennung, der die Züge von zwanghaftem Perfektionismus, von Fassadenhaftigkeit, Kälte oder Ausbeutung tragen kann.

Der amerikanische Soziologe Richard Sennett hat beschrieben, dass sich Menschen, die zu wenig Daseinsbestätigung erhielten, innerlich leer fühlen. Sie fühlen sich wertlos und können deshalb auch wenig Wertschätzung für ihre Mitwelt aufbringen[21]. Ihnen fällt

---

[21] Sennett, R., Narcissism and modern culture. In: October Bd. 4, Herbst 1977.

es schwer, ein gesundes Maß an Selbstachtung aufrechtzuerhalten, deswegen tendieren sie zu einem Erleben, das zwischen Grandiosität und Minderwertigkeit schwankt. Ob nun Selbstüberschätzung oder Selbstherabsetzung in den Vordergrund rückt, beides ist Ausdruck gestörten Selbstwerterlebens. Der Selbstüberhebliche, mit einem scharfen Blick für die Schwächen und Geltungssucht der anderen ausgerüstet, oder der Selbstbescheidene, der auf keinen Fall im Mittelpunkt stehen will und jedes Lob abwehrt, sie beide verkörpern zwei Seiten der Medaille überhöhter Selbstansprüche. Ein Beispiel dafür: Ein Anwalt, der sich durch seinen hohen Einsatz für seine Klienten auszeichnet, erfährt immer wieder Einbrüche seines Selbstgefühls, wenn er kritisiert oder zu wenig bestätigt wird. Unbewusst erwartet er Dankbarkeit, vor allem von denen, für die er sich besonders einsetzt, während er nach außen die Bedeutung dieser Anerkennung herunterspielt, sie ignoriert oder bagatellisierend sagt: „Das gehört zu meinem Job."

Die überhöhte Selbstdarstellung wie auch ihr Gegenpart, die Selbstverkleinerung oder der gekränkte Rückzug von der Welt, beide wollen im Grunde die spiegelnde Anerkennung von außen. Fällt sie aus, droht die Vernichtungsangst, die Angst, unbeachtet zu bleiben, niemandem etwas zu bedeuten oder ein „Nichts" zu sein.

In weniger dramatischer Ausformung kennt wohl jeder Erfahrungen, die zeigen, wie sich die Innenwelt in der Außenwelt spiegeln kann. Man braucht sich bloß daran zu erinnern, wie man nach einem freudigen Erlebnis die Welt plötzlich mit anderen Augen sieht. Man fühlt sich wohlwollend angeblickt, selbst das graue Wetter scheint plötzlich freundlicher. Und umgekehrt, wenn man verstimmt ist, fallen einem auf, wie viele unfreundliche Menschen den eigenen Weg kreuzen. „Unglaublich wie viele Depressive in dieser Stadt herumlaufen!" Kommentar einer Zeitungsausträgerin, die gerade selbst in einer depressiven Krise steckte. Wenn aber nun jemand aus einem Gefühl innerer Leere auf die Umwelt reagiert, so erwartet er die stabilisierende, sein Selbstgefühl aufbauende Beachtung von außen. Aber er hat die falsche Lektion gelernt: dass es Liebe ist, wenn er sich anstrengt, verausgabt und bewundert fühlt;

dass es Liebe ist, wenn er der Welt beweist, dass er besser, oben oder zumindest „ein Held" ist. Und er hat gelernt, dass er all das, was er an Beachtung braucht, sich weder selbst geben noch von anderen erbitten kann. Diese Suche nach grandiosen Beweisen muss aber unbefriedigt bleiben, da Bewunderung immer nur Ersatz für den nie gestillten Wunsch nach Beachtung bleibt. Sein leicht kränkbarer Stolz wird immer wieder dazu führen, dass er sich beleidigt zurückzieht: „Wie kann man sich erlauben, mich anzugreifen?", oder die anderen abwertet, weil sie wieder nicht „die Richtigen" sind, die „zu mir passen". Weil aber dieser Kampf um Beachtung so aussichtslos, weil unersättlich ist, wird der Kampf immer verbitterter, abweisender und einsamer. Es sei denn, es würde gelingen, den Feind von innen beim Schopf zu packen.

Wie ist dieser Teufelskreis zu durchbrechen? Sicher dort, wo der Mangel an Beachtung seinen Anfang gefunden hat. Fragt man sich nämlich, weshalb der Einzelne so wenig in der Lage ist, einen Vorrat an Beachtung zu speichern, der ihm über karge Zeiten hinweghilft, der ihm das Gefühl gibt, zwar manchmal nicht gemocht oder abgewiesen zu werden, doch ansonsten einigermaßen liebens- und schätzenswert zu sein, so gerät man meist auf Spuren, die weit in der Kindheit oder manchmal sogar über Generationen hinweg zurückliegen. Ein Weg wäre, sich mit diesen Wunden, die auf ihre Beachtung warten, auf eine Psychotherapie einzulassen. Hier läge die Chance, Gefühle, erwachende Schmerzen und alte Narben nochmals mit Hilfe eines Zeugen wiederzubeleben und zu verarbeiten.

Ein anderer Weg, Beachtung und ihre Wahrnehmung besser zu verstehen, wäre die eigenständige Exkursion in die eigene Lebensgeschichte, wo man sich als ein Mensch erlebt, der mehr und mehr seine eigene Wahrheit findet und mit dem ernst macht, was es heißt, sich selbst zu beachten. Denn letztlich geht es darum zu begreifen, dass man Beachtung nur dann annehmen kann, wenn man sich selbst achtet.

Das rechte Maß finden

„Es brauchte lange Zeit, bis ich realisierte, dass andere auf mich reagieren. Ich dachte, ich zähle sowieso nicht. Ob ich dabei war oder nicht, was machte es für einen Unterschied? Ich fühlte mich ziemlich bedeutungslos. Deswegen schrieb ich auch keine Urlaubskarten, gratulierte nicht zu Geburtstagen, und oft löschte ich sogar ungehört die Nachrichten auf meinem Beantworter. Wie oft war ich eingeladen und brachte überhaupt nichts mit – nicht mal einen Blumenstrauß oder irgendeine Kleinigkeit. Auf Festen schlich ich meist ,französisch' weg ohne einen Abschiedsgruß oder ein Dankeschön. Bei Veranstaltungen ging ich und kam ich, wie es mir gerade passte. Es kam mir nie in den Sinn, dass andere vielleicht merken könnten, dass ich nicht reagierte, nicht anwesend oder schon verschwunden war. Ich ging davon aus, dass es keinen Unterschied machte, ob ich da war oder nicht. Erst Jahre später erfuhr ich nach und nach, wie oft ich andere dadurch verletzt oder gekränkt hatte und wie distanziert und kühl man mich erlebte. Heute weiß ich, dass es einen großen Unterschied macht, wie ich anderen begegne. Jeder Mensch spürt jeden anderen. Jede, auch die kleinste Geste hat eine Auswirkung auf andere, ob man es gleich merkt oder erst später."

Wie diese junge Frau, die durch einen Krankenhausaufenthalt plötzlich realisierte, wie unglaublich viele Menschen sich um sie sorgten, ihr schrieben und sie besuchten, gibt es so viele, die nicht realisieren, dass sie von potentieller Beachtung umgeben sind, die sie stärken, vermehren oder boykottieren können. Vielleicht merkt man es nicht unmittelbar, dass es eines jeden Menschen bedarf und dass es einen Unterschied macht, wie und ob wir anderen oder uns selbst begegnen. Dieser Frau wurde erst durch einen Unfall spürbar, dass sie eine Wirkung auf andere hatte, dass anderen an ihr gelegen war und dass sie vielen etwas bedeutete. Sie erkannte, wie sie später bemerkte: „Ich zähle." Die Art und Weise, wie wir Tag für Tag leben und auch mit so genannten „Kleinigkeiten" umgehen, reflektiert unsere Macht, das Leben anderer zu beeinflussen, und ist ein Spiegel unseres Beachtungsaustausches. Ich glaube sogar, dass wir im normalen Alltag unendlich viel mehr empfangen, als wir geben. Nur ist uns die Sicht dafür oft zugestellt durch die vielen Anforderungen und Pflichten, die nach uns rufen. Gewiss, es ist nicht weltbewegend, wenn wir einen Geburtstag vergessen oder einen Rückruf versäumen, aber die Summe der vielen kleinen Unterlassungen und Unsorgfältigkeiten macht es. Sie entscheidet darüber, wie dürftig oder wie reich unser „Beachtungshaushalt" ausfällt.

Alles ist eine Frage des Maßes. Das Bild der Sonnenstrahlen macht deutlich: Man genießt sie mehr, wenn man auch den Schatten kennt und immer wieder aufsucht. Man ersehnt und schätzt die Sonne ja umso eher, je bewusster und gezielter man sich ihr aussetzt. Und wer zu wenig Beachtung empfängt und zu viel im Schatten weilt, kann auf die Dauer auch nicht existieren. Nur indem man immer wieder aus dem Schatten ans Licht geht, bekommt man Gesicht und Farbe.

Nur wenn man den Mut hat, sich immer wieder zu zeigen, und von anderen auch gesehen und gehört wird, bekommt man Konturen. Das Sich-Zeigen bedarf der Zeugen, nur so wird man sich und den anderen deutlich und prägnant. Das Ideal der Unabhängigkeit von äußerer Beachtung ist genauso wie sein Gegenteil eine Selbstverdammung zur eigenen Dürftigkeit. Der Wahn der Autarkie ist eine maßlose Selbstüberforderung. Es gibt Menschen, die bleiben beständig in ihren Zimmern und treten nicht vor das Haus, um sich mit anderen zu verständigen. „Sei nicht böse vor dir selbst", so heißt es in den jüdischen Vätersprüchen. Gemeint ist damit: Sei nicht knauserig mit dir selbst! Verstumme nicht in der kalten Einsamkeit mit dir selbst! Wer nur sein eigener Beachtungsspender sein will und in der Selbstbezüglichkeit verharrt, weil er davon ausgeht, dass mehr nicht zu haben sei, wird zum „in sich verkrümmten Menschen", wie schon Augustinus wusste. Wir brauchen beides, die Würde, die in der Selbstbeachtung liegt, und den Reichtum und Kraftquell, der sich aus äußerer Beachtung speist. Es gibt zweierlei

Geschenke, das Geschenk, ich selbst sein zu dürfen, und das Geschenk, nicht nur ich selbst sein zu müssen, sondern auf andere angewiesen zu sein. Beide bedingen einander. Man kann nicht nur Spender der eigenen Wertschätzung sein, man muss seine eigene Würde auch finden lassen. Wenn ich nur mich selbst beachte, werte ich den Reichtum der Gaben anderer ab. Sich zwischen diesen beiden Polen einen Pfad zu bahnen, dazu bedarf es eines gesunden Wechselspiels zwischen Aktivität und Passivität. Sich zeigen und sich finden lassen, sich herauswagen und wieder zurücknehmen. Eine Kunst, die wohl der Inbegriff dessen ist, was es heißt, erwachsen zu werden: zu jonglieren zwischen Bedürftigkeit und Sattheit, zwischen Ansprüchen und Grenzen, zwischen Sehnsüchten und Enttäuschungen.

Wie finden Menschen nun dieses gesunde Maß? Ein junger Gärtner meint: „Ich reibe mich nicht wund daran, wenn ich keine Beachtung bekomme. Ich versuche, meine Wut darüber irgendwie zu bändigen. Dann renne ich mit meinem Hund und versuche mich an das zu halten, was ich noch habe und was mir noch bleibt – meine Freundin, meine wunderbare Kakteensammlung und die Erlebnisse draußen im Freien." Und eine Kollegin erzählt: „Wenn ich nach einem anstrengenden Wochenendseminar auf mein Hotelzimmer zurückkehre, dann überkommt mich eine ganz merkwürdige Leere. Früher hätte ich dann den Fernseher eingeschaltet oder wäre in eine Kneipe gegangen und hätte mich mit ein paar Gläsern Wein einfach ‚weggemacht'. Nichts mehr spüren, nicht mehr denken, einfach in wohlige Dumpfheit abtauchen. Seit ich diesen Gefühlen nicht mehr ausweiche, mich nicht mehr in oberflächliche Gewohnheiten flüchte, erlebe ich eine ganz neue Art von Bewusstwerdung. Ich versuche diese Leere erst einmal auszuhalten, wende mich nach innen. Dort ist es zunächst einmal ziemlich dunkel. Mit jedem Schatten, jedem Schmerz, dem ich dort begegne, dem ich mutig ins Auge schaue, findet sich allmählich ein kleines Licht in meiner Seele, das immer größer wird. In solchen Momenten erkenne ich, das Alleinsein hat sich gelohnt. Ich weiß, dass keine wirkliche Nähe zu Menschen möglich ist, wenn ich nicht vorher Kontakt zu meinem eigenen inneren Licht gefunden hätte. Erst dann, wenn ich wirklich in Kontakt mit mir selbst bin, entscheide ich mich, wie viel Alleinsein mir noch bekommt, wo die Grenze ist und wann es Zeit ist, jemanden anzurufen oder zu besuchen." Hier wird eindrücklich beschrieben, wie diese Gratwanderung zwischen Selbstbeachtung und Beachtung von außen verlaufen kann. Sie ist ein allmählicher Bewusstwerdungsprozess, nicht das Ziel einer einzigen Meditation. Selbstbeachtung braucht nicht verbissen gesucht zu werden, sie wird am besten erforscht, wenn man sich in konkreten Situationen mit spielerischer Neugier den Fragen aussetzt: Wieviel Alleinsein kann ich mir zumuten? Wann ist es Zeit, sich mit anderen zu verständigen? Wieviel Beachtung brauche ich?

Um diese Frage zu beantworten, bedarf es der Selbstkenntnis. Dass wir uns selbst besser kennen als jeder andere, dafür spricht der privilegierte Zugang, den wir zu uns selbst besitzen, d. h., wir können unsere inneren Zustände direkt wahrnehmen, zu denen die anderen nur indirekten Zugang haben. Hinzu kommt, dass wir auf Grund unseres Gedächtnisses zumindest mehr über uns selbst wissen als jeder andere. Oder kennen Sie jemanden, der über Ihr Leben mehr weiß als Sie selbst? Das muss aber nicht heißen, dass unser Wissen immer genau und präzise ist. Denn wir haben in der Tat auch genügend Gründe, eine Menge an Wissen über uns selbst herauszufiltern und auszublenden. Wer gibt schon gern vor sich selbst zu, dass er feige, gierig oder knauserig ist? So wird unser Wissensvorsprung, den wir vor anderen haben, relativiert, weil wir alle nicht nur vor anderen, sondern auch vor uns selbst gut dastehen wollen. Es gibt zahlreiche Ergebnisse empirischer Forschung, die belegen, dass Illusionen, unrealistischer Optimismus hinsichtlich der eigenen Eigenschaften und schöngefärbte Selbstwahrnehmungen ein lebenserhaltender Bestandteil geistiger Gesundheit sind. Tatsache ist, dass sich die meisten Menschen eher auf ihre „Schokoladenseite" besinnen, während sie die weniger schmeichelhaften Erkenntnisse einem manchmal eigentümlichen, selektiv wirkenden Gedächtnisschwund opfern. Deshalb ist die Genauigkeit der Selbstkenntnis eine offene Frage. Der amerikanische Sozial-

psychologe A. G. Greenwald benutzte die Analogie des „junk mail",
um diesen eigenartigen Mechanismus zu deuten[22]. Sie besagt: Man
kann nicht gänzlich verhindern, zu wissen, dass man „junk mail"
empfangen hat, aber man kann die Briefe unbesehen und ungeöff-
net wegwerfen und so den Zeitaufwand, den es bräuchte, sich
ihnen zu widmen, minimieren. Auf die gleiche Weise kann man
sich auch von unangenehmen Selbsteinsichten distanzieren, ihnen
die Beachtung entziehen und dadurch ihre Wirkung schmälern.
Auch wenn Menschen viel über sich wissen, gibt es systematische
Beschränkungen und Verzerrungen. In der Regel halten sie sich
aber in annehmbaren Grenzen. Und schließlich tragen sie dazu bei,
dass das Leben einigermaßen erträglich sein kann.

Trotz unserer eingeschränkten Sicht von uns selbst geht es darum, Beobachtungsgabe für sich selbst zu entwickeln, die eigenen
Grenzen und das selbstzerstörerische Verhalten zu beobachten,
ohne in die Falle der Selbstverachtung zu tappen. Geschicklichkeit
und Intelligenz im Umgang mit Beachtung steht und fällt mit der
Verankerung im eigenen Nahbereich. Das heißt, nur wenn ich mich
mit meinen eigenen Bedürfnissen auseinander setze, erlebe ich
etwas von den Anstrengungen und dem Reichtum, der in diesem
Bedürfnis nach Beachtung liegt.

---

[22] Greenwald, A. G., Self-knowledge and self-deception. In: Lockard, J. B. / Paulhus,
D. (Hg.), Self-deception: An adaptive mechanism. New York 1988, S. 113–131.

Selbstachtung

„Seit ich mich selbst mehr achte und sorgfältiger mit mir umgehe, kann ich auch die Welt und das Leben achten. Denn schließlich bin ich ja ein Teil davon." Das war eine der Abschiedssätze einer jungen Ärztin, die ich über längere Zeit begleitete.

Wer Menschen beobachtet, die mit ihrem Leben, den unvermeidlich auftretenden Veränderungen, Enttäuschungen und Krisen in geglückter Weise zurechtkommen, kann bei ihnen immer ein gesundes Maß an Selbstachtung feststellen. Es sind nicht nur diejenigen, die sichtbare Spuren ihrer Selbstachtung in der Außenwelt hinterlassen, die so genannten Erfolgreichen und Aktiven, sondern auch die, die eine Zufriedenheit mit sich selbst erleben und sich ihr Leben so eingerichtet haben, dass es für sie stimmig und erfüllt ist. Liebende Beachtung und Anerkennung ist die Voraussetzung für ein robustes Gefühl von Selbstachtung. Wenn Kinder in ihrer Umgebung liebende Akzeptanz erfahren konnten, Autonomie und Macht entwickeln konnten, verstärkt sich ihr Gefühl für den eigenen Wert. Solche Kinder werden hinsichtlich ihrer Selbstachtung weniger abhängig sein von anderen. Ihnen beim Erlernen von Selbstachtung zu helfen ist das wichtigste Geschenk, das Eltern ihren Kindern machen können. In dem Maß, wie nun in den prägenden Jahren eine solche Sicherheit verinnerlicht wurde, entsteht so etwas wie ein tiefes, grundsätzliches Ja zum eigenen Schicksal, zum eigenen Körper, zu den eigenen Gedanken und zum Leben, wie es nun einmal ist. In dieser grundlegenden Bejahung steckt auch die Annahme der eigenen Persönlichkeit. Sich selbst bejahen oder zumindest in großen Teilen annehmen ist nicht nur die Voraussetzung für die Selbstachtung, sie prägt auch das Verhalten zu anderen und unsere Weltanschauung schlechthin. Selbstachtung ist der Raum, durch den sich der Mensch als Persönlichkeit erschafft. Er ist weit mehr von dem bestimmt, wie wir uns fühlen, als von dem, was wir über uns denken, wissen oder was wir wollen. Selbstachtung ist der Maßstab dafür, wie weit wir uns auf Grund unseres Selbstverständnisses selbst anerkennen und würdigen und wie weit wir an uns selbst glauben in der Tiefe unseres Seins. „Der gute Ruf, den man bei sich selber hat", so lautet die plakative Formel für Selbstachtung, die die Autorinnen Tschirrhart Sanford und Donovan ihrem Buch „Frauen und Selbstachtung" vorangestellt haben.

Grundsätzlich lassen sich drei wichtige Quellen für Selbstachtung identifizieren. Eine davon ist die innere Kraft, die uns aus unseren zunehmenden Kompetenzen und Fähigkeiten erwächst, und das unabhängig davon, was andere von uns halten. Die zweite Quelle ist die Fähigkeit, sich mit Wohlwollen zu begegnen und sich trotz seiner Begrenzungen und Schwächen zu achten, das heißt, sich zu akzeptieren und sorgsam mit sich umzugehen, so wie man nun einmal ist. Das wiederum erlaubt es, sich zu ändern, falls man es wünscht. Und die dritte Quelle ist die Erfahrung, dass man, auch wenn man alles andere als perfekt ist, doch wertvoll und liebenswert ist.

Selbstachtung kann man nicht unterrichten, weil es keine Fertigkeit ist. Sie ist vielmehr ein Nebenprodukt, das sich entwickelt, wenn man sich mit sich selbst stimmig fühlt. Deswegen ist es wesentlich, Menschen zu vermitteln, wie sie ihre Gaben, Möglichkeiten und ihre Energie nutzen, um sich auszudrücken und produktiv zu sein. Dann entsteht Selbstachtung als Nebenprodukt von ganz allein.

Ich erinnere mich an einen Professor, der sich offen zugestand, dass er weder Autofahren noch kochen konnte. Er fühlte sich derart erhaben über solche irdische Tätigkeiten, dass er sie in einen positiven Wert ummünzte, mit dem er sich sogar brüstete. Er lebt nach dem Motto: „Kleine Schwächen machen große Menschen wie mich nur sympathisch." Solche Umdeutungen können natürlich einfacher gelingen, wenn jemand einen gewissen Grad an Beachtung und Anerkennung in anderen Bereichen erfahren hat. Wer ein gewisses Maß an Selbstachtung besitzt, vermag leichter zu kompensieren und eine innere Balance herzustellen, um über eigene Schwächen hinwegzukommen.

Viele Menschen verwechseln Selbstwertgefühl mit Selbstachtung oder Selbstrespekt. Tatsächlich unterscheiden sich beide Begriffe, wie E. Langer, eine Psychologieprofessorin der Harvard-Universität, herausgearbeitet hat. Es macht nämlich einen Unterschied, ob ich etwas bewerte und wertschätze, oder ob ich es annehme und ihm Achtung entgegenbringe. Ich genieße es beispielsweise, Kontrabass zu spielen. Es tut meiner Freude keinerlei Abbruch zu wissen, dass es zahllose andere gibt, die weit besser spielen. Dennoch spiele ich nicht nur im stillen Kämmerlein, sondern auch im Orchester und schere mich nicht darum, was andere wohl darüber denken oder meinen. Es macht mir Spaß, und ich akzeptiere meine Grenzen und Möglichkeiten. Das hat nichts mit Bewertung oder Resignation zu tun, sondern mit der simplen Annahme dessen, was zu mir gehört. Werde ich dafür gelobt, danke. Wenn nicht, auch gut, weil es für mich keine Rolle spielt. Mit dieser Einstellung kann man sich eine Menge Stress und Sorge um Bewertung ersparen. Je weniger man sich selbst bewertet, desto unabhängiger wird man vom Lob und den Urteilen anderer und der eigenen. Überlegen Sie selbst, wie reagieren Sie, wenn Ihnen jemand ein Kompliment darüber macht, wie gut Sie mit Messer und Gabel essen können? Wahrscheinlich wären Sie nicht übermäßig beeindruckt, weil Sie selbst wissen, dass Sie diese Technik schon seit Jahren ohne fremde Hilfe bewerkstelligen. Außerdem ist es Ihnen wohl ziemlich gleichgültig, weil Sie in diesem Punkt keinen Wert auf das Urteil anderer legen. Das heißt, je mehr wir uns selbst akzeptieren und respektieren, desto weniger anfällig werden wir für Be- und Entwertungen von außen. Langer meint dazu: „Verglichen mit denen, die in einem bewertenden Bezugssystem gefangen sind, sind jene mit Selbstrespekt viel weniger anfällig für Tadel, Schuld, Reue, Lügen, Geheimnisse und Stress."[23]

Man gewinnt an Lebendigkeit hinzu, wenn man sich dem Teufelskreis von Selbst- und Fremdbewertung entzieht, der alltäglichen Paranoia: „Was sagen die anderen?," und das Augenmerk mehr auf

---

[23] Langer, E., Self-esteem vs. Self-respect. In: Psychology today. Dezember 1999, S. 32.

die Entwicklung von Selbstachtung und Selbstannahme richtet. Es ist vielleicht weniger aufregend, weil der lustvolle Kitzel von Gewinnen oder Verlieren, Siegen oder Unterliegen wegfällt, dafür rettet man sich eine Menge Energie für die Bereiche, die einen wirklich inspirieren und weiterbringen. Wie viel Schweiß und Tränen würden wir uns ersparen, wenn wir statt des von außen kommenden „Du kannst das" einfach selber sagen könnten „Ich tue das".

Die Einstellung, die wir uns selbst gegenüber haben, entscheidet darüber, was wir wagen, angehen, entwickeln und verwirklichen. Selbstachtung und Selbstbeachtung bestimmen unsere Entwicklung weitaus mehr als uns bewusst ist und mehr als sämtliche Einschätzungen der anderen, denn sie wirken direkt auf unser Selbsterleben. Viele sind dermaßen beschäftigt mit der Phantasie, was andere über sie denken, die Familie, die Nachbarn und die Bekannten, dass sie ihre eigenen Wünsche und Handlungen gar nicht mehr erkennen können. Ein Beispiel ist Agnes, eine Journalistin, die der Welt das Image einer angesehenen, kompetenten und erfolgreichen Person präsentierte. Sie suchte mich auf wegen depressiver Verstimmungen. Sie fühlte sich unausgefüllt, obwohl sie schöpferisch tätig war und all das erreicht zu haben schien, was sie sich vorgenommen hatte. Sie meinte, sie müsse sich verändern, aber sie wisse nicht, was sie anderes tun könne. Tatsächlich fühlte sie kaum irgendwelche Emotionen, weder Traurigkeit, Wut noch Freude. Ihr wurde klar, dass ihr Image nur eine Fassade war, die nicht ihrem inneren Sein entsprach. Ihre Karriere, ihr Verzicht auf Ehe und Kinder, ihr Großstadtleben waren der hohe Preis für ihren Wunsch, anders als ihre Mutter zu sein. Sie hatte sich mit dem großspurigen Image ihres Vaters identifiziert, der ihr das Gefühl gab, etwas „Besonderes" zu sein. Ihr unzureichendes Selbstgefühl und die Rebellion gegen ihre als schwach erlebte Mutter absorbierten den größten Teil ihrer Energie und ließen sie ohne Kraft zurück, sich ihrer eigenen inneren Realität anzunehmen und die eigenen Gefühle auszudrücken. Ein wichtiger Teil ihrer therapeutischen Arbeit bestand darin, die Bedeutung ihrer Fassade zu verstehen.

Warum hatten die Erwartungen ihres Vaters und die der anderen eine so übermächtige Bedeutung für ihr Leben? Was versteckte sie hinter ihrer glänzenden Fassade, sowohl vor sich selbst als auch vor anderen? Es wurde bald deutlich, dass ihr Image und ihr Inneres einander widersprachen. Sie fühlte sich im tiefsten Inneren wie eine Versagerin, die nicht das Recht hat, in ihrem Wesen beachtet zu werden, geschweige denn, ihre Gefühle auszudrücken. Nachdem Agnes die Ursachen ihrer Ängste durcharbeitete und ihnen ins Auge sehen konnte, wurde ihr Schritt für Schritt möglich, mit mehr Gefühl und weniger Sorge um ihr Image zu leben. Einmal kam sie sogar ungeschminkt. Das war ein Quantensprung für sie, nachdem sie die witzige Vorstellung hatte, sie sei doch wohl schon geschminkt zur Welt gekommen.

Diese Geschichte veranschaulicht, welche Anstrengungen und welch hoher Preis damit verbunden sein können, anders oder besser zu sein, um von anderen akzeptiert zu werden. In solchen Vorstellungen von Image ist immer die Verleugnung von Gefühlen zu beobachten, die meist auf Angst vor Abwertung oder Ablehnung entsprechend früherer negativer Erfahrungen zurückgeht.

Nun heißt Selbstachtung aber nicht, dass wir sämtliche Gefühle ausagieren. Oft ist ihr sogar besser gedient, wenn man Gefühle zurückhält, ihnen innerlich einen Raum öffnet, sie sogar verstärkt, anstatt sie nach außen auszuagieren. Dies besonders dann, wenn wir angegriffen werden oder uns als Opfer fühlen. Eine Möglichkeit wäre, selbst zum Täter zu werden und zielsicher und wirkungsvoll zurückzuschlagen, um den Angreifer zu verletzen oder zu demütigen. Meist leisten wir unserer Selbstachtung damit wenig Dienst. Oft gehen wir aus solchen Konflikten stärker hervor, wenn wir nicht alles ausleben und zum eigenen Vorteil benutzen, was greifbar oder möglich wäre.

Selbstschutz statt Selbstentfaltung

„Warum bin ich bloß immer so gehässig zu ihm? Kann es sein, dass ich nur das sehe, was ich sehen will?" fragte eine Frau, die sich zum ersten Mal in ihrem Leben in einen Mann verliebt hatte.

Wenn man sich selbst nicht annimmt und sich von anderen abheben muss, kann man das Menschliche in anderen und in sich selbst wenig wahrnehmen. Der Mangel an Selbstachtung wird auf all das übertragen, was mit uns zusammenhängt. Im Volksmund sagt man: „Der mag sich selbst nicht", wenn jemand leicht reizbar, nörgelnd, unzufrieden ist oder ständig kritisiert und klagt. Auch wenn wir nicht an seelischen Störungen leiden, so kennen wir doch mitunter Anflüge niedriger Selbstachtung: das vorschnelle Ja, mit dem wir eine Zusage machen, was sich als Nein gegen uns selbst herausstellt; die Angst, sich zu blamieren oder eine Blöße zu zeigen; das Imponiergehabe bei Empfängen oder Festen; abwertende Selbstgespräche oder Selbstverachtung nach erlebten Enttäuschungen. Menschen mit hoher Selbstachtung sind relativ leicht zu verstehen und reagieren alle irgendwie ähnlich, sie denken positiv über sich selbst, glauben an ihre Fähigkeiten, fühlen sich geschätzt, gemocht und mögen andere Menschen. Aber wie kommt es, dass Menschen sich selbst verachten, abwerten und bewusst oder unbewusst mit dem Misslingen rechnen und stets im Bann des Negativen leben? Mehrere Forschungsarbeiten aus dem amerikanischen Raum haben sich dieser Problematik angenommen und festgestellt, dass ein wichtiger Beitrag zu dieser Haltung mit mangelnder Selbstkenntnis zusammenhängt. Menschen mit niedriger Selbstachtung kennen und verstehen sich selbst nicht genügend. Die Folge davon, sie sind in ihren Wahlmöglichkeiten eingeschränkt; sie sind unsicher, was sie aus ihrem Leben machen können, mit wem sie tragfähige Beziehungen eingehen und welche Umgebung sie am besten zur Entfaltung ihrer Kräfte brauchen könnten. Eine äußerst aparte Klientin, beliebt und begehrt in ihrem

Dorf, die es liebte, „Hof zu halten", versinkt immer wieder, wenn sie sich unbeachtet fühlt, in Selbstzweifel wegen ihrer roten Haare und der Sommersprossen im Gesicht. Natürlich wurde sie als Mädchen deswegen vor allem von den Klassenkameraden gehänselt. Noch heute klingt es in ihr nach: „Der Dachstuhl brennt!", „Die Hexe", und noch heute leidet sie unter dem Gefühl, „nicht richtig" zu sein. Was hatte sie schon alles probiert, vom Haarefärben bis hin zum Abdecken ihrer Pigmentierung. Nichts half, nicht einmal ihre vielen Verehrer, die ihr immer wieder versicherten, wie interessant und erotisch sie sei. Erst nach einem Englandaufenthalt, wo sie entdeckte, dass sie eine von vielen „Roten" war und dass sie mit ihrer Sprachbegabung und ihrem Charme viel mehr zu bieten hatte als eine glänzende Fassade – nämlich auch Köpfchen –, konnte sie über diesen „englischen" Abstecher so langsam entdecken, was es heißt: „Ich bin in Ordnung, so wie ich bin – sogar mit meinem Sternenhimmel auf der Nase."

Selbstachtung hängt auch mit der Fähigkeit zusammen, den unvermeidlich eintretenden Belastungen, Enttäuschungen, Herausforderungen und Niederlagen zu begegnen. Menschen mit wenig Selbstachtung verfügen über weniger Bewältigungsstrategien und fühlen sich daher schneller überfordert von belastenden Erfahrungen oder zu erwartendem Stress. Sie leben im Bann der Angst und ziehen die Einschränkung ihrer Möglichkeiten herbei, selbst wenn noch viele Wege offenstehen. Ihr Leben ist mehr auf Selbstschutz statt auf Selbstentfaltung ausgerichtet. Sie glauben weit eher an Murphys Gesetz – dass alles, was schiefgehen kann, auch schiefgehen wird – als an Gott. So verschiebt sich oft die Rangordnung der Dinge, vieles wird übermäßig bedeutsam und wichtig, was andere längst nicht so ernst nehmen. „Obwohl ich weiß, dass es eigentlich immer gut läuft, ist jedes Seminar für mich ein echter Alptraum. Schon Tage vorher stelle ich mir alles in den schwärzesten Farben vor – das neue Bett, die Bahnfahrt und das gemeinsame Essen. Jedes Mal denke ich, dies Mal schaffe ich es nicht", so die typische Beschreibung einer Auszubildenden. Wenn solche Menschen Einbußen in Kauf nehmen müssen, führt dies mitunter zu dramatischen Reaktionen. „Wenn dieses Konzert misslingt . . . habe ich keine Lust mehr zu leben . . . dann ist alles aus", sagte ein junger Pianist, der die dabei empfundene Einbuße an Selbstachtung unerträglich fand, weil er sich ausschließlich über seine Musik identifizierte. „Nun ist alles zu spät", sagt ein anderer Klient, der durch die Fahrprüfung fiel, „jetzt kann ich mich nur noch in die Pfanne hauen."

Menschen, die sich selbst vertrauen, haben Mut zum Risiko, ihnen wächst sogar aus Misserfolgen oder Versagen immer irgendein Ansporn zu, dieses schöpferische „Trotzdem" oder „Jetzt erst recht!", während ihr Gegenpol Risiken vermeidet aus Angst, zu scheitern und abgelehnt zu werden. Menschen, die negativ gepolt sind, haben es schwer zu unterscheiden, ihre Grundeinstellung zu sich selbst färbt sich auch auf die Mitwelt ab. Sie sehen auch andere eher im negativen Licht. Statt offener Strategien benutzen sie eher indirekte Strategien, um ihr Selbstwertgefühl zu stabilisieren, wie beispielsweise das Schlechtmachen anderer, um sich selbst in einem besseren Licht darzustellen, die Verschiebung der Schuld auf andere oder auf die schlechten Umstände, oder die Selbstaufwertung durch die Zugehörigkeit zu begehrten Kreisen. Diese Strategien zeigen, dass die Betroffenen letztlich positiv über sich denken wollen und am Aufbau ihrer Selbstbestätigung interessiert sind, nur wissen sie nicht, wie sie dieses Bedürfnis befriedigen und unmittelbarer ausleben können. Der amerikanische Sozialpsychologe R. F. Baumeister betont, dass niedrige Selbstachtung weniger mit der Überzeugung zu tun hat, wie schlecht und verachtenswert man sei, als vielmehr mit einem Mangel an Erfahrungen, die dafür sprechen, dass man gut und achtenswert sei. Sein Kollege Steele bestätigt, dass es genügt, sich in einem Teilbereich sicher zu fühlen, und nicht auf allen Gebieten erfolgreich zu sein. Wenn Personen sich in einem Bereich ihres Selbst bedroht fühlen oder versagt haben, sind sie motiviert, einen Ausgleich auf einem anderen Gebiet zu suchen, so das Ergebnis einer von ihm durchgeführten Studie, bei der die Teilnehmer als schlechte Autofahrer kritisiert wurden. Bei ihnen ergab sich eine auffallende Steigerung an Hilfsbereitschaft im Vergleich zu einer Gruppe, die als gute Autofahrer gelobt wurden. Nach der Devise: „Wenn ich schon schlecht Auto fahre, dann bin ich wenigstens hilfsbereit." Wenn Schwächen nur Teilbereiche betreffen, so sind sie leichter zu kompensieren, da Menschen generell eine positive Sicht von sich selbst aufrechterhalten und die Integrität ihrer Person wahren wollen. Wo jedoch Menschen in ihrem Innersten getroffen sind, geht es um ein Problem existentieller Selbstachtung, die sich nicht mit einfachen Strategien und Veränderungen angehen lassen, sondern tiefgreifender Psychotherapie bedarf. Hier geht es um den Wert der Gesamtpersönlichkeit, der sich in seiner Gesamtheit auf neuen Sinn ausrichten und leben lernen muss. Wert ist immer Bezogensein auf etwas hin, das mehr und bedeutsam ist und den Einzelnen in seiner Gesamtheit aufwertet. Darum ist Wert, wie der Psychotherapeut Viktor Frankl aufzeigte, immer verbunden mit der Frage nach Sinn. Frankl konnte belegen, dass Menschen, die den Willen zu leben aufgaben, weil sie den Glauben verloren hatten, dass ihr Leben überhaupt einen Sinn hat, viel eher an Krankheiten sterben. Auch Etty Hillesum, die schließlich in Auschwitz durch Gas umgebracht wurde, machte ähnliche Erfahrungen; statt die Umstände oder sich selbst als schlecht zurückzuweisen, lebte sie in den verschiedenen Lagern ein dennoch erfülltes Leben. So schrieb sie den Satz: „Jede Situation, so elend sie auch sei, ist etwas Absolutes und hat das Gute und das Schlechte in sich eingeschlossen."[24]

Erst wenn Menschen fühlen, was in ihnen vorgeht und in welchem größeren Sinnzusammenhang dies zu verstehen ist, können sie abgewehrte Ängste und Aggressionen annehmen lernen. Das Spannungsvolle menschlicher Existenz liegt gerade darin, dass er sich entwickelt und verwirklicht in dem Maß, als er Werte anerkennt und sich aneignet, also sich einem Sinn öffnet, der größer ist als er selbst. Das kann ein Segen sein: Bindung an Höheres, Loyalität mit anderen, Einsatz für andere.

---

[24] Hillesum, E., Das denkende Herz. Die Tagebücher von Etty Hillesum 1941–43, Hamburg 1985.

Die richtige Haltung einnehmen

Eine Klientin schrieb mir: „Ich habe festgestellt, dass es möglich ist, einfach dazusitzen, mich lediglich zu spüren, ohne etwas zu tun oder zu denken, und jede Sekunde davon zu genießen."

Den meisten Menschen ist nur wenig darüber beigebracht worden, wie sie das stärkste Werkzeug, das sie besitzen, nutzen können – Selbstbeachtung. Dies bedeutet keineswegs, sich ständig intellektuell zu erforschen, es bedeutet vielmehr die unmittelbare Aufmerksamkeit auf die eigene Präsenz. Wann immer wir achtsam präsent sind – ganz gleich, was wir gerade tun –, erfahren wir uns selbst. Jeder kennt solche Momente der Hingabe, die auf ganz natürliche Art und Weise entstehen, wenn unsere Gedanken zur Ruhe kommen, beim Erwachen aus tiefem Schlaf, bei einer Tasse Tee, beim Sonnenbaden, auf einem Spaziergang, beim Klavierspielen. Wenn wir ruhig werden und von den äußeren Notwendigkeiten nach innen gelenkt sind, sind wir dort, wo wir hingehören – in unserer Mitte. Vergangenheit und Zukunft werden unbedeutend, nur die unmittelbare Verbindung zur Gegenwart existiert. Ein Zustand, der auf ganz natürliche Weise geschehen kann beim Geschirrspülen, beim Autofahren, beim Malen, beim Sonnenuntergang oder bei der Gartenarbeit.

Die Kunst der Selbstbeachtung lässt sich in drei Schritten charakterisieren: sich achtungsvoll zuhören; offen sein für die Gefühle, die auftauchen; sich selbst trösten. Auch wenn niemand da ist, kann man das für sich selbst tun. Manchmal genügen ein paar tiefe Seufzer, die die inneren Anspannungen auflösen und den Strom der Gefühle öffnen. Von Eileen Caddy, einer Mitbegründerin der Findhorn Community in Nordschottland, stammt folgendes treffendes Bild: „Wenn ein Instrument verstimmt ist, muss man sich die Zeit nehmen, es wieder zu stimmen. Wenn Sie verstimmt sind, dann müssen Sie die Zeit nehmen, sich wieder zu stimmen."[25] Eine der

---

[25] Caddy, E., Footprints on the past. Forres 1976, S. 26.

vielen Möglichkeiten, sich beim Stimmen zu helfen und den Verstand zur Ruhe kommen zu lassen, ist die Meditation. Meditieren zu lernen ist für viele nicht ganz einfach, weil ihr Interesse vor allem der Außenwelt gilt. Doch diejenigen, die die Konzentration aufbringen, regelmäßig und über längere Zeit hinweg zu meditieren, berichten über tiefgehende Erfahrungen innerer Wandlung, vertiefter Gelassenheit, Klarheit und Einfühlungsvermögen. Eine verbreitete Methode besteht darin, sich auf die eigene Atmung zu konzentrieren. Andere finden es wieder leichter, sich auf ein Objekt auszurichten – eine Kerze, einen Stein oder eine Blume. Oder sie versuchen beim Ausatmen ein einfaches Wort aus ihrer religiösen Tradition zu wiederholen – wie beispielsweise Kyrie eleison. Die faszinierende Wirkung der Meditation ist, dass sie die Aufmerksamkeit erweitert. Je mehr man seine Aufmerksamkeit auf einen bestimmten Punkt zusammenzieht, desto mehr erweitert sich spontan die Wahrnehmung. Ich beobachte dieses Phänomen auch, wenn ich Frauen Stickarbeiten verrichten sehe: sie entscheiden sich freiwillig, ihre Aufmerksamkeit darauf einzuengen, stundenlang feine Nadelstiche zu machen. Warum? Weil sie sich besser fühlen bei dieser Art von Meditation, in der sie ihren Aufmerksamkeitsfokus in einem solchen Maß schrumpfen lassen, dass sie in einen anderen erweiterten Bewusstseinszustand gelangen.

Sich selbst zu beachten ist für viele zunächst nicht einfach, aber mit etwas Ausdauer und Disziplin wird es von Mal zu Mal leichter. Ein Nebeneffekt besteht darin, dass Stress vermindert wird und der Kampf-Flucht-Mechanismus gedämpft oder ausgeschaltet werden kann. Diese positiven physiologischen Nebenwirkungen sind für viele der Einstieg in Meditationspraktiken, um dann weiter die Erfahrung der Selbstbeachtung fortzusetzen und die Vorzüge wachsender Selbstachtung zu genießen.

Eine andere heilsame Methode ist die Selbstbeachtung mit Hilfe von Träumen. Um sich dieser Methode zu bedienen, bringen Sie einen Traum zu Papier, an den Sie sich besonders gut erinnern. Am besten in der Gegenwartsform, als würde er sich jetzt ereignen. Auf diese Weise können Sie den Traum noch einmal nacherleben. Der nächste Schritt besteht darin, dass Sie sich mit jedem Teil des Traumes so identifizieren, als wäre er ein Teil von Ihnen. Wenn Sie sich diesen Teilen Ihrer selbst stellen und sich mit ihnen anfreunden, werden Sie merken, dass sich die Energien, die in abgelehnten Teilen gebunden waren, frei werden. Sie werden sehen, um wie viel größer Ihre Ressourcen sind, als Sie bisher angenommen haben.

Ich persönlich halte das kraftintensive Laufen ebenfalls für eine heilsame Art der Selbstbeachtung. Von den körperlichen Wohltaten dieser einfachen Methode ist inzwischen genügend bekannt. Laufen ist aber nicht nur für den Körper wohltuend, es steigert auch die Selbstachtung. Was immer hilft, „ja" zu uns und unserem Körper zu sagen, trägt auch zur Selbstbeachtung bei. Mattheus Fox bezeichnet dieses Erwachen als „sinnliche Spiritualität". Unser Gefühl von uns selbst steht dann auf festeren Beinen, wir haben mehr Selbstvertrauen und mehr Bezug zu dem, was es heißt: sich selbst pflegen. Eine kalifornische Studie ergab sogar, dass Menschen, die regelmäßig laufen, weit über dem Durchschnittswert ihrer nichtlaufenden Altersgenossen öfter lieben. Der einfache Schluss daraus: weil sie über mehr Selbstachtung verfügen. Um mit dem Körpertherapeuten Albert Lowen zu sprechen: Wir können unseren „verlassenen Körper mit der Inbrunst eines verirrten Kindes zurückbekommen, das seine liebende Mutter wiederfindet"[26].

Die meisten Menschen haben in ihren Hausapotheken genügend Mittel für die kleineren Unpässlichkeiten oder Notfälle. Genauso könnte man sich auch eine seelische Hausapotheke zulegen für Zeiten, in denen die Selbstachtung der Pflege bedarf. Sei es, weil zu wenig Beachtung von außen zufließt; sei es, weil wir uns besonders viel für andere eingesetzt und uns dabei vielleicht verausgabt haben. Oder auch, wenn wir uns verletzt, enttäuscht oder einsam fühlen und kein anderer da ist, der uns etwas zugute kommen lässt. Hier ein paar Hilfsmittel, die dazu beitragen, sich selbst wieder näher zu kommen, und sich daran zu erinnern, dass man sich auch ein wenig „Beachtungsvorrat" anlegen kann:

---

[26] Lowen, A., Betrayal of the body. New York 1969, S. 231.

Ein Notizblock, in den man sich alles von der Seele schreibt, was einen momentan beschäftigt. Gedanken, Träume, Sehnsüchte, Ideen. Oder man schreibt Briefe, die nicht abgeschickt werden.

Einen Baum in Ihrer Umgebung besuchen, der Sie anzieht. Lehnen Sie sich an den Baum und lassen Sie Ihre Gedanken schweifen. Stellen Sie sich vor, wie Sie zu diesem Baum eine innere Verbindung aufnehmen, und erzählen Sie ihm alles, was Ihnen auf der Seele liegt. Vielleicht mögen Sie ihn auch umarmen und seine Wärme spüren und in sich aufnehmen.

Eine CD oder Kassette mit Musik, die Sie lieben. Geben Sie sich ganz der Musik hin, selbst wenn dabei starke Gefühle hochgeschwemmt werden. Das entlastet und hat reinigende Wirkung.

Ein Malblock. Vielleicht mögen Sie Ihre momentane Stimmung in Farben und Formen ausdrücken. Die künstlerische Qualität des Bildes ist unwichtig, was zählt, ist der Fluss Ihrer spontanen Eingebungen.

Lächeln Sie sich selbst zu. Es gibt kein besseres Mittel gegen vergiftete Gedanken als ein nach innen gerichtetes Lächeln. Selbst wenn Ihnen nicht danach ist, verziehen Sie Ihren Mund zu einem Lächeln, das nur Ihnen gilt. Das ist ein wunderbares, einfaches Mittel, das die eigenen Vorzüge unvermerkt wieder an ihren Platz rückt.

Und wenn alles nichts hilft, gibt es immer noch die gute, alte Wärmflasche, mit der Sie sich ins Bett zurückziehen und ein bisschen Wärme und Geborgenheit tanken. Vor allem wenn es draußen kalt ist und keine warmen Füße eines anderen Menschen da sind, an denen man sich aufwärmen kann.

Nicht gesehen werden

Sandra, eine begabte Kunststudentin, wollte ihr Glück in der gro-
ßen Welt der kreativen Medien versuchen. Sie musste erkennen,
dass die Welt vor allem denen offen stand, die ihre Ellenbogen
benutzten oder überangepasst waren. Es war ein großer Schock
für sie, dass ihre Begabung nicht für sich sprach und genügte, um
Beachtung und Erfolg anzuziehen. Ihr Strom an Kreativität ver-
siegte, ihre Welt schrumpfte immer mehr – sie konnte sich nicht an
die gängigen Methoden des Erfolgs anpassen, man schnitt sie,
allenfalls lächelte man über sie – bis sie eines Tages nur noch im
Bett blieb. Und nicht einmal das wurde registriert.

Nichtbeachtung ist Bestandteil unseres Alltags. Jeder kennt sie:
das Kind, das auf sein Zimmer geschickt wird; der Jugendliche, der
aus der Schulklasse ausgeschlossen wird; der Single, den niemand
beachtet; der Arbeitslose, der nicht dazugehört; der alte oder be-
hinderte Mensch, den man ins Heim abschiebt, und das Paar, das
sich nichts mehr zu sagen hat. Allen Beispielen gemeinsam ist die
Erfahrung des Getrenntseins von anderen und von Sinnbezügen.
Sie treiben den einzelnen Menschen auf sich selbst zurück. Dieses
Bewusstsein eines als schmerzlich empfundenen Abstands und
das damit einhergehende Verlangen nach Verbundensein löst quä-
lende Gefühle aus. Immer läuft es darauf hinaus, dass man auch
seinen inneren Ort verliert. Man fühlt sich ungeliebt, nutzlos, überflüssig, wertlos. „Man fühlt sich eingeschlossen in sich selbst", beschrieb eine junge Studentin diesen bedrückenden Zustand.

Man kann Menschen durch verweigerte Beachtung „wund-
schweigen" oder „kaputtschweigen" und sie an sich selbst zweifeln
lassen, bis sie schließlich in einem resonanzlosen Raum landen und
sich auch dementsprechend verhalten. Menschen legen und na-
geln einander auf negative Eigenschaften fest, und je länger sie es
tun, desto größer die Gefahr, dass die Betroffenen auch selbst an
die Richtigkeit des Urteils der anderen glauben und ihre Zuschrei-

bungen übernehmen. „Ich kam einfach nie an … egal was ich machte. Mit der Zeit hatte ich selbst das Gefühl, ich sei nicht richtig, nicht wie die anderen." Dieses junge Mädchen, das sich durch Nichtbeachtung und Ablehnung geächtet fühlte, spricht für viele, die mitunter ein Leben lang damit beschäftigt sind, durch manchmal merkwürdige oder abstruse Machenschaften ein wenig an Beachtung zu erringen. Wer ohne Beachtung lebt, ist in seiner Spontaneität und in seinem Ausdruck oft derart behindert, dass er sich nicht zutraut, seinen ihm zustehenden Platz in der Welt und unter den Menschen einzunehmen.

Negative Zuschreibungen wirken wie sich selbst erfüllende Prophezeiungen. Man wird zu dem, was andere Menschen in einen hineinsehen und auf einen projizieren. Auf uns wirkt alles, was und wie andere uns wahrnehmen, ob sie uns mögen oder ablehnen, ob sie uns anziehend oder abstoßend finden, ob sie uns als vital oder schwach empfinden. Besonders gravierend aber wirkt die Nichtbeachtung. An ihr können Menschen verzweifeln, zugrunde gehen oder sich zu „Monstern" entwickeln. „Ich fühle mich wie ein Nichts, aber das ginge ja noch. Ich bin noch viel schlimmer, ein Fußabstreifer, an dem man sich den Dreck abputzt", so fühlte sich eine Frau, die bereits von klein auf die verächtliche Haltung ihrer Eltern in sich aufgesogen hatte.

Eine der am stärksten ernst zu nehmenden Folgen von Nichtbeachtung sehe ich in einem Phänomen, das seit einigen Jahren verstärkt auftritt und beängstigende Dimensionen angenommen hat: Gewalt- und Hassausbrüche, die nun auch vor Schulen nicht mehr Halt machen. Sei es, indem man einer fundamental empfundenen Beachtungslosigkeit durch Gewalttaten zu entkommen versucht, sei es, indem man aus Langeweile, Bindungslosigkeit oder Gleichgültigkeit gewaltsam wird und seinen Lebenswillen zeigt, indem man seine zerstörerische Energie demonstriert. Ein 9-jähriger Schüler antwortete mir einmal auf die Frage, was er denn einmal beruflich machen wolle: „Ich will einmal Mörder werden." Heute ist er ein guter Rechtsanwalt geworden, weil er genügend gute Beistände fand, die ihm Ermutigung und Werte vermittelt haben, so dass er sich auf die Seite der Verteidigung von Werten schlagen konnte.

Menschen, die sich zu lange und chronisch nicht beachtet oder verachtet fühlen, können grausame Gewalt entwickeln. Dabei handelt es sich oft um ungezielte, gegenstandslose Aggression, die als Motiv womöglich das Verlangen nach exzessiver Besonderheit hat. Wenn das Maß übervoll ist, kann diese Gewaltbereitschaft unvermittelt und eruptiv ausbrechen, sozusagen als Kompensation, weil diese Menschen zu viel angestaute Gleichgültigkeit oder Herzlosigkeit in sich tragen. Sie agieren dann ihre Wut blind aus. „Als mein Mann fast nur noch schwieg und mich wie schlechte Luft behandelte, bin ich fast wahnsinnig geworden. Ich habe seine kostbaren Gläser zertrümmert und merkte gar nicht, wie mir das Blut aus den Fingern rann ... ich war wie von Sinnen und wollte ihn nur noch erschlagen, einfach weil ich ihn dazu bringen musste, dass er endlich mal wieder mit mir spricht", so der Kommentar einer Psychologin.

Aus Nichtbeachtung kann selbstherrliche Gewalt entspringen, der außer sich selbst alles bedeutungslos wird, selbst der Schmerz. Als Ausgleich einer nicht beachteten Existenz wird der große Schock gesucht. „Wenn ihr mich schon nicht beachtet, dann ist mir auch alles egal", so könnte ein Motiv lauten. Oder ein anderes: „Ich will nicht so ein kleiner, unbedeutender Gangster sein. Ich will in der Zeitung stehen als Krimineller von Rang und Namen. Meinetwegen gehe ich danach ins Gefängnis, aber erst mal kommt der große Kick." Dabei geht es nicht nur um Machtdemonstration eines Missachteten, es geht auch um eine demonstrative Aktion mit dem Ziel, endlich einmal beachtet zu werden. Wer sich nicht einbringen kann, nirgends dazugehört und nicht beachtet wird, sucht oft die Identifikation mit dem Verächtlichen. Oft brüsten sich solche Menschen mit einem unglaublichen Ausmaß an Hinterlist, Gemeinheit und Grausamkeit. Wem der Zugang zur mitmenschlichen Beachtung versperrt ist, sucht ihn über den Gegenpol, die Verachtung. Der Verachtung gilt das Gegenüber als minderwertig, wenn nicht gar als Unmensch, für den menschliche Werte nicht gelten.

Menschen, die unter extremer Nichtbeachtung gelitten haben, neigen dazu, sich selbst zu schaden. Als Partner, Kollegen oder Freunde sind sie oft schwer zu ertragen, weil sie sich entweder völlig entziehen oder aktiv ihr Defizit ausagieren, indem sie in zwanghafte Selbstdarstellung und Bestätigungssucht verfallen. Das sind oft Menschen, die jedes Gespräch an sich reißen, die alles besser wissen oder können, die fanatisch Recht haben müssen und nur das gelten lassen, was sie vertreten. Sie benützen jede Situation, um sich einzubringen, um ihre Bedeutung und ihre Verdienste zu unterstreichen und ihre Zuständigkeit zu demonstrieren. Neben ihnen finden andere nur wenig Raum. Es ist ihnen nicht möglich zu sehen, was andere zuwege bringen, geschweige denn Beachtung oder Anerkennung zu schenken für das, was anderen gelingt. Ihr Motto lautet: Endlich kann ich mich einbringen und dem Leben meinen Stempel aufdrücken. Solche Menschen haben es schwer, gemocht zu werden, allenfalls schenkt man ihnen Mitleid, aber meistens werden sie instinktiv abgelehnt, weil sie in ihrem zwischenmenschlichen Verhalten beeinträchtigt sind. Wer die Welt nur als Bühne betrachtet, um sich selbst darzustellen, entfremdet sich zunehmend von sich selbst und anderen Menschen. Er schneidet sich damit ab von den Quellen, die wir alle brauchen: Beachtung und Anerkennung.

Sabrina – von der Leidenschaft, beachtet zu werden

Ich lasse diese Geschichte von „Sabrina" für sich selbst sprechen. Um die Anonymität der Person zu wahren, habe ich sie in Teilen abgeändert.

Sabrina war getrieben vom Bedürfnis, etwas Besonderes zu sein. Sie wollte, dass die Welt ihr zu Füßen liegt, dafür waren ihr alle Mittel recht. Aber eigentlich war sie voller Misstrauen gegenüber dieser Welt, in der sie lebte. Schon früh musste sie Verlust und Schrecken ins Auge blicken – ihre Mutter wurde schwer krank und übergab sie der Großmutter. Diesen Bruch konnte sie nicht verarbeiten. Ihre bis dahin heile Welt bekam einen tiefen Sprung. Ihr Gefühl, dass sie je willkommen, geborgen und bewahrt sein könnte, verflüchtigte sich schlagartig. Die Welt wurde ein kalter, unberechenbarer Ort ohne jegliches Empfinden, ohne Sicherheit und Vertrauen. Sie lernte jedoch rasch, wie man sich interessant, auffallend, nützlich und unentbehrlich macht. Die Großmutter verwöhnte dieses robuste, clevere Mädchen über alle Maßen und zeigte ihr auf diese Weise, dass es tatsächlich jemanden gab, der ihr alle Wünsche von den Augen ablesen und erfüllen konnte. Plötzlich lebte sie in einer sehr befriedigenden Welt. Für sie gab es keine Regeln, keine Grenzen, keine Loyalitäten; was sie wollte, das bekam sie auch. Es war nur eine Frage der Zeit. Sie lernte gut zu beobachten und Informationen zusammenzutragen, bei anderen Menschen Schwachpunkte auszumachen. Ihr Rezept war einfach: sich nützlich machen, sich Wissen verschaffen, auf den richtigen Moment lauern und zuschlagen. In der Schule hieß es: Was Sabrina will, das bekommt Sabrina.

Ihr Vater konnte nicht bei ihr bleiben. Sie war kaum fünf Jahre alt, als sie ihn an eine neue Frau verlor, mit der er ein neues Leben aufbaute, in dem sie keinen Platz mehr fand. So wandte sich Sabrina im Laufe der Zeit ihrem Bruder zu, den sie heiß bewunderte und verehrte. Für ihn tat sie auch später als Erwachsene alles. Täglich rief sie ihn an, gab ihm Geschenke und verwöhnte ihn. Ihre Kontaktversuche blieben aber ohne Resonanz. Er war zu sehr mit seiner eigenen Karriere und seinem Schmerz über eine gescheiterte Liebesbeziehung beschäftigt. Sabrina vertraute nur noch auf sich selbst, kein Mann war für sie da, dem sie vertrauen konnte. Sie wollte es der Welt zeigen. Sie würde allen zeigen, dass sie nicht zu den Schwachen, sondern zu den Siegern gehörte. „Gut ist, was stark macht, und wenn ich dabei vor die Hunde gehe", das war ihre Lebensdevise. Sie begrub ihre Einsamkeit, ihren Schmerz. Auf keinen Fall wollte sie als Verliererin dastehen. Ein schlimmes Ereignis nach dem anderen folgte, sie verlor ihre Arbeitsstelle, machte immense Schulden und suchte nach jeglicher Art von Ersatz, der ihr half, ihre Gefühle, Empfindungen und Bedürfnisse wegzudrücken. In der Folge entwickelte sie geradezu emotionale Telepathie in der Wahrnehmung dessen, was anderen Eindruck machte und imponierte. Schwierig wurde es für sie nur, wenn andere auf ihre Hilfsangebote verzichteten. Niederlagen oder Abweisungen passten nicht in ihren Plan. Diese Herausforderungen reizten sie. Mit unglaublicher Energie und Zeitaufwand schmiedete sie Rachepläne, verdrehte Wahrheiten zu Lügen, die dazu dienten, jeden, der sich wagte, sich ihr zu entziehen oder ihr die Stirn zu bieten, zum Schweigen zu bringen.

Dann traf sie einen Mann, der ihr das sichere Gefühl gab, eine neue Heimat gefunden zu haben. Er bedeutete ihr alles. Plötzlich war sie die „Königin" seines Herzens. Sie hatte mehr als nur einen Vater, einen Bruder, einen Freund, sie hatte endlich all die Beachtung, nach der sie so lange gehungert hatte. Sie tat alles für ihn, er war der ideale Mann für sie. Auf Verletzungen reagierte sie mit heftiger Wut und der Drohung, ihn zu verlassen. Dennoch war sie bald wieder unzufrieden. Langsam begann der Teufelskreis sich wieder zu drehen. Laute Feste wurden veranstaltet, Reisen in exotische Länder, ausgefallene Kleider und Schönheitsfarmen sollten das perfekte Bild des Wohlbefindens nach außen wenigstens aufrechterhalten. Aber alle Anstrengungen blieben so merkwürdig folgenlos. Der Zuneigung ihres Partners konnte sie schon lange nicht mehr vertrauen. Immer mehr bröckelte das Bild, das sie sich von ihrem „Retter" phantasiert hatte. Sie beschuldigte ihn, stürzte ihn regelrecht vom Thron und unterhöhlte seine Selbstachtung zunächst indirekt und dann zunehmend bissiger, bis er schließlich an sich selbst zweifelte.

Als er sich wenig später in eine andere Frau verliebte, stürzte ihre Welt zusammen. Triumphierend übergab sie ihn ihrer Nachfolgerin, mit der sie sich im Handumdrehen anfreundete. Das war ihre Chance, einer Niederlage zu entgehen. Mit wahrer Entschlossenheit hielt sie ihre Gefühle unter Verschluss. Als sie endgültig erkannte, dass ihr Mann nicht mehr zurückkehren wollte, reagierte sie jedoch mit eiserner Härte, uferlosen Entwertungen und vernichtenden Feldzügen, die sich nicht nur auf ihn, sondern auch auf ihr vertrautes, sie bisher tragendes Beziehungsumfeld bezog. Sie wurde zum gefürchteten „Racheengel" und verfolgte mit wahrer Inbrunst all diejenigen, die ihr bis dahin nahe und hilfreich waren. Sie hatte nur noch ein Ziel: ihm nachhaltig zu schaden und seine Existenz zu vernichten. Sie fand großen Geschmack an der öffentlichen Beachtung, die sie durch ihre Anklage gewann. Doch die Genugtuung, seine wirtschaftliche Existenz gefährdet zu haben, brachte nicht die ersehnte Befriedigung. Sie taumelte und versuchte sich krampfhaft auf den Beinen zu halten, denn niemand sollte auch nur ahnen, dass sie verwundbar sei. Schließlich fühlte sie sich auch so, wie sie sich fühlen wollte. Sie zog in eine andere Stadt, suchte sich eine neue Arbeitsstelle. „Euch zeige ich es", das war die Devise. Aber sie hatte sich nicht mehr so gut im Griff. Ihre Rüstung bekam immer mehr Risse und Schrammen, aber sie fand immer jemanden, der schuld daran war. Auf wen konnte sie noch zählen? Welche Spuren hinterließ sie? Schulden, Scherben, Schicksale. Ihre Großmutter war alt und müde geworden, ihre Freunde wandten sich ab. Alles wurde anders, sie fühlte sich zu Fall gebracht, aber ihr Leitmotiv blieb: unstillbarer Hunger nach Beachtung.

Kommentar

Solche Fixierungen an das Trauma des Verlassenwerdens hängen meist damit zusammen, dass die Betroffenen einer teils traumatischen und teils überverwöhnenden familiären Situation ausgesetzt waren. Die wiederholte Aktualisierung des Traumas könnte dadurch entstehen, dass der Bruch zwischen übermäßiger Beachtung und abrupter Versagung nicht verarbeitet werden konnte. Das betrifft vor allem die vielen bereits früh vernachlässigten, wenig beachteten Kinder, die bei weitem keine solchen schwerwiegenden Folgen zeigen, die manchmal sogar förmlich aufleben, wenn sie in ein neues Umfeld „umgetopft" werden. Im Gegensatz dazu zeigen Kinder, die gut behandelt und versorgt waren, häufig starke traumatische Folgen bei plötzlichen Versagungen.

Sabrinas Geschichte einzuschätzen ist nicht einfach, zumal sie sich nicht durch eine Reihe analytisch korrekter Einsichten „reparieren" lässt. Wer mit solchen Traumata zu tun hat, gerät immer in komplexes Gebiet und wünscht sich Wegweiser und handfeste Ratschläge. Das fängt schon früh an, soll man seinem schreienden Kind Beachtung schenken, oder soll man es einfach schreien lassen? Soll man den Wünschen seiner pubertären Tochter nachgeben oder lieber Versagung auferlegen, um später die Befriedigung zu stabilisieren? Es gibt keine einfachen Rezepte, sondern alles muss im konkreten Umgang immer wieder neu ausgehandelt werden.

Obwohl ich mich auf die psychologischen Aspekte von Sabrinas Geschichte konzentrieren möchte, beeinflussen einige gesellschaftliche Faktoren ihr Syndrom. Man kann Sabrina geradezu als eine Chiffre der Persönlichkeitsentwicklung sehen, die sich heute als gesellschaftliche Struktur immer mehr zuspitzt. Zum einen die wachsenden Ansprüche an Beachtung, der gesteigerte Appetit und die unstillbaren Wünsche, etwas Besonderes zu sein und dafür auch mühelos und unmittelbar Bestätigung zu erhalten. In früheren Zeiten, in denen die visuelle Kommunikation noch kein zentrales Vehikel war, waren solche Phantasien undenkbar. Diese Sehnsucht führt dazu, dass narzisstische Strukturen entstehen, durch die Menschen immer unersättlicher und neidischer werden oder sich gegenüber anderen benachteiligt fühlen und dann zu aggressiven und destruktiven Reaktionen neigen. Das erklärt auch die Zunahme an Rachsüchtigkeit, die aus der Enttäuschung konsumgeprägter Bedürfnisse nach „gerechter", verdienter Beachtung entsteht. Heute verteidigt man nicht mehr einen etablierten Ehrbegriff, sondern man greift nach allem, was sich der unmittelbaren, schnellen Wunscherfüllung bietet, ohne Rücksicht auf die möglicherweise fatalen Folgen.

Psychologisch ist aber noch weiter zu fragen. Warum schwankten Sabrinas Gefühle derart extrem zwischen Idealisierung und Verachtung? Warum gelingt es ihr nicht, das Scheitern ihrer Ehe als schlechte Erfahrung zu akzeptieren und zu erkennen, dass sie weitergehen muss? Das hat zunächst einmal mit der Idealisierung ihrer Beziehungen zu tun. Solange jemand derart idealisiert und sich über-gefügig auf andere Menschen einstellen kann, ist er auch gefährdet im Moment des Scheiterns. Dann zerbricht jeder Kontakt, weil das idealisierte Bild zerbrochen ist. Da sie sich bewusst nur strahlend und hilfsbereit zu anderen einstellen konnte, gerade deswegen musste sie auch undifferenzierte, primitive Wut in sich ansammeln. Hier kommt das Fehlen der Mutter mit ins Spiel. Sie konnte sich nicht mit ihr identifizieren und nicht lernen, mit ihren aggressiven Regungen umzugehen und sie zu integrieren. Weil ihr die Stabilität einer tragenden Mutterbeziehung und später auch der Vaterbeziehung fehlte, will sie selbst eine perfekte Liebende sein und wird dadurch aber unbewusst zum Gegenteil. Sabrina kennt nur ein Entweder-oder – sie muss ganz geliebt sein, oder sie ist verlassen und verachtet. Um die eigenen Vernichtungsgefühle auszuhalten, muss sie selbst vernichten. Sabrina gelingt es nicht, gute und böse Anteile eines geliebten Menschen zu verbinden. So verliert sie, wenn sie liebt, jede Distanz, und wenn ihr die Beachtung entzogen wird, jede Möglichkeit einer Rückkehr zur Nähe. Sie kann weder in der Nähe ihre Distanzwünsche ausleben noch in der Distanz ihre Möglichkeiten, sich wieder anzunähern. Daher droht ihr immer wieder die vertraute Panik des verlassenen Kindes.

Die Frage bleibt, wie kann sich ein Mensch mit dieser spezifischen Problematik ändern? Wie könnte es gelingen, dass Sabrina ihre Seele wieder spüren lernt? Änderungen in diesem Bereich unterliegen allerdings nur zum Teil der Einsicht und dem Willen. Sie sind zu einem großen Teil abhängig von der stimulierenden und konstellierenden Wirkung vertrauenerweckender und lebenbejahender Neuerfahrungen, die ihrerseits von einer bestimmten Haltung getragen sein müssen, die wohl am ehesten im geschützten Rahmen therapeutischer Erfahrung zu finden sind. Wirkliches Interesse und echte Anteilnahme an ihrem Schicksal könnten Helfer sein, um zu verstehen, was ihr geschehen war. Vielleicht löst sich ihre Gefühlsbetäubung über diese Brücke, und es gelingt ihr so, die eigene Fähigkeit zu Mitgefühl und Anteilnahme zu entdecken.

Die andere Frage lautet: Wie begegnet man solchen charmanten „Sabrinas", die einerseits Opfer mangelnder Beachtung sind und nach Entschädigung verlangen und andererseits zu Tätern werden, die anderen das Leben zur Hölle machen? Weder die Bagatellisierung noch die Überhöhung seelischer Wunden helfen weiter. Es gibt Menschen, die solche Traumen bewältigen und in konstruktiver oder kreativer Weise umsetzen. Und es gibt andere, die diesen Weg nicht allein schaffen. Sie brauchen Hilfe von außen. Was aber alle Betroffenen brauchen, ist Zuwendung und Anteilnahme für Geschehenes, ohne die Möglichkeiten der Gegenwart zu vernachlässigen. Das bedeutet vor allem, sich bewusst machen, dass man mehr ist als die Summe seiner Verletzungen. Das heißt, den Kreislauf des Schmerzes unterbrechen, aufhören, andere zu Opfern zu machen, indem man sie verletzt, wie man selbst verletzt wurde. Es heißt: offen bleiben und nicht verhärten, um die Chancen und Herausforderungen, die das Hier und Heute bietet, wahrzunehmen. Und das heißt auch: ertragen und anerkennen, dass Beachtung, die wir im täglichen Leben finden, immer begrenzt, unsicher, unvollkommen, mitunter mühsam und an Bedingungen geknüpft sein wird. Es gehört zu unseren grundlegenden Eigenschaften, dass wir verwundbar sind, wenn wir zu wenig Beachtung erhalten. Aber wir besitzen auch wertvolle Helfer, die uns unterstützen, Begrenzungen zu ertragen: Humor, Kreativität, Selbsterziehung und die Besinnung darauf, wer wir sind und was wir haben.

Nicht übersehen werden

Eine Frau in einer Gruppe meinte: „Mir ist doch egal, wie ich aussehe!" Die Reaktion der anderen: „Aber wir müssen dich schließlich anschauen." Und ihr Nachbar, der sich als „beziehungsfaul" definierte, meinte: „Wenn ich nichts dafür tue, dann kann ich auch niemandem schaden."

Die gesellschaftliche, in Gruppen und Familien hineingetragene Abwertung von Beachtungsbedürfnissen macht es schwer, unbefangen und selbstsicher damit umzugehen. Ich denke an die vielen Verletzungen des Selbstgefühls, die entstehen, weil es immer wieder andere gibt, die sagen: „Du willst doch bloß im Mittelpunkt stehen", „Das tust du nur, um Aufmerksamkeit zu erregen", „Du gibst an", „Nimm dich doch nicht so wichtig", „Du willst doch nur, dass alle auf dich schauen", „Du übertreibst wieder mal", „Hör auf mit deinem Theater", „Das ist doch alles Show". Manche Menschen erleben den offenen Ausdruck von Beachtungswünschen grundsätzlich als abzuwehrenden, peinlichen oder ungerechtfertigten Anspruch. Solange Menschen ihre spontanen Bedürfnisse verleugnen und abwehren müssen, weil ihnen womöglich Bescheidenheit und Zurückhaltung anerzogen wurden, kann man mit solchen abwertenden Äußerungen rechnen. Eigene nicht eingestandene und deshalb verdeckt gehaltene Bedürfnisse nach Beachtung führen oft zu doppelbödigen, unklaren und schwer durchschaubaren zwischenmenschlichen Situationen. Da wird auf der einen Seite ein rechthaberisches Ideal aufgebaut „So was habe ich doch nicht nötig", „Ich erwarte nichts für mich". Andererseits werden andere abgewertet, um damit das eigene Selbst zu erhöhen. Die Weichen für solche indirekten Aggressionen werden schon früh gestellt. Gelingt es Eltern, sich ihre eigenen Bedürfnisse nach Bestätigung des Selbstgefühls einzugestehen und vorzuleben, dann erhalten Kinder jene Sicherheit, die sie brauchen, um ihre eigenen Beachtungswünsche wahrzunehmen und offen auszudrücken.

Jeder verfügt über eine Reihe von Eigenschaften, Fähigkeiten und Vorzügen, die er – bewusst oder auch unbewusst – beachtet und geschätzt wissen möchte. Wie gelingt es nun, sich auf direktem statt auf verdecktem Weg, Beachtung zu verschaffen? Ich habe dort nachgefragt, wo es noch unmittelbare und unbefangene Antworten gibt – bei den Kindern. Die Antworten waren aufschlussreich und berührend: Julia (7 Jahre): „Man muss geduldig sein und warten, damit man was kriegt, und man muss auch die anderen beachten." Inge (10 Jahre): „Wenn ich gute Noten heimbringe, dann krieg' ich immer was Besonderes – meistens was Süßes." Jan (6 Jahre): „Wenn ich meiner Mama beim Geschirr abtrocknen helfe oder beim Backen, dann liest sie mir manchmal eine Geschichte vor oder spielt mit mir." Jutta (9 Jahre): „Wenn mein Papa gerade beschäftigt ist, dann warte ich lieber und denke mir was aus. Wenn er wieder Zeit hat, dann machen wir meistens was zusammen. Ich bin froh, dass ich warten kann, denn danach macht es immer ganz viel Spaß." Uwe (6 Jahre): „Ich muss immer ‚bitte' sagen, dann kommen sie auch." Ingo (5 Jahre): „Dann spiel' ich ganz laute Musik." Ute (5 Jahre): „Manchmal kitzle ich die Mama oder ärgere sie, oder ich lauf' einfach weg, bis sie mich sucht." Eva (11 Jahre): „Wenn ich krank bin, dann krieg' ich eigentlich am meisten Beachtung."

Kinder wissen also schon früh, dass es verschiedene positive Wege gibt, um die nötige Beachtung zu erhalten, wie beispielsweise das Warten auf den rechten Moment, das Fragen und Bitten oder wenn man krank ist. Natürlich versuchen sie auch durch Drohungen, Provokation, Racheakte und Aggressionen, Beachtung zu erzwingen. Das ist nur allzu menschlich und verständlich. Aber spätestens als Erwachsene lernen die meisten, dass sich durch solche „harten Reaktionen" nichts Dauerhaftes erzwingen lässt. Beachtung ist nur auf dem Boden echter Wertschätzung möglich. Nie ist sie zu erringen durch Feindseligkeit, Verbitterung, Drohungen oder Ressentiments. Diese Haltungen schüren höchstens Abwehr oder Widerstand und vergrößern die Distanz, anstatt sie aufzuheben. Womöglich machen sie sogar die vielleicht vorhandene Bereitschaft zur Beachtung zunichte.

Der Wunsch nach Beachtung kann sich als eine lebenswichtige Kraft zum Guten oder zum Bösen erweisen. Das Gute wie das Böse und sämtliche Zwischenstufen hängen ab von der Richtung und vom Ziel, die sich jemand vorgenommen hat, um sich Beachtung zu verschaffen. Ob man sie erhält, liegt nicht immer in den eigenen Händen, aber man kann seine Richtung bestimmen oder eben dem Zufall überlassen. Wir alle brauchen helfende Hände und wachsame Augen, die uns motivieren, diese mächtige Antriebskraft auf sinnvolle und lebenbejahende Weise zu nutzen. Denn umgekehrt kann diese Triebkraft, ist sie auf positive, lebensfreundliche Ziele ausgerichtet, zu höchst beflügeltem Einsatz und großen Leistungen führen, die nicht nur dem Einzelnen, sondern auch der Gemeinschaft dienen. Sigmund Freud hat formuliert: „Wenn man der unbestrittene Liebling der Mutter gewesen ist, so behält man fürs Leben jenes Eroberungsgefühl, jene Zuversicht des Erfolges, welche nicht selten wirklich den Erfolg nach sich zieht."[27]

Wenn man nicht das Privileg hatte, uneingeschränkter Liebling der Mutter zu sein, so bleibt immer noch die einfachste und wirksamste Methode: Man bittet um Beachtung, weder unterwürfig noch überheblich, sondern ganz schlicht, einfach weil man Beachtung braucht. Die Art, wie man bittet, ist ebenso wichtig wie das, was man sich wünscht. Daher ist es von grundlegender Bedeutung, wie man fragt oder bittet, denn viele Anliegen werden allein wegen der Art, wie man sie vorbringt, verweigert. Die kürzeste und klarste Formel lautet: Nicht fordern! Nicht Druck ausüben oder verlangen! Fordern ist unproduktiv und erzeugt Gegendruck oder Widerstand. Wie wird die Frau wohl reagieren, deren Ehemann fordert: „Ich will, dass du mich umarmst. Und zwar sofort!" Man kann sich leicht vorstellen, dass die an sich lustvolle Sache von vornherein platzt. Oder: Ein Vater geht seine Kinder an und brüllt: „Keine Diskussion, ich fordere, dass ihr mir zuhört." Erfolgversprechender ist es, um etwas zu bitten. Das hat oft eine magische Wirkung. „Bitte hör mir zu! Ich möchte dir etwas mitteilen, was ich schon lange mit

---

[27] Eine Kindheitserinnerung aus „Dichtung und Wahrheit", G. W., Bd. XII, S. 26.

mir herumtrage." Oder: „Bitte schau mich an!" Oder: „Bitte unterstütze mich, ich fühle mich so kraftlos!" Oder: „Gib mir deine Hand, ich möchte dich so gern nahe bei mir spüren!" Probieren Sie es aus, und achten Sie darauf, wieviel Sie nehmen können, ohne darüber nachzudenken oder in Gedanken abzuschweifen. Nicht jeder hat gleich viel Aufnahmevermögen. Mir scheint sogar, dass Menschen eher wenig Beachtung verkraften. Es geht also darum, die eigenen Grenzen der Beachtungskapazität wahrzunehmen und zu achten. Beachtung annehmen braucht wie jede Disziplin auch Übung. Der Psychotherapeut Wolf Büntig meinte in einer Diskussion: „Je kleiner der Magen, desto größer die Phantasie." Man kann also darauf gefasst sein, dass man eher wenig von dieser „Beachtungsnahrung" verdauen kann, wenn man sie nicht gewöhnt ist.

Es geht dabei mehr um die innere Haltung, mit der Menschen ein Geschick entwickeln können, um sich Beachtung zu verschaffen: Beachtung entsteht häufig als Nebenprodukt unserer Bemühungen und Aktivitäten und tritt dann meist auf, wenn wir es gar nicht erwarten. Zum Beispiel dann, wenn wir völlig aufgehen in einer Tätigkeit, sei das nun Kochen, Musizieren, Geschichten erzählen oder Unterrichten. Wenn wir in unserem Tun aufgehen und unsere eigenen Fähigkeiten ausschöpfen, dann erfüllt uns das mit Freude. Diese Freude wirkt magnetisch und löst auch bei anderen Beachtung oder Freude aus. Die Freude, die andere an uns haben, stimuliert auch uns selbst. Wesentlich dabei ist, dass wir dabei nicht nur an die großartigen Freuden denken, sondern einen Blick behalten für die vielen kleinen Freudennischen im Alltag, die vielleicht unscheinbar, aber eben doch nicht belanglos sind, denn sie tragen entscheidend dazu bei, dass wir uns ein „Beachtungspolster" zulegen.

Das Selbstgefühl, das wir erleben, wenn wir uns einer Sache wirklich hingeben, ist das Gefühl eines selbstverständlichen Selbstvertrauens. Dazu gehört auch, dass man sich beachtenswert fühlt, ohne dass man besonders bedeutsam sein muss. Es ist in solchen Situationen einfach selbstverständlich, man denkt gar nicht mehr darüber nach. Man muss sich nicht mehr Achtung verschaffen, man hat sie. Man kann sich den anderen und der Welt öffnen, weil man nichts mehr zu beweisen hat. Man braucht weder Kompensationen, Anstrengungen noch Größenphantasien.

Solche Gefühle kann man natürlich nicht festnageln oder horten. Der Schlüssel, der das Tor zum funktionierenden Beachtungsaustausch aufschließt, ist die Selbstachtung. Das heißt zunächst einmal ganz schlicht: den eigenen Wünschen, Gedanken, Gefühlen, Fähigkeiten und Rechten Ausdruck verleihen. Anders gesagt, wir müssen uns zeigen, und wir müssen uns schützen. Eine junge Frau, die gerade ihr Abitur machte, hat mich verblüfft: Eines Tages stand sie mit einem knallgelben Postauto vor meiner Praxis. „Bist du der Schule untreu geworden?" fragte ich sie, weil ich annahm, dass sie eine Stelle bei der Post angetreten hatte. „Nein, im Gegenteil, ich fahre seither viel lieber zur Schule, denn ich habe es satt, ewig die kleine graue Maus zu spielen. Ich habe mir dieses ausrangierte Postauto gekauft, weil ich endlich mal beachtet werden wollte. Und das klappt auch wirklich, plötzlich reden alle mit mir und wollen mitfahren. Keiner übersieht mich mehr – das tut unwahrscheinlich gut!"

Selbstachtung wird von drei Säulen getragen: von den gespeicherten Resten kindlicher Erfahrungen, der Erfüllbarkeit eigener Beachtungswünsche im Alltag und der Erwiderung solcher Wünsche durch andere. Natürlich gehört zur Selbstachtung auch, dass man sein Wort hält, Verantwortung für sein Tun übernimmt und seine Verpflichtungen erfüllt. Dies bildet die Basis für Selbstachtung. Aber darüber hinaus wollen wir uns auch von anderen unterscheiden und dadurch hervorheben. Wo liegen die eigenen Stärken und Vorzüge oder die kleinen Extras, die Aufmerksamkeit erwecken, weil sie uns unterscheiden und herausheben? Viele haben Hemmungen, positiv über sich zu reden oder sich selbst zu vertreten, so versäumen sie oft, die Beachtung zu erlangen, die ihnen zusteht. Eine Managerin mit vielen kreativen Ideen meinte: „Ich habe oft wirklich gute Ideen, aber dann komme ich mir wie eine Aufschneiderin vor; also schweige ich, und dann ärgere ich mich anschließend, weil die Männer in meiner Firma mir alles wegschnappen." Besonders Frauen neigen dazu, Werte wie Bescheidenheit, Zurückhaltung und Herunterspielen zu verinnerlichen und zu verteidigen, da dies zur weiblichen Rollenvorschrift gehört, während positive Selbstdarstellung oft als Angeberei oder Aufdringlichkeit gewertet wird. Sich Beachtung verschaffen, indem man sich in seinem Können und seinen Begabungen zeigt, ist jedoch legitim. Klare und positive Selbstdarstellung, wo sie möglich und gefragt ist, heißt: Sich-Mitteilen und dadurch Beachtung verschaffen. Dazu gehört auch, sich in Gruppen einzubringen. Mangelnde Teilnahme wird häufig als Desinteresse aufgefasst. Wenn wir uns nicht zeigen und anderen nicht mutig begegnen, wissen die anderen nicht, was wir wollen und erwarten. So ist es auch weniger wahrscheinlich, dass wir die Beachtung bekommen, die wir brauchen. Eine schüchterne Frau, die gerade eine neue Arbeitsstelle antreten sollte, nahm zuvor Unterricht bei einem Schauspieler: „Seit ich dort gelernt habe, den Mund aufzumachen, unterbricht man mich nicht mehr so oft. Ich fühle mich wohler, und ich glaube, die anderen haben auch mehr Respekt vor mir. Und noch etwas Wichtiges – ich kann jetzt besser flirten." Diese Frau erschien nicht nur selbstsicherer, sondern ist es auch. Wenn man in einem Lebensbereich etwas verändert, wirkt sich das immer auch günstig auf andere Bereiche aus, weil man merkt, dass man etwas bewirken kann. Vergleichbar ist das mit dem Domino-Effekt. Man gibt einem Stein einen kleinen Schubs, schon bewegen sich viele andere Steine. Mitunter sogar mehr, als man zu träumen wagt.

Krankheit – die Hoffnung, gehört zu werden

Zwei Arbeitskolleginnen unterhalten sich über eine dritte: „Die ist doch nur krank, weil sie mal wieder Mitleid braucht." – „Kriegt sie denn immer noch nicht genug Beachtung, sie jammert doch ständig über ihre diversen ‚Wehwehchen'?"

Der Psychotherapeut Wolf Büntig, der mit psychosomatischen Erkrankten arbeitet, stellt immer auch die Frage nach dem „Krankheitsgewinn": Wird jemand dadurch, dass er krank ist, mehr oder positiver beachtet? Es ist auffällig, dass die Beachtung im Zusammenhang mit der Krankheit einen hohen Stellenwert einnimmt. Manche Menschen erleben ihre Krankheit sogar als Chance, um sich aus der Identifikation mit den Vorstellungen anderer, durch die sie sich bislang Beachtung versprachen, zu lösen. Allerdings ist Vorsicht vor dem oben erwähnten Trugschluss geboten: „Die wird nur krank, weil . . ." Menschen werden nicht krank, um Beachtung zu bekommen oder zu erzwingen, sondern sie entwickeln ein Leiden oder werden krank, wenn ihnen vielleicht zu lange und zu anhaltend Beachtung gefehlt hat. So hat ja auch niemand Wadenkrämpfe, „um Magnesium zu bekommen", oder eine Grippe, „um Vitamin C zu bekommen". Solche Zuweisungen können aber dazu beitragen, dass die betroffen, tatsächlich kranken Menschen Schuld- und Versagensgefühle entwickeln.

Versteht man psychosomatische Krankheiten als körperlichen Ausdruck eines Beachtungsnotstandes, der bisher ignoriert oder vernachlässigt wurde, so lassen sich häufig Spuren auffinden, die mit krank machenden Beziehungsmustern zusammenhängen. So antwortete eine Patientin auf die Frage: „Warum trinken Sie so viel?" tieftraurig: „Weil man mich nicht lieben lässt." Wer solche Defizite betrauern kann, ist zumindest in der Lage, sein Bedauern anzumelden, und muss nicht mehr verleugnen oder abwehren. Ein nächster Schritt wäre dann, herauszufinden, wie und wo das eigene Beachtungswerben auf steinigen Boden fällt. Weshalb man sich vom Partner, von der Familie oder von den Freunden zu wenig genährt und getragen fühlt. Psychologisch müssen solche seelisch bedingten Krankheiten damit erklärt werden, dass das Unterbewusstsein eine tiefe Sehnsucht nach Aufmerksamkeit, Zuwendung und Mitgefühl zu erfüllen versucht. Der Betroffene realisiert aber zunächst nur die Symptome und erkennt nicht das darunter liegende Bedürfnis nach Beachtung. Insofern könnte man sogar fragen, ob nicht in jeder Krankheit so etwas wie eine „Binnengesundheit" (Hans Saner) steckt, die uns wieder sehend für das macht, was wir übersehen haben, und das, was wir oft so schmerzlich vermissen. Besonders eindrücklich habe ich eine meiner ersten Patientinnen in Erinnerung, die vor vielen Jahren, als die Essstörung Bulimie noch nicht so bekannt war, unter ihrem schrecklichen „Geheimnis" litt. Sie fühlte sich schuldig und wie ein „gieriges Monster", verzweifelt auf der Suche nach jemandem, der vielleicht ähnliche Probleme hätte, weil sie sich selbst und ihr Verhalten überhaupt nicht verstehen konnte. Eine grässliche Nacht, in der sie Blut spuckte, brachte sie zu mir. Sie hatte Angst zu sterben und wollte sich wenigstens einem Menschen mitteilen: „Ich fühle mich furchtbar allein. Da ist niemand, der mich kennt, der weiß, wer ich wirklich bin. Ich habe mir mein eigenes Grab selbst geschaufelt . . . nur weil ich so verdammt gut nach außen dastehen wollte." Wenig später lernte sie in meinem Wartezimmer eine andere Frau kennen. Als diese zu ihr sagte: „Sie wissen gar nicht, wie gut Sie mir tun!" löste sich etwas Unbeschreibliches in ihr. Sie wusste plötzlich, dass ihre Geschichte einen tiefen Sinn machte. Sie spürte: „Da gibt es noch Lebenskraft in mir, die für andere ein Segen sein kann." Ihre Entscheidung war gefallen: „Ich will leben. Und ich will alles einmal aussprechen und dann nie mehr darüber reden."

Sich aussprechen, etwas von der Seele reden, aufschreien, klagen, weinen sind zwingende seelische Bedürfnisse, die nach Beachtung rufen. Und es sind menschliche Bedürfnisse, schon die Psalmen der Bibel sind voll davon. Der Hilfeschrei aus der Tiefe ist der erste spontane Ruf nach Beachtung. Wer nach Hilfe ruft, erstarrt nicht und bleibt nicht einsam. Er hat die Angst für einen Moment gebannt und passives Erleiden verwandelt in ein geteiltes Leiden. Oft genügt die Beachtung, die man sich dadurch verschafft, dass man sich nicht mehr nur als Opfer sieht. „Wenigstens für eine Stunde bin ich wieder ins Leben gekommen", so drückte es eine Frau aus, die unter tiefer innerer Angst litt. Manchmal kann nur eine kurze Phase intensiver Beachtung wie eine Befreiung erlebt werden und die Wendung seelischer Konflikte bedeuten. Eine bemerkenswerte Erfahrung dazu teilte ich mit einer jungen Theologin. Als sie ihre Diagnose „Brustkrebs" erhielt, stürzte sie in grenzenlose Abgründe von Angst und Hoffnungslosigkeit. Sie begann, ihr Leben zu reflektieren und vor allem ihre Ehe, die sie als innerlich hohl, aber nach außen hin als gut funktionierend erlebte. Immer wieder gab es destruktive, demütigende Auseinandersetzungen, die aber stets damit endeten, dass er sie als die Schuldige und Aufsässige in Grund und Boden redete. Bis sie schließlich selbst daran glaubte, sie müsse sich nur mehr bemühen und toleranter sein. Eines Tages kamen sie zu zweit. Wir sprachen über ihre neue Situation, über Ängste und Bedürfnisse, die damit verknüpft waren, als er nach längerem Schweigen meinte: „Was soll sich schon groß ändern? Schließlich habe ich ja auch noch einen Beruf." Später erfuhr ich, dieser Moment war der Wendepunkt für sie. Schlagartig war ihr klar, sie würde ihn verlassen. Und sie spürte im gleichen Moment, dass sie auch die Kraft dafür hatte.

Eine anderes Beispiel, das ebenfalls deutlich macht, wie Krankheit zur Einsicht werden kann, verbinde ich mit einem Bäcker, bei dem Diabetes diagnostiziert wurde. Dieser politisch aktive, angesehene, gesellige Mann, der sich immer eher auf der Sonnenseite des Lebens wähnte, erkennt plötzlich kristallklar, dass es so etwas wie eine Ökologie der Beachtung gibt: „Wo sind bloß all die sogenannten ‚Freunde' geblieben, jetzt wo ich nicht mehr alles mitmachen und organisieren kann? Man kann sich eben nicht auf seinen Lorbeeren ausruhen, man kann sie nicht essen, und man kann sie auch nicht horten. Aber man bekommt immer so viel, wie man gerade braucht. Nicht mehr und nicht weniger. Und man bekommt es auch nicht im Voraus. Aber eben immer wieder. So wird man dankbarer und hat nicht mehr so viel Angst vor dem Älterwerden. Lust am Leben habe ich jetzt sogar mehr, weil ich weiß, dass alles – auch die Beachtung ein Geschenk auf Zeit ist. Allerdings – ein sehr zerbrechliches", meint er nachdenklich.

Krankheit kann also nur dann zu einer Lebenserfahrung werden, an der man nicht zerbricht, wenn man sich als der Mensch, der man ist, beachtet und bejaht weiß durch sich selbst und durch die anderen. Die Medizin und Therapie ist das eine, die engsten Wegbegleiter und Freunde das andere – und besonders in Zeiten der Krankheiten lebenswichtig. „Am schlimmsten waren für mich nicht die Schmerzen, sondern das Alleinsein im Schmerz", so kommentierte dies eine Betroffene. „Jemanden haben, dem ich noch etwas bedeute. Das war für mich das Entscheidende, das mir die Kraft gab, mich am Leben zu halten. Darüber reden, Tränen vergießen und gemeinsam lachen, das verdanke ich nur meinen Freunden", so die Erfahrung einer Schmerzpatientin.

Wie mit Krankheit umgehen? Achtung und Freundlichkeit scheinen wichtige Wegweiser zu sein. Appelle der Art: „Reiß dich zusammen! Da muss man durch! Andere haben es auch überstanden!" helfen genauso wenig wie Sätze: „Hab Sonne im Herzen, auch wenn es stürmt oder schneit". Aufforderungen an die Willenskraft erzeugen nicht nur Abwehr, sie kommen meist auch zu früh. Wesentlicher erscheint mir, dass man die Krise und die damit verbundene Ohnmacht erst einmal wahrnimmt, sie als persönliche Botschaft beachtet und erleidet, ohne sie gleich bewältigen oder lösen zu wollen. Weinen und Klagen, das ist zunächst einmal das Nächstliegende, um die eigene Not und Verzweiflung nach außen zu bringen. Erst dann kann sich die Seele öffnen, um ihrem Schmerz Ausdruck zu verschaffen. Dafür bietet sich für viele die Musik, das Malen oder das Tagebuchschreiben an. Über diese schöpferischen Tätigkeiten können Menschen ausdrücken, was sie tatsächlich fühlen. Aber die Beachtung durch einen nahestehenden Menschen und Begleiter können sie nicht ersetzen. Schöpferisches Tun bleibt eine Möglichkeit, der Erstarrung, der Verhärtung und dem Verstummen zu entgehen. Erst im Dialog, im intimen Gespräch kann ich direkt und leibhaftig erfahren, was es heißt, dass da ein Merken, Spüren und Empfinden ist. Es ist die Zuwendung der anderen Seele, die aus der Einsamkeit heraustreten lässt, die uns zu diesem kraftvollen, schöpferischen „Und dennoch" ermutigt. „Im Grunde hilft nur ein anderer Mensch", so lautet ein Vortrag, den Eugen Drewermann 1995 hielt. Ein Schriftsteller drückte es ähnlich aus: „Ich wundere mich immer wieder, wie wenig Menschen es braucht, um durchzustehen. Ganz ohne geht es nicht; und wenn es darauf ankam, waren fast immer welche da."

Für mich als Therapeutin bedeuten diese Aussagen auch, dass man sich als Helfer nicht verstecken darf hinter emotionaler Neutralität. Symptome und Leiden brauchen emotionale Anteilnahme, weil wir wissen, dass hinter schmerzenden Organen immer auch seelische Schmerzen stecken. Die ärztliche Sprache der Beachtung bedarf keiner Rhetorik und auch nicht der „Unkultur" überlegenen Schweigens oder kühler Abstinenz. Wer krank ist, muss fragen dürfen, um seine Existenz zu versichern und auch, um über sich selbst Sicherheit zu gewinnen. Woran man als Helfer immer anknüpfen kann, ist die Sehnsucht nach Bedeutung. Der Wunsch, sich bedeutsam zu fühlen, schlummert mitunter so tief, dass der Mensch von ihm bewusst nichts weiß und ihn nicht einmal bemerkt oder gar zugeben wird. Dennoch ist er vorhanden. Jeder, der Hilfe braucht, sei es nur für kurze Zeit, sollte ein Gefühl für die eigene Bedeutung bekommen. Worte und Gesten, die Heil stiften wollen, beginnen dort wirksam zu werden, wo sie den anderen als einen besonderen Menschen behandeln, der zählt und den man nicht übergehen oder übersehen darf.

Charme – persönlicher Zauber

„Ich musste einfach in ihrer Nähe sein. Von ihr ging so etwas Anziehendes aus, dass ich einfach immer hinschauen musste. Dabei hat sie gar nicht viel getan oder geredet – einfach ihre Präsenz hat genügt. Ich war wie verzaubert."

„Nicht was du sagst, sondern wie du es sagst, ist entscheidend", das hörte ich als Kind von meiner Mutter. Und heute, Jahre später, höre ich mich selbst die gleichen Sätze gegenüber anderen gebrauchen. Nicht was man tut, um Beachtung zu erlangen, sondern wie man es tut, ist ausschlaggebend. Das gilt nicht nur im Zwischenmenschlichen, sondern auch in Wirtschaft und Politik. Es gibt Menschen, die sich nur zu zeigen brauchen, schon fliegen ihnen die Herzen zu. Schon Kinder verfügen über jene Gabe, die sie im Kindergarten und in der Schule leicht von anderen unterscheiden lassen. Manchmal verliert sie sich im Laufe der Jahre. Charmante Kinder erfahren mehr Anteilnahme und Aufmerksamkeit als weniger charmante. Dem charmanten Kind wird leichter verziehen. Es kann mit mehr Beachtung rechnen. Und weil es mehr Zuwendung und Ermutigung erfährt, wird es auch selbstbewusster und sozial aktiver – und damit in den Augen der anderen noch anziehender.

Wie ist diese Gabe zu erklären? Schönheit? Nicht unbedingt. Figur? Mit der ist es oft nicht weit her. Stimme? Die muss nicht auffallend sein. Geld? Auch nicht Bedingung. Begabung? Die ist oft auch nicht überwältigend. Was also ist der Grund? Charme oder auch persönlicher Zauber ist eine schwer fassliche Eigenschaft. Muss sich mit dem Schicksal abfinden, wer ihn nicht hat? Kann man Charme erwerben oder antrainieren? „Wenn ich mit jemandem zusammen bin, und ich spüre, der ist so offen und leicht, da kommt was rüber. Da fühle ich mich einfach gut." Dieser Mann spricht also von dem gewissen Etwas, von jener unerklärlichen Anziehungskraft, die das Wesen eines Menschen durchflutet, die so weit gehen kann, dass sie selbst seine Eigenheiten oder Schwächen in faszinierende Qualitäten verwandelt. Solche Menschen können sich mitunter vieles erlauben, eigensinnig, kauzig oder komisch sein. Hauptsache, sie zeigen ihre Präsenz, die so viel ausstrahlt, dass man gern in ihrer Nähe ist. Sie können, ohne Umwege zu gehen, Widerstände auflösen, willfährig machen, weil sie die fundamentale Fähigkeit beherrschen, Gefolgschaft zu finden, Sympathie und Zustimmung zu mobilisieren.

Es ist eine geglückte Übereinstimmung zwischen dem, was jemand sagt oder tut, und seinem Wesen. Beides ist miteinander auf das engste verwachsen und wird von außen als Echtheit erlebt. Solche Menschen sind sehr bei sich selbst – sie sind authentisch. „Für mich sind sie wie schön gespielte Musik, wenn Instrument und Spieler eins sind", so erlebt es eine Cellistin.

Der Religionssoziologe Max Weber hat den verwandten Begriff „Charisma" geprägt. Er beschrieb damit die Fähigkeit, andere Menschen für sich einzunehmen, seine Meinung auf eine Gruppe, eine Partei, ein Unternehmen oder eine Gemeinde zu übertragen. Wenn jemand kraft seiner Persönlichkeit so überzeugt, dass der Inhalt hinter der Form zurücktritt, so liegt hier auch die Gefahr der Verführung. Nicht ohne Grund sagt man ja: „Der hat mich um den Finger gewickelt." Umso wichtiger ist es, dass solche begabten Menschen sich ihrer Fähigkeiten mit Bescheidenheit und Überlegung bedienen. Nichts ist trauriger als jemand, der dies nicht begreift und seinen Charme überstrapaziert oder ausbeutet und nur noch darauf aus ist, sich zur Schau zu stellen. Solche Menschen fallen oft ihrer eigenen Gier zum Opfer und machen ihren eigenen Charme zunichte.

Was ist mit den Menschen, denen jeglicher Charme abgeht? Irgendetwas an ihnen wirkt unsympathisch. Dabei sind sie oft viel wahrhaftiger, fleißiger oder begabter in ihrem Tun als andere, die es sich um so vieles leichter machen. Das hängt sicher mit Ursachen zusammen, die weit zurückliegen. Es sind oft Kinder, denen zu wenig „Glanz in den Augen der anderen" zuteil wurde, die niemand je wirklich lobte oder bewunderte, die deshalb wenig motiviert waren, ihre vorteilhaften Eigenschaften zu entwickeln. Manchmal sagen die Betroffenen sogar über sich selbst, sie seien eben Versager, Pechvögel, Langweiler, Angsthasen. In den Biographien solcher Menschen wird meistens eine Häufung von Selbstablehnung sichtbar: „Schon als Kind nannten sie mich ‚Trampel‘. Wenn die Geschwister ins Schwimmbad gingen, wollten sie mich nicht dabeihaben. Also fing ich an, mich sinnlos vollzustopfen, bergeweise Bonbons, Kekse – alles, was mir in die Hände kam. Ich wurde zu einem regelrechten fetten Monster. ‚Westwallbunker‘ nannten sie mich in der Schule. Irgendwann habe ich aufgehört, sie zu verdreschen, und war am liebsten allein mit meinen Büchern und meiner Katze. Auch heute lebe ich fast wie ein Eremit – aber so passiert halt nichts.“ Es war auffallend, dass diese – übrigens beruflich sehr kompetente Frau – von sich selbst emotionslos wie von einer Fremden sprach. Es schien fast so, als würde sie sämtliche mögliche Kritik schon im Vorhinein selbst übernehmen. Dazu passt auch ihre Aussage: „In mir wütet eine unbarmherzige Gerichtsmaschinerie, die mir dauernd sagt: ‚Du hast kein Recht zu leben.‘ Ich traue mich ja nicht einmal, etwas zu fragen oder zu bitten.“ Der zerstörerische Mechanismus beruht möglicherweise darauf, dass hier ein kindliches Bedürfnis ihr Erwachsenenleben dominiert. Sie kann weder bitten noch fragen – und dies klingt fast so, als bräuchte sie einen Vermittler, der ihr hilft, ihre Wünsche in passiver Weise erfüllt zu bekommen.

Was hat Fragen und Bitten mit Charme zu tun? Ich glaube, dass wir durch diese beiden magischen Wörter Möglichkeiten haben, die Umwelt zu verändern. Die meisten Menschen können Fragen oder Bitten nicht widerstehen, weil es sich um einen konditionierten Reflex handelt, dem man sich kaum entziehen kann. Denn wenn man jemanden fragt oder bittet, kann er dadurch seine Bedeutung erweisen – er fühlt sich beachtet auf Grund der herzerwärmenden Gewissheit, jemandem hilfreich zu sein. So profitieren beide, der Geber und der Empfänger. Man bekommt, was man wollte, und hilft dabei dem anderen, sich bedeutsam und hilfreich zu fühlen. Menschen mit Charme haben diese Gabe, das Leben anderer in ihrer Gegenwart bedeutungsvoller empfinden zu lassen. Das heißt nicht nur, dass sie sich selbst akzeptieren können, sondern sie geben dem anderen das Gefühl, dass er bedeutsam und der Beachtung wert ist. In gewisser Weise kann also Charme entwickelt werden, wenn wir anderen in unserer Gegenwart auf leichte und spielerische Art das Gefühl geben, bedeutsam zu sein. Zu betonen ist das Adjektiv „leicht", denn Ellenbogen machen nicht charmant. Was nützt das Austeilen und Drängeln, wenn man die anderen dabei nur zur Seite drückt? Leider wissen viele nicht, dass sie Charme haben, und können ihn deswegen auch nicht entwickeln und üben. Wer Menschen für sich einnehmen will, sollte sich durch das Tänzerische, die Heiterkeit und die Großzügigkeit Spielraum verschaffen. Natürlich ist die Gabe des „Leichtseins", des „Flirtens mit dem Leben" unterschiedlich stark ausgeprägt bei jedem Menschen, denn sie entspricht seiner Lebenskraft. Jeder Mensch erzeugt sozusagen Schwingungen oder Wellen in dem ihn umgebenden Raum. Es gehört Bewusstheit der eigenen Zauberkraft und der Berührung mit Menschen und Dingen und aktive Empfänglichkeit dazu, so dass die eigene Leuchtkraft durchscheinen kann. Eine Marktfrau, der ich auf dem Wochenmarkt begegnete, hat dies wunderbar ausgedrückt: „Nichts absichtlich herbeizwingen, sondern offen sein, dass alles geschehen kann. Dann wird alles ganz leicht."

Finten und Fallen

In den Manövern und Finten unserer haarigen Brüder und Schwestern spiegelt sich unser Verhalten, und wir können darüber lächeln. Affen sind zum Beispiel wahre Meister in puncto Beachtung. Affenmänner, die ihren fresslüsternen Weibchen durch einen geschickt angezettelten Beischlaf imponieren. Orchideen camouflieren sich als Wespenweibchen, um den liebestrunkenen Wespenmann zwischen ihre Blütenblätter zu locken. Das Huhn simuliert Vergiftungserscheinungen, um an die ersehnten Körner zu gelangen. Vögel erscheinen als flügellahm, um vom Nest abzulenken. Und auch Menschen verschaffen sich instinktiv oder bewusst das, was ihnen Beachtung zu versprechen scheint. Kennt nicht jeder Menschen, die sich aufplustern, aufblähen, die übertreiben, ablenken, klagen oder sich einschmeicheln?

Es gibt kreative und weniger kreative Methoden, um die gewünschte Beachtung zu erhalten. Beider gemeinsames Ziel ist das soziale Überleben, und hierfür benutzen Menschen ein reiches Arsenal an Hilfsmitteln: Worte, Gesten, Schweigen und Handeln. Es gibt unzählige ungeschriebene Gesetze, die uns anhalten, nicht zu übertreiben, anzugeben, aufzuschneiden, zu lügen, sich einzuschmeicheln oder aufdringlich zu sein. Viele respektieren sie und bemühen sich ernsthaft, diese Regeln zu befolgen.

Wenn ich jemandem begegne, der offensichtlich angibt oder aufschneidet, so frage ich mich, was für ein Ziel derjenige wohl verfolgen mag. Meist kristallisiert es sich im Laufe des Gesprächs heraus, wenn man Verhalten und Gesprächsinhalte etwas näher und im Zusammenhang auf sich wirken lässt. Manchmal helfen ein paar Fragen, die man sich dabei stellt: Was will diese Person wirklich? Was möchte sie erreichen? Was vermeidet sie? Selbst wenn es keinen offensichtlichen Grund für irgendwelche Manipulationen gibt, so erlaubt doch allein die Art, wie jemand kommuniziert – ob distanzlos, mitleidheischend, klebrig, abwertend oder prahlerisch –

wesentliche Einblicke in seine Persönlichkeit. Es gibt unzählige Gründe, weswegen Menschen sich in Szene setzen und Gespräche in die eine oder andere Richtung lenken. Ich möchte mich vor allem mit jenen Manövern beschäftigen, die vom Bedürfnis nach Aufmerksamkeit und Beachtung bestimmt sind.

An prominenter Stelle steht die *Prahlerei*. „Glaub mir, ich prahle nicht – es war wirklich so." Ob es nun stimmt oder nicht, sei dahingestellt. Jemand, der ein Gespräch mit selbstglorifizierenden Kommentaren durchsetzt, Nichtigkeiten zu Großtaten stilisiert und womöglich noch betont, dass er wirklich nicht angibt, hat seine Gründe. Im günstigsten Fall wächst der Betroffene in seine grandiosen Wünsche hinein, so nach dem Motto „So lasst mich prahlen, bis ich werde", und passt seine Taten seinen Erwartungen an, welche dann wirklich den ersehnten Erfolg bringen. Meist aber macht sich Prahlerei fest an vermeintlichen Tugenden und imaginären Leistungen, Verdiensten, Hoffnungen und Erfolgen. In der Ökonomie der Beachtung, der „Selbstwertschöpfung", geht es auch um Schlüssel zu gesellschaftlichem Status. Also auch um die so genannten „bekannten Bekannten". Es sind Konversationen so im Stil: „Tina Turner, mit der war ich im gleichen Fastenhotel, die ist ja so nett . . . und der Otto (Schily), den solltest du privat kennen, der ist so was von höflich . . . der Joschka (Fischer) liebt meine Gemüsepastete über alles. Und übrigens . . . morgen kommt Dr. XY zu uns . . . unser Sohn wurde übrigens schon wieder angefragt wegen einer Professur." Prahlerei ist nicht nur Männersache, wie es das Wort „Prahlhans" suggerieren möchte. Es ist ein geschlechts-, farben- und klassenloses, auch vom Erfolg unabhängiges Phänomen, das sich durch sämtliche Schichten, Kreise und Gruppen zieht. Prahlen ist nicht gleichzusetzen mit Fiktion oder Lüge. Oft stimmen die Informationen. Aber die Art und Weise, wie sie vermarktet werden, sind übertrieben, gierig und daher unproduktiv. Diese Menschen wirken aufdringlich und gierig nach Beachtung, dass sie als Reaktion Rückzug oder Zurückweisung ernten.

Psychologisch muss solche Prahlerei damit erklärt werden, dass das Unbewusste einen tiefen Wunsch des Betreffenden, den nach

Beachtung und Aufmerksamkeit, zu erfüllen sucht, er merkt aber nur sein dringendes Bedürfnis nach Selbstoffenbarung und erkennt nicht die ihm zugrunde liegende, unaufschiebbare Bedürftigkeit und die ängstliche oder aggressive Abwehr dieser Wünsche. Es gibt einen roten Faden, der sich durch alle Prahlerei zieht: eine tiefe Unsicherheit im Selbstvertrauen und im Selbstgefühl. Menschen prahlen, weil sie von außen die Bestätigung zu erlangen versuchen, die sie sich nicht selbst geben können. Was geschieht aber? Die anderen laufen eher davon, weil sie sich in ihrer eigenen Eitelkeit gekränkt fühlen. Insofern könnte man sagen, dass das Gegenteil – nämlich Bescheidenheit und Selbstzufriedenheit – ein Privileg der Erfolgreichen sind. Sie haben es nicht nötig, die Kommunikation immer auf sich selbst und ihre Trophäen zu lenken. Sie leben ihr Leben, wissen, was sie können oder auch nicht können. Sie geben vielleicht Auskunft über ihre Aktivitäten, aber sie brauchen kein Aufsehen. Wenn jemand also allzu laut in seine Trompete bläst, dann kann man in der Regel davon ausgehen, dass der Ruf stets heißt: Beachtet mich! Bewundert mich! Gebt mir Beifall!

Verwandt damit ist das *Übertreiben*. Leicht erkennt man es wegen der Sonnenseite seines Wortschatzes: „super“, „der/die Beste“, „perfekt“, „wunderbar“, „irre toll“ und der Schattenseite „katastrophal“, „abartig“, „scheußlich“, „ekelhaft“, „alles Idioten“. Wenn Muhammad Ali sagen konnte: „Ich bin der Größte“, dann wussten wir, dass er dies mit seinen Fäusten einlösen konnte. Er war einer der größten Boxer. Wenn aber jemand nur die Hälfte oder noch weniger von dem einlöst, was er behauptet, dann haben wir es mit jemandem zu tun, der übertreibt. Wenn man solch einen Menschen trifft, so kann man sicher sein, dass sein Kopfweh, seine Depression, seine Knieprobleme stets noch viel unerträglicher sind als andere. Es sind Menschen, die an das Wörtchen „mehr“ glauben. „Ich wäre glücklich, wenn ich mehr ... hätte“, „eigentlich würde ich mehr ... verdienen“, „mehr ist besser“. Schlägt man nach endloser Debatte ein Lokal vor, weiß er „einfach das Allerbeste“. Und wie belanglos und miefig wirkt dann das eigene Leben im Vergleich zu dem, was er an Beeindruckendem wieder erlebt hat. Sie sagen in

Bezug auf andere Menschen: „Es ist schon eine Last, wenn man so perfekt ist wie ich." Diese Menschen scheinen in der Angst zu leben: „Das Leben versorgt mich nicht genügend mit Zuwendung, egal wie ich mich anstrenge." Eine Eigenschaft, die hier zum Vorschein kommt, ist, neben der Unsicherheit, das starke Bedürfnis nach Kontrolle, die schon bei Kindern zu beobachten ist: „Ich weiß, wo es die besten Hamburger gibt", und alle anderen rennen hin. Oder ein Lehrer, der zu seiner Klasse sagte: „Ihr seid die schlimmste Klasse, die ich in meiner ganzen Laufbahn je hatte." Diese Äußerung war ein hilfloser und untauglicher Versuch, Kontrolle über eine außer Rand und Band geratene Klasse zu gewinnen. Oder bei einer Diskussion um die Anschaffung eines bestimmten Buches meinte eine Bibliothekarin: „Das ist das bei weitem überflüssigste und schrecklichste Buch, das ich je gelesen habe." Wer konnte nach diesem vernichtenden Urteil noch den Mut aufbringen, solch ein Buch überhaupt zu lesen?

Kontrolle muss aber nicht immer mit im Spiel sein. Manche Menschen sehen ihr Leben wirklich intensiver, farbiger und optimistischer als andere. Es gibt aber jene, die in ihrem Selbstwert verletzt wurden und nun selbst kontrollieren wollen, wie sie sich fühlen möchten. Oft leiden sie an gekränktem Stolz, den sie nun durch einen Willensakt kompensieren. „Wenn ich so tue, als wäre ich glücklich, dann werde ich es auch." Sie glauben nicht an Wunder, weil sie tief innen fürchten, wie es ein Maler einmal ausdrückte: „Gott wird ja doch nicht für mich sorgen. Der hat doch Besseres zu tun." Deswegen glaubt er lieber an die eigene magische Kraft, um sein Leben als selbstgemachtes Wunder zu erschaffen. Das Beispiel zahlloser vom Ruhm Besessener zeigt, wie leicht der Traum von Ruhm zum Alptraum entarten kann, wenn er nicht in den Dienst der Menschheit gestellt wird. Ruhm um des Ruhmes willen ist wie eine schwere Mahlzeit, die krank macht.

Versteht man, was Menschen zu diesem Verhalten motiviert, so lohnt es sich, gut hinzuhören: Sucht er Beachtung, um seine Enttäuschung über sein Leben zu mildern? Welche Werte liegen hinter den Übertreibungsstrategien?

Die dritte Variante der Beachtungssuche lässt sich mit den Worten Goethes ausdrücken: „Wer keine Liebe fühlt, muss schmeicheln lernen, sonst kommt er nicht aus." *Schmeicheln* gilt als offensichtliche Manipulation oder Surrogat für echte Gefühle zwischenmenschlicher Bestätigung. Die vielen abschätzigen Umschreibungen wie „Arschkriecher", „Buhler", „Schleimer", „Lippenschlecker", „Sauger", „Einschleicher", „Wichser" – alle aus dem Bereich der Oralität und der Sexualität – zeugen von der Schmähkraft und der Verachtung, mit der man dieses Verhalten auf Distanz halten will.

Schmeicheln kann aber auch ganz harmlos und unschuldig sein. Einfach um dem anderen eine bisschen „Zucker" zu schenken, weil man ihn mag, ihn bewundert oder Mitleid mit ihm hat. Vielleicht wirkt es ein wenig klebrig, aber letztlich ist es doch gut und fürsorglich gemeint. Menschen mit wenig Selbstvertrauen, einer gewissen Unreife realitätsgerechter Bewältigungsformen und ausgeprägten Anhänglichkeitsbedürfnissen können oft überaus schmeicheln. Das kann bis zu einer bedingungslosen Hingabe an ein Idol oder einen Meister gehen. Es genügt ihnen, sich im Glanze eines anderen zu sonnen, auch wenn sie nur wenige Strahlen abbekommen. In der Regel wollen sie nicht manipulieren. Die Entstehung solcher Verhaltensmuster hängt meist zusammen mit einer unstillbaren Sehnsucht nach Rückkehr in ein verlorenes Paradies. Sie erleben schmerzlich, dass sie außen etwas suchen, das sie dort nicht finden können, und innen nicht mehr entdecken, was vorhanden wäre: die eigenen Wünsche.

Die echten Schmeichler hingegen sind berechnend. Sie wollen manipulieren, um ein Ziel zu erreichen. Entweder die Beachtung und Anerkennung anderer oder einen persönlichen Vorteil. Doch auch hier kann man übertreiben wie jene Frau, die sich um eine neue Arbeitsstelle bewarb. Auf Fragen zu ihrem neuen Arbeitsfeld brach sie in helle Begeisterung aus über die neuen Herausforderungen und verlockenden Chancen, es gab nichts, was sie nicht beherrschte, kannte oder mindestens schon einmal gemacht hatte. Sie fand alles nur gut. Doch der Arbeitgeber erteilte ihr eine klare Absage. Sein unbestechliches Gefühl meldete: „Zu schön, um wahr zu sein."

Schmeichelei ist also unecht, und dies wird recht schnell bemerkt. Man sagt Dinge, die man gar nicht meint, nur um sicherzustellen, dass man Beachtung erhält. Nicht selten scheinen solche Menschen ihren Standort je nach Wetterlage zu wechseln und mit gespaltener Zunge zu reden – sie sagen etwas Bestimmtes der Person A zu Gefallen, und um auch die Bestätigung von Person B zu erhalten, genau das Gegenteil. Was auf der Strecke bleibt, ist die Wahrhaftigkeit. Schließlich steht der Schmeichler jedoch mit leeren Händen da, weil er sich in die Hände jener begeben hat, deren Ansichten ihm wichtiger als das sind, was er selbst von sich hält.

Eine Verhaltensweise, die Beachtung förmlich heraufbeschwört, ist das zwanghafte *Zuspätkommen*. „Wer zu spät kommt, den bestraft das Leben", so heißt der bekannte Sinnspruch. Stimmt nicht, wissen die chronisch zu spät Kommenden, die mit zerzausten Haaren, windschiefer Krawatte und einem schuldbewussten Lächeln gerade noch ein „Entschuldigung, wird nie mehr vorkommen", „Es tut mir sooo leid" über die Lippen bringen und das Murren der anderen geflissentlich überhören. Wer zu spät kommt, den belohnt das Leben, könnte man meinen. So viel Beachtung nur durch die simple Tatsache des Zuspätkommens. Alle warten, denn ohne sie kein Beginnen. Das Ziel ist erreicht – ungeteilte Beachtung auf Kosten der Pünktlichen. In ihren Erzählungen und Entschuldigungen scheint immer wieder der Hunger nach Beachtung auf. Sie sind Helden im Kampf gegen die Uhr, da gibt es überfahrene rote Ampeln, Staus und Stress.

Doch wer die Technik des Zuspätkommens wählt, um Beachtung zu erregen, begibt sich damit in die Hände jener, die ihm Beachtung spenden sollen. Der chronische Zuspätkommer neigt dabei zum Ja-aber-Verhalten: Er sucht einerseits Beachtung, während er andererseits fürchtet, zurückgewiesen zu werden. Diesen Konflikt bekämpft er, indem er die Ablehnung selbst inszeniert. Ich denke an einen Gruppenteilnehmer, der sich darüber beklagte, dass die Sitzungen immer pünktlich beendet wurden. Er selbst kam regelmäßig zu spät. In seiner Kritik an der Gruppe verwandelte er die Angst, abgelehnt zu werden in aktives Verhalten, das sich so ausdrückte: „Ich will eure Beachtung, aber ich bin wütend, weil ihr mir nicht genügend zu bieten habt, also bestrafe ich euch, indem ich zu spät komme."

„Was ich nicht will, das man mir tu, füg' ich mir vorher selber zu!", das könnte die Devise derjenigen sein, die sich selbst klein machen, kritisieren oder anklagen. *Selbstkritik* an sich ist eine produktive, bewundernswerte Qualität. Jeder Mensch braucht sie, um sich weiterzuentwickeln und um an seinen Fertigkeiten zu feilen. Ausgeprägtes selbstkritisches, abschätzendes und selbstverkleinerndes Verhalten beinhaltet jedoch eine machtvolle Aussage über das eigene Selbstwertgefühl. „Nichts kann ich recht machen", „Egal, was ich in die Hand nehme, die Katastrophe ist schon vorprogrammiert", „Ich bin ein richtiger Idiot", „Ich bin einfach zu blöd", „Ich fühle mich dick wie ein Schwein". Menschen, die derart erbarmungslos über sich herfallen, sind in der Regel sehr unsicher und haben wenig Selbstachtung. So schädlich ihr Verhalten doch scheinen mag, ihre Selbstvorwürfe nehmen jede nur mögliche Kritik der Umwelt vorweg und machen sie dadurch kontrollierbar, oder sie verlocken andere dazu, diese Selbstkritik abzumildern oder Schonung walten zu lassen. Überempfindlich gegen Kritik von außen hoffen solche Menschen gleichzeitig auf Ermutigung, Unterstützung oder Sympathie. Wichtig ist für sie die Resonanz der Umwelt. Übergeht man ihre Selbstangriffe, so wird das als Zustimmung ihrer Selbstkritik aufgefasst. Der in den Selbstanklagen ausgedrückte „Hunger" nach Beachtung zeigt einen Zustand an, in dem der Betroffene sich selbst nicht mehr zutraut, sein Bedürfnis zu erfüllen. Gleichzeitig erwartet er von der Umwelt, dass sie ihm diese Arbeit sozusagen abnimmt. Es ist, als würde er sagen: „Ihr habt es besser als ich, ich möchte auch haben, was ihr habt, gebt es mir doch, ohne dass ich mich bemühen muss." Wann immer man solch einem erbarmungslosen Selbstkritiker begegnet, kann man aber sicher sein, dass man es mit jemandem zu tun hat, der viel aufbauende Bestätigung und Nähe braucht. Allerdings lauert immer die Gefahr, dass sich die Selbstaggression irgendwann nach außen gegen andere richten wird.

Während die Selbstkritiker „nein" zu sich selbst sagen, richten diejenigen, die es nötig haben, andere *herunterzumachen,* ihr „Nein" nach außen. Wer nicht an die eigene ersehnte Beachtung kommt, dem bleibt immer noch die Notwehr, anderen die Beachtung zu entziehen und sie mit Verachtung zu bestrafen. Er kann sich auch noch rechtfertigen: „Wer mich nicht beachtet, ist meiner auch nicht würdig." Man erkennt dieses Verhalten schon am wegwerfenden Tonfall, mit dem über andere geredet wird, die „alles Dummköpfe", „Idioten", „Flaschen" oder „Schlafpillen" sind. Mitunter kleidet sich die Herabsetzung in Sorge „Ich mag sie ja, aber . . .", „Ich bin ja tolerant, aber wie der sich wieder aufgeführt hat . . .", „Schon schlimm, dass er gekündigt wurde, aber wenn ich sein Chef wäre, hätte ihm das schon früher geblüht". Wie das rettende Heruntermachen auch verpackt sein mag – als Witz, pervertierte Sorge oder beredtes Schweigen – es ist immer verächtlich, abschätzig, manipulativ oder überheblich. Der Preis dafür ist hoch und die Ernte gering – denn meist reagiert auch die Hörerschaft mit Geringschätzung. Nicht nur, weil es die Quelle einer besonders verbreiteten Form des alltäglichen Bösen ist, sondern weil der Betroffene sich in seiner Selbstachtung am meisten schädigt. Denn solches Verhalten offenbart ein mangelhaftes Selbstwertgefühl, einen allzu auffälligen Drang nach Selbstverstärkung. So wird der, der andere heruntermacht, häufig ohne es zu merken, oft selbst zum Opfer seines eigenen Systems und entstellt sich selbst.

Will man die Motive dafür herausfinden, so verrät die Wahl der Zielscheibe und des Umfeldes einiges. Ist es ein Berufskollege oder ein Konkurrent, so ist die Nähe zur Saure-Trauben-Politik, Eifersucht, Ressentiment oder Rache meist unübersehbar. Geht es um gemeinsame Bekannte, so geht es darum, die anderen zu manipulieren und ebenfalls zu Missachtung zu bewegen. Geht es um Fähigkeiten und Kompetenzen anderer, dann liegt es nahe, den Blick auf die Fähigkeiten des Missgünstigen zu richten.

Das Festhalten an solchen unkreativen, unproduktiven Techniken der Beachtungsbeschaffung beeinträchtigt reale Befriedigungsmöglichkeiten. Sie gewähren zwar ein Maß an Macht vor allem gegenüber denen, die am eigenen Wohlergehen interessiert sind. Doch machen Manipulation und Macht vertrauensvolle Beziehungen unmöglich. Es geht darum, eigene Muster schrittweise wahrzunehmen und anzuerkennen: „Jetzt weiß ich, warum ich den anderen immer nach dem Mund rede, übertreibe, prahle – was nützt es mir?" Der nächste Schritt führt zur Einsicht: „Will ich das weiter tun oder nicht?" Einsicht hat mit Einfühlung und Wahrnehmung zu tun. Sie lässt Empfindungen und Gefühle sprechen, an denen man sich orientieren kann. Spürt man, dass diese untauglichen, vielleicht schon früh erworbenen Muster in der Welt der Erwachsenen anachronistisch sind, beginnt das, was man in der Psychotherapie als „Differenzierungsarbeit" bezeichnet. Es gilt dabei zu lernen, wo Unsicherheiten oder Ängste der Wirklichkeit angemessen sind, und wo sie es nicht sind. Hat man einmal begonnen, eigene Muster zu identifizieren, wird man vielleicht feststellen, dass sie ineinander übergehen können oder miteinander verbunden sind. Oft laufen solche Vorgänge zyklisch ab. Ein Beispiel dafür: Man entdeckt, dass man selbstkritisch oder sogar selbstverachtend mit sich umgeht. Dann fühlt man sich als Opfer, wird intolerant, arrogant und sieht daraufhin die Welt nur noch in Schwarzweißbildern. Jeder verfügt über sein eigenes persönliches Muster, je nach Situation, Bedürftigkeit und Stimmungslage. Ob Menschen sich eher kreativer oder weniger kreativer Methoden bedienen, um ihren Hunger nach Beachtung zu stillen, hängt nicht von äußeren Gegebenheiten oder von der Wetterlage ab. Sie hängen von unseren inneren Glaubensüberzeugungen ab. Diese entscheiden darüber, ob wir uns unsere tiefen Sehnsüchte und Wünsche nach Beachtung, Zugehörigkeit, Wertschätzung und Anerkennung erfüllen können. Die Fixierung auf solche unkreativen Muster der Beachtungssuche lässt sich als Krücken erklären, die benötigt werden, um fehlendes Vertrauen in der seelischen Struktur zu ersetzen. Die Beziehung zu ihnen ist meist ähnlich wie die des Krückenträgers: Er kann sie nicht lieben, aber er kann auch nicht darauf verzichten. Wie kann man aber kreative Muster entwickeln, die sehend machen für die vielen Möglichkeiten an Beachtung, die einem immer wieder offenstehen? Wie kann man lernen, Beachtung anzunehmen, wo sie gegeben wird? Sie zu schenken, wo sie gebraucht wird?

Wer seine Wünsche nach Beachtung zulässt und anfängt, sie direkter und offener zu äußern, tritt aus dem Gefängnis von „richtig" und „falsch" heraus. Er gesteht sich zu, dass er begrenzt, unvollkommen und bedürftig ist. Vielleicht lernt er so, seine erfüllbaren Wünsche von übersteigerten oder passiven Erwartungen zu trennen. Wissen allein genügt nicht, nur ein lebendiger, fühlbarer Kontakt zu den Mitmenschen kann dies erfahrbar machen. Lebendiger Austausch kommt erst zustande, wenn diese unkreativen Muster nicht mehr im Monolog gefangen bleiben, sondern in den Dialog mit anderen führen. Mit anderen darüber sprechen und fragen „Meinst du?" ist das eine. Das andere ist die eigene befreiende Aktivität. Sie beginnt damit, dass man aufhört, nach Entschuldigungen für seine unangemessenen Muster zu suchen. Der Schlüssel zur Befreiung heißt: Tun, Schritt für Schritt und mit Ausdauer. Hat man einmal seine unkreativen Muster als solche erkannt und ist bereit, sie aufzugeben, so bereiten sie auch keinen Spaß mehr.

Andere wahrnehmen

Ich sitze in einem Restaurant, ein junges Paar kommt herein. Sie bitten um einen Fensterplatz, und ich beobachte, wie sie einander anschauen, zunicken, hin und wieder leicht berühren. Sie hören intensiv zu, einander kaum unterbrechend. Ich kann zwar nicht verstehen, was sie sagen, aber ihre Körpersprache verrät Anteilnahme, Neugier und Staunen. Sie beachten einander mit einer Inbrunst, die mich gebannt hinschauen lässt. Der Zufall will es, ich sehe die beiden im gleichen Restaurant nach etwa zwei Jahren wieder. Sie setzen sich irgendwo an einen freigewordenen Tisch, studieren wortlos die Speisekarte und schauen sich im Raum um. Er beginnt zu reden, sie unterbricht ihn, weil ihr einfällt, dass sie dringend jemanden anrufen muss. Während sie sich mit ihrem Handy abwendet, holt er die Tageszeitung und liest. Sarkastisch bedankt er sich dann, dass sie sich so kurz gefasst hat. Sie versucht sich zu rechtfertigen, da winkt er ab. Gottseidank kommt der Kellner und bringt das Essen. Jeder starrt geistesabwesend auf die üppige Pizza.

Was war geschehen? Ist es zu schwierig geworden, hat man auf ein anderes „Programm" gewechselt? Ist ihre Beziehung erfroren, verrostet?

Jeder hat die Ausstattung dafür zuzuhören, hinzuschauen, zu berühren. Aber wie der Philosoph Leibowitz sagt: „Das Problem liegt darin, was Menschen wollen"[28]. Man muss sich entscheiden, auf den anderen einzugehen, zuzuhören und zu fragen. Nicht weil man dadurch ein besserer Mensch würde, sondern weil man etwas erkannt hat, und weil man es so will. Man hat sich entschieden, etwas zu tun, und tut es für den anderen und für sich selbst. Die Realität der Trägheit, der Gewöhnung, der Erstarrung und der Gleichgültigkeit erfährt überall dort ihre Grenze, wo Menschen erkennen, „wer nichts für andere tut, tut nichts für sich" (Goethe). Wer Herzen

---

[28] Leibowitz, Y., Gespräche über Gott und die Welt. Frankfurt 1994, S. 224.

für sich einnehmen will, weiß, welche Kräfte wohlmeinende Beachtung entfesseln kann. Verliebtheit sei, so Georg Franck, „eine Orgie wohltätiger Interpretation"[29]. Doch dann wächst die Nachlässigkeit ausgerechnet durch Vertrautheit, die Beachtung verflüchtigt sich, wendet sich Neuem zu und wird nur noch zum Schatten dessen, was sie einmal an Potenz besaß. „Du hörst mir überhaupt nicht mehr zu ", „Merkst du denn nicht, dass ich beim Friseur war?" „Warum rufst du denn nicht zurück, ich habe dir schon drei Nachrichten auf deinen Beantworter gesprochen?" „Du sagst gar nichts, gefällt dir mein neues Kleid nicht?" Ist man für diese Rückschritte wachsam, dann bleibt immer noch die Frage nach der Ursache. Man kommt sicher nicht weit, wenn man seinen Partner anklagt und heruntermacht. So wird man höchstens selbst krumm und entstellt. Wer seine Gefühlsbeziehungen retten will, muss Räume für ihr Überleben finden. Zu verfeinerten Formen der Beachtung gelangen wir erst, wenn wir bei uns selbst suchen und dem anderen einen Vorschuss an Beachtung schenken. Das heißt: den Pegel des eigenen Wertschätzens anheben. Nichts schärft unsere Sinne mehr als ein großzügiger Vorschuss an wohlwollender Beachtung. Ein Sprichwort drückt den sozialen Mehrwert freigebiger Beachtung ganz einfach aus: „Freude und Liebe sind die einzigen Güter, die sich dadurch vermehren, dass man sie teilt." Was heißt nun großzügig Beachtungsvorschuss geben? Wenig sinnvoll ist es, gleich die Gegenrechnung aufzumachen oder die Goldwaage anzuwenden: Wie du mir, so ich dir. Beachtung muss blanko, gratis sein. Sie ist weder Verschwendung noch Almosen. Sie ist eine Form praktizierter Mitmenschlichkeit, die sich gefällt im Verbreiten und Entfalten von Herzlichkeit und Liebenswürdigkeit. Diese Perspektive ist es, die uns über den eigenen Schatten springen lässt, die uns angesichts des Wissens, dass es Lug und Trug, Herzlosigkeit, Neid und Missgunst gibt, ein paradoxes, vernünftig kaum noch zu erklärendes und ständig neu entschiedenes „Dennoch" sagen lässt. Wem sein eigenes Leben am Herzen liegt, kommt gar nicht umhin, sich das

---

[29] Franck, a.a.O. S. 227.

Ergehen der anderen ebenfalls ans Herz gehen zu lassen. Wer anderen Beachtung erweist, erfährt selbst auch Beachtung. Wer Verschlossenheit, Knauserigkeit oder Misstrauen sät, wird die entsprechenden Reaktionen ernten. Wer Vertrauen und Großzügigkeit erweist, sieht sich auch eher umgeben von dieser Tendenz. Großzügigkeit ist eine Eigenschaft, die nicht Angst hat, sich zu verlieren, die nicht rechnet oder feilscht, sondern einfach gibt im Wissen, dass es Werte gibt, in denen man nur gemeinsam bewandert sein kann.

Wo Vertrauensgewinn und Vertrauensverlust eine Rolle spielen, wirkt immer auch die Magie sich selbst erfüllender Annahmen. Sie hängen ab von unserer Deutung, die wir dem Verhalten anderer geben und der Erfahrung, die wir aufgrund dieser Deutungen machen. Selten gibt es nur eine schlüssige Interpretation. Meist haben wir einen Spielraum offen, der das Verhältnis zu anderen in vielen Varianten zum Ausdruck bringen kann. Die Frage, wie wir das Verhalten anderer interpretieren, ist für den Beachtungsaustausch entscheidend. Je abträglicher wir interpretieren, desto eher schaffen wir die Verödung und Versteppung der Gefühle, die uns unser enttäuschtes Wunschdenken unterstellt. Wohltätiges Interpretieren, das heißt Gutes von anderen erwarten und mit einem gedanklichen und gefühlsmäßigen Vorschuss in eine Begegnung hineingehen, ist die Grundlage wertschätzenden Zusammenlebens und überhaupt Weichensteller für Lebensqualität. Dazu gehört nicht nur das Hinhören und Verstehen. Es kommt noch etwas hinzu, was man als neuen kategorischen Imperativ aufstellen könnte. Georg Franck hat ihn treffend formuliert: „Halte, wenn dir der andere unverständlich erscheint, nicht ihn, sondern erst einmal dich selbst für den Dümmeren."[30] Auf einer etwas profaneren Ebene trifft sich hier das, was ich auch bei Emmanuel Lévinas richtungweisend fand. Auch er denkt radikal vom anderen her. Man könnte sagen, beide interpretieren Beachtung als Versuch, diesen Moment der Offenheit, der Relativität der eigenen Welterfahrung, diesen Moment

---

[30] Vgl. Franck, a.a.O. S. 236.

offen zu halten gegen alle Besserwisserei und Selbstabsicherung. Wer wohlwollendes Interpretieren zur eigenen Weltanschauung macht, hat nicht nur Erkenntnis gewonnen. Er hat auch, wie es die Philosophin Julia Kristeva nennt, „Respekt vor dem Unversöhnbaren". Er weiß, dass es unendliche Möglichkeiten gibt, sich misszuverstehen, und dass es kein Recht gibt, das einem zusichert, immer richtig verstanden zu werden. Man braucht nicht mehr Wissen und Tun, Herz und Verstand zu trennen. Im Wohlwollen für den anderen, das seinen Sitz im Herzen hat, kommen sie zusammen.

„Wer das Herz am rechten Fleck hat, ist den scharfen Rechnern in Sachen Selbstwertmaximierung voraus." Diesen Satz Francks sehe ich doppelt als Heilmittel für die „Krankheit der Herzlosigkeit". So schwierig es ist, zu beschreiben, was mit Herz gemeint ist, so wissen wir doch alle, was es bedeutet, wenn man von jemandem sagt, er sei herzlos. Was geschieht, wenn zwei Herzen sich treffen? Man öffnet sich. Herz haben heißt: ins Unverbrauchte, Unbewohnte, Offene kommen. Man wird weiter, leichter, weil man nichts zurückhält. Die eigene Befangenheit, Ohnmachtsgefühle wie auch die der Allmacht schwinden: man erkennt sein Leben und das Leben anderer unter einem menschlichen Maß. Rechthaberei hat dann keine Chance. Man wird großzügiger. Dieses Herz ermuntert, sich ein Herz zu fassen, ein Herz zu haben für das Wesentliche: Familie, Freunde, Dinge. Das Herz, das wir füreinander haben, lehrt uns zu erkennen: Beachtungsspender, das sind wir füreinander. Unsere schöpferische Fähigkeit der Einfühlung weist uns den Weg, wenn wir das Alltägliche tun, die Gesichter der Menschen sehen, mit denen wir leben. Das Herz äußert sich nicht nur durch wache Augen, wohlwollende Ohren, berührungsfreudige Hände, es führt über uns hinaus und äußert sich auch als Beherztheit, die die Trennung zwischen dem eigenen und den Gefühlen des anderen in einen Raum der Verständigung verwandelt. Nicht zu vergessen das herzhafte Lachen und die herzhafte Mahlzeit, als lebenspendende Brücken vor allem in Zeiten, wenn es an Herzlichkeit mangelt. Das Herz am rechten Fleck im Sinne einer Zustimmung zur eigenen Lebendigkeit und Mitmenschlichkeit lässt uns das Belanglose erkennen als das, was es ist, es zügelt unser Interesse an Streit und Eifertum, lässt unsere Alltagsgeschäfte im größeren Zusammenhang erscheinen und macht unsere Argumente bescheidener. Hierzu gehört auch die Gabe des Vergessens. In diesem Zusammenhang macht es Sinn, wenn Jacob Burkhardt sagt: „Wer leben will, muss vergessen können." Die großherzige Gabe, Vergangenes auf sich beruhen zu lassen, lässt über den eigenen Schatten springen. Es befreit von seelischen Fesseln und lässt den Sinn für das Wesentliche wieder aufscheinen. Wir dürfen, zumindest zeitweise, von höherer Warte auf uns herabschauen, und was uns plagte, abschütteln.

Kinder, nach der Logik des Herzens befragt, sprechen auch von Liebe. Ein Mädchen beschrieb es so: „Erleben, wenn einen die anderen mögen und deshalb sich selbst mögen. Wenn man sich selbst mag, dann kann man auch die anderen mögen." So einfach scheint die Gleichung, die aber das Wesentliche erfasst: Wer Beachtung will, muss zuerst andere beachten. Beachtung entsteht in dynamischen Wechselprozessen zwischen unserem Inneren und der Resonanz von außen. Nicht ein Zuviel an Beachtung lässt unsere Beziehungen verlöschen, sondern ein Zuwenig. Solange man es ehrlich und ohne falsche Schmeichelei tut, kann man gar nicht zuviel des Guten tun. Der Hunger nach Beachtung ist bei den meisten so groß, dass man nicht befürchten muss, zu übertreiben, solange man aufrichtig bleibt. Beachtung kennt weder ein Genug noch ein definitives Zuviel. Solche selbstgenügsamen Devisen wie: „Das tut's doch", „Gerade noch das Nötigste", „Sparsam haushalten, wer weiß, ob was zurückkommt" sind Abkömmlinge des Geizes. Sie schaffen Armut an Beachtung. Wer sich zur Großzügigkeit entscheidet, der handelt in einem Bewusstsein, das über sich hinausweist. Er bringt die Freude am Kosmos und am anderen Menschen zum Blühen und vermittelt das Gefühl, dass die Welt ein für uns errichteter Kosmos ist. Dies relativiert die Zeiten der Sinnlosigkeit, des Scheiterns und des Alleinseins.

Fährten der Achtsamkeit

Ein Familienfest. Das opulente Mahl liegt schwer im Magen. Man unterhält sich, während ein Familienmitglied sich ein Fotoalbum greift und gedankenverloren darin blättert. Einer sagt: „Findest du nicht, dass das Geburtstagskind jetzt wichtiger ist?" „Wieso, das haben wir doch früher auch immer gemacht." „Klar", sagt der Jüngste, „früher haben wir auch Rübensirup gegessen." Das Stimmungsbarometer neigte sich verdächtig in Richtung „Tief".

Beachtung kann uns auf die Fährte der Achtsamkeit und der Sorgfalt führen. Wie schwierig es ist, auf dieser Fährte zu bleiben, wird bei dieser kleinen Familienszene deutlich. Beachtung beginnt immer mit einer Einfühlung in den anderen. Beachtung ist tatsächlich eine Frage des Maßes: Überraschend finden wir uns in seelischer Schieflage, weil wir zu wenig beachtet werden, aber auch in ungeahntem Überfluss, wenn das rechte Maß gelingt. Andere können uns zwar unseren Selbstwert nicht garantieren, aber sie können mit ihrer Beachtung dennoch Berge versetzen, wenn sie uns mit ihrer Nähe ausfüllen, uns unsere Schwächen und Nöte vergessen lassen oder das Gefühl geben, dazuzugehören und dabeizusein. So blüht aus einfachen Situationen plötzlich Glück auf: das Glück, mit dem wir uns wechselseitig zuhören, anschauen und berühren.

Psychotherapeuten wissen, dass sie schon allein dadurch Menschen helfen, dass sie aufmerksam zuhören. Wie oft habe ich schon gehört: „Das ist das erste Mal, dass mir jemand wirklich zugehört hat." Erwachsene hören Kindern oft viel sorgfältiger zu als ihresgleichen. Sie geben ihnen Zeit, die richtigen Worte zu finden, versuchen zu verstehen, was sie meinen oder fühlen. Ähnlich verhält es sich mit Ausländern oder Sprachbehinderten, man zeigt mehr Geduld und Höflichkeit. Zuhören wird gern unterschätzt, weil es scheinbar passiv ist. Wirkliches Zuhören bedeutet aber nicht nur, dass die Ohren funktionieren, sondern dass wir aktiv etwas für einen anderen Menschen tun. Das heißt, man nimmt nicht nur wahr, was gesagt wurde, sondern auch wie es gesagt wird: Mienenspiel, Gestik und indirekte Mitteilung. Oft fällt dieses aktive Engagement schwer, weil man selbst so viel loswerden möchte oder etwas abwehren möchte. Hierzu zwei Beispiele:

Sie:	„Hast du vergessen, dass wir heute verabredet waren?"
Er:	„Hast du mir nicht gesagt."
Sie:	„Du hast bloß nicht zugehört – wie immer."
Er:	„Dann musst du halt lauter reden."
Sie:	„Du hörst doch nur, was du hören willst."

Oder ein anderer Dialog zwischen Vater und Sohn:

Vater:	„Ich hab' dir schon x-mal gesagt, dass du den Mülleimer vor die Tür stellen sollst."
Sohn:	„Stimmt nicht, nur einmal."
Vater:	„Du kannst eben nicht hinhören."
Sohn:	„Du doch auch nicht."

Solche Gespräche lassen keine Nähe entstehen. Selbst wenn man gerade noch hinhört, geschieht dies aus einer Abwehrhaltung heraus. Die Beteiligten befinden sich in Angriffsstellung, weil sie sich beschuldigt fühlen. Wenn man sich auf Verteidigung einstellt, dann ist man eben nicht mehr bereit, sich auf Gefühle oder Einsichten des Gesprächspartners einzustellen. Deswegen heißt die goldene Beachtungsregel guten Zuhörens: Nicht unterbrechen. Es ist unmöglich zuzuhören, wenn man, während der andere noch spricht, schon plant, was man als Nächstes sagen will. Wenn man jemanden unterbricht, lenkt man ihn ab, selbst wenn es nur ein kurzes Unterbrechen ist. Ich nenne dieses Phänomen den „Frosch-Effekt". Man stelle sich einen Frosch vor, der seinen Schlund riesenhaft weitet, um ein Insekt zu schnappen. So ähnlich erscheinen mir Unterbrecher, die nur auf den Moment warten, wo ihr Gegenüber Luft holt, blitzschnell – und sei es in der Mitte eines Satzes – zuzuschnappen. Verbale wie auch nonverbale Unterbrechungen, wie Wegschauen,

Aufstehen, Auf-die-Uhr-Schauen, Herumspielen lenken ab, führen weg von der Gesprächsfährte. Solchen Effekt haben auch die Floskeln „Das ist mir auch schon passiert" oder „Das kenne ich". Sie haben mit echtem Mitgefühl oft nichts zu tun, sondern dienen nur dazu, das Gespräch an sich zu reißen. Und plötzlich spricht der andere über seine eigenen Probleme, und es bleibt einem nichts anderes übrig, als zu nicken. Probleme, so ähnlich sie vielleicht auf den ersten Blick scheinen mögen, sind immer einmalig und vergleichbar mit den Fingerabdrücken eines Menschen. Wenn beispielsweise jemand seine Arbeit verliert, so erlebt das jeder auf seine Weise. Der eine hat Unterstützung oder finanzielle Ressourcen, ein anderer ist womöglich sogar erleichtert, und der dritte erlebt es als die Lebenskatastrophe und wird suizidal. Wie oft sagen Menschen: „Ich weiß, was du fühlst." Aber möchten wir in einer Situation, in der wir in Not sind, wirklich wissen, was die Freundin oder der Freund in einer ähnlichen Situation gesagt oder getan hätte? Der Eckpfeiler wahrer Beachtung liegt darin, dass wir anderen das Gefühl geben: Ich habe Zeit und Interesse, dir zuzuhören. Meist ist kein konkreter Rat gefragt, sondern nur ein offenes Ohr und ein mitfühlendes Herz. Kürzlich rief mich eine Freundin an und klagte ihr Leid. Schließlich fragte sie mich, wie es mir ginge. Als ich ihr vermittelte, dass ich darüber später reden möchte, hörte ich einen tiefen Seufzer der Erleichterung. Sie erhoffte sich nämlich nur, dass ich ihr zuhörte.

Aktives Zuhören heißt erkennen, was der andere wirklich mitteilen will. Das heißt, ich muss mich auf ihn einstellen, und das geschieht am besten im direkten Kontakt. Ein Beispiel dafür, wie einfühlsames Zuhören Hoffnungslosigkeit auffangen kann:

Er:	„Was ist das nur, am Morgen wache ich immer mit bleischweren Gefühlen auf."
Sie:	„Du siehst wirklich mitgenommen aus."
Er:	„Es ist mehr als nur Schwere . . . es ist diese furchtbare Hoffnungslosigkeit."
Sie:	„Hoffnungslosigkeit?"

Er:	„Ich fühle mich so unnütz. Keiner braucht mich mehr. Warum soll ich mich überhaupt noch bemühen?"
Sie:	„Ich glaube ich verstehe, was du meinst." Sie stockt und fährt fort: „Hast du eine Idee, wofür du dich einsetzen könntest?"
Er:	„Ich würde so gern mal wieder einen Abend organisieren für unseren Verein – es hat immer so Spaß gemacht."

Das ist ein Beispiel, wie zwei Menschen gemeinsam versuchen, mit Gefühlen der Hoffnungslosigkeit umzugehen. Kein rascher Trost, kein Zupflastern, sondern Anteilnahme und Ernstnehmen der Gefühle, das sind die Ingredienzien dieses Dialogs, der zeigt, dass man auch eine Menge über sich selbst lernen kann, wenn man wirklich zuhört. In dem Maße, wie man nämlich anderen zuhört, hören auch sie einem zu. Aktives Zuhören übt sich am leichtesten von Angesicht zu Angesicht, selbst am Telefon gehen viele Nuancen der Stimme und des Ausdrucks verloren und bleiben unbemerkt. Achtsames Eingehen auf jemanden braucht den Einsatz all unserer Sinne, nicht nur Hören, Sehen, sondern auch Fühlen und Riechen. Und umgekehrt: Nicht richtig hinhören verletzt immer auch in subtiler oder grober Weise die Integrität des anderen, denn letztlich bedeutet es: „Was du sagst, interessiert mich nicht." „Du bist nicht von Interesse." Und das schmerzt das Selbstwertgefühl.

Wie das Nicht-Hinhören vermindert auch das Nicht-Hinschauen das Selbstwertgefühl des anderen. Wenn Menschen einander nicht anschauen, so wird immer auch das Selbstwertgefühl mehr oder minder stark verletzt. Das haben einige Forschungen inzwischen auch belegt[31]. Man vermittelt dadurch: „Du existierst nicht für mich". „Es gibt dich nicht." Jedes Gespräch lebt doch schließlich davon, dass wir einander anschauen, Rückmeldung und Bestätigung geben. Aber wir können einander auch im wahrsten Sinne „ver-

---

[31] Siehe Petzold, H., Die Kraft liebevoller Blicke. Paderborn 1995.

hungern" lassen oder fertigmachen, indem wir diese Rückmeldung verweigern. Das geschieht im Alltag immer wieder. Ein Indiz ist es, wenn Menschen – etwa in einem Café – beim Gespräch aneinander vorbeisehen oder mit anderen Dingen beschäftigt sind und einer von ihnen den Gesprächspartner fragt: „Findest du das nicht gut, oder?" Schon diese Frage zeigt an, dass es an Beachtung mangelte. Wir alle brauchen immer wieder Rückmeldungen. Die Motive dafür sind vielfältig, eines davon ist der Neid. So erzählt eine Klientin: Sie trifft eine Bekannte, von der sie schon seit langem „für Luft erklärt" wurde. In einem Anfall beherzten Mutes stellt sie sie zur Rede: „Mittlerweile ist es ja unübersehbar, dass du immer wegschaust, aber kannst du mir vielleicht verraten, was dein Grund ist?" Überrumpelt von solcher Direktheit, kann diese nur noch stammeln: „Weil du so schlank bist!" Es sind oft Motive der Missgunst, des Geizes oder des Neides, wenn man die Erfahrung macht, dass andere wegschauen. Wer aber Menschen für sich einnehmen und sich selbst verstärken will, sollte sich auf den Charme großzügigen Austeilens verstehen. Er ist nicht nur gescheiter, sondern auch effizienter.

Vielen Menschen fällt es besonders schwer, andere zu berühren und herzliche Gefühle zu zeigen, und zwar sogar gegenüber denjenigen, denen sie nahestehen. Eine Mutter: „Sie weiß doch ohnehin, dass ich sie lieb habe." Oder „Es ist doch klar, dass ein Vater seinen Sohn liebt." Zwar kann man auch mit den Augen lächeln oder mit Worten streicheln, aber es geht nichts über das menschliche Herzensbedürfnis, berührt zu werden, das auch in kleinsten Portionen große Wirkung hat. Jede wohlwollende Berührung stärkt das Vertrauen darin, dass man sich beachtenswert fühlt, und zwar noch viel direkter, als es Worte vermögen. Durch den Körperkontakt wird man unmittelbar wahrnehmbar. Es heißt ja nicht umsonst: der Körper lügt nicht, weil durch den Körperkontakt etwas zwischen Menschen fließt, das mehr ist, als es Worte ausdrücken können. Berührung tut nicht nur denen gut, die es empfangen, ebenso denen, die es aufbringen. Es ist mehr als jenes „Ich sehe dich". Es ist eine Handreichung, die aus dem Herzen kommt. Dafür braucht man keinen Mut, sondern nur etwas mehr Herz.

Abwehrmanöver

Wieder einmal Geburtstag. „Was hast du denn vor? Was wünscht du dir?" fragt die Familie. „Ich will keine Feier", sagt er. „Aber wär' das nicht schön, Dich einmal zu feiern?" – „Ach, das brauche ich nicht. Außerdem kostet es auch eine Menge. Sparen wir lieber das Geld." Das Fest kommt, die Familie hat sich mächtig ins Zeug gelegt. Seine Frau serviert sein Lieblingsessen. Alle sind guter Dinge, weinselig und gesprächiger als sonst. Da klingelt das Telefon. Er springt auf – ein Gratulant, wie schön. Es klingelt wieder . . . und wieder . . . und wieder. Da meint die mittlerweile etwas missmutig gewordene Frau: „Meinst du nicht, wir könnten den Beantworter anstellen, schließlich habe ich mir doch so viel Mühe gegeben, um es dir schön zu machen?" – „Kommt nicht in Frage. Schließlich rufen die das ganze Jahr über nicht an, und außerdem ist heute mein Tag."

Viele Menschen wehren es ab, Beachtung überhaupt zu brauchen. Und manche Beachtungshungrige verachten sich sogar für ihr Bedürfnis nach Beachtung. So kommt es zu diesem beschriebenen Schwanken zwischen zu wenig – keine Feier – und zu viel – alles auf einmal. Dies erinnert an die „narzisstische Hochform" des Kindes, das entdeckt, dass es allein laufen und sprechen kann[32]. Es denkt „Ich brauche niemanden", gleichzeitig entdeckt es aber, dass es nicht so allmächtig ist und nicht alles kann. Es erfährt sowohl seine Grandiosität als auch seine Begrenztheit. Gelingt es den Eltern nun nicht, durch Einfühlung und Verständnis ein Puffer zwischen den Versagungen der Realität und den Größenvorstellungen sein zu können, wird die spätere Fähigkeit beeinträchtigt, ein realistisches Selbstgefühl zu entwickeln. Dann bleibt die Neigung zu Extremen: Entweder alles oder nichts. Entweder – „ich brauche nichts" – oder „ich brauche alles, und zwar sofort".

---

[32] Wardetzki, a.a.O. S. 96.

Es scheint paradox, dass Menschen einerseits fast alles tun, um Beachtung zu erhalten, andererseits sich aber fürchten und abwehren. Beachtung ist also nicht nur etwas Erfreuliches oder Interessantes – sie ist uns nicht geheuer und ruft ein Widerstreben hervor. Wir begegnen hier einem Stück unverfügbarer Macht, die sich nicht so leicht beherrschen und verbiegen lässt.

Beachtung ist auch eine Frage des Maßes und der Dosierung, die gesteuert wird von der vermittelnden Kraft des Ichs, das auf seine ihm eigene Art sagt: „Nein! Noch nicht! Nicht so!" Diese Abwehr äußert sich meist still. So klagte eine junge Frau darüber, dass die anderen für sie „viel zu wichtig" seien. Sobald sie merkte, dass sie Beachtung erhielt, wurde sie unsicher und verkrampft, weil sie die Augen der anderen meist als kritisch oder herabsetzend phantasierte. Es brauchte Zeit, bis sie realisierte, dass diese „anderen" Projektionen ihrer eigenen selbst-entwertenden Impulse waren. Und eine andere Frau meinte: „Das Wichtigste für mich ist, dass ich auf andere Eindruck mache. Das zwingt mich dazu, eine Fassade zu tragen. Ich kann gar nicht mehr natürlich sein, deswegen lehnen mich alle ab." Also wandte sich ihr Wunsch, zu beeindrucken, schon im Voraus gegen sie selbst. Ihr Versuch wurde wegen ihrer starren Fassade vereitelt und endete in Selbstbestrafung mit phantasierter Ablehnung von außen.

Welch widersprüchliche Gefühle und Verhaltensweisen ausgelöst werden, wenn Menschen sich Beachtung ausgesetzt fühlen, zeigt sich auch an körperlichen Reaktionen. Sie schauen weg, ihnen verschwimmt die Sicht. Sie halten den Atem an, beißen die Zähne zusammen. Sie ziehen den Bauch ein, spannen die Gesäßmuskeln an. Sie werden schüchtern, gehen zur Seite. Sie machen Umwege und machen sich unattraktiv. Sie werden „wählerisch" und suchen nach Fehlern. Besonders bedauerlich ist es, wenn ein Mensch eine tragfähige Beziehung torpediert, weil er kontinuierliche Beachtung nur mit vagen Zukunftsängsten beantworten kann. Manche mögen diese Nähe nicht. Sie signalisieren: „Es wird mir zu viel, du kommst mir zu nahe." Bei einer Klientin wurde dies ziemlich deutlich. Sie konnte überhaupt nicht verstehen, dass ich mich wirklich für ihre Gedanken und Gefühle interessieren würde. Sie sei doch so langweilig und kleinbürgerlich. Mit der Zeit konnte sie zwar besser ertragen, dass ihr meine uneingeschränkte Beachtung galt, aber im Raum blieb die unausgesprochene Drohung: „Sie werden schon noch merken, dass es bei mir verlorene Liebesmüh' ist." Ähnliche Erfahrungsweisen erlebte ich bei einer Frau, die immer dann, wenn sie die vertrauten Gefilde verließ, sich hinter irgendwelchen Büchern regelrecht verschanzte. Im Bus, im Zug, im Restaurant, im Wartesaal – überall las sie unaufhörlich, um sich die „Welt fernzuhalten" und damit sie nicht sehen konnte, dass sie gesehen wird.

Eine andere Variante beobachtete ich bei einer Frau, die wegen „Männerproblemen" zu mir kam. „Es ist, als würde sich mein Verstand verabschieden, wenn ich einen Mann kennen lerne. Ich werde verkrampft, völlig übersteigert und kann gar nicht mehr hinschauen, was eigentlich drin ist . . . immer bin ich mit einem Fuß in der Tür oder viel zu aufdringlich, wenn ich merke, dass sich jemand für mich interessiert." Fast immer ist bei solchem Abwehrverhalten eine Fülle mehrdeutiger oder stummer Aussagen im Spiel, die eines gemeinsam haben: „Ich hätte so gern Beachtung, aber . . ." Oft verhindert solch ein innerer Konflikt, dass eine Beziehung entsteht, oder sabotiert ihre Weiterentwicklung.

Ein anderes Beispiel für die Abwehr von Beachtung erlebte ich bei einer Frau, die unter einer sozialen Phobie litt, die sich besonders in der Angst äußerte, öffentlich zu sprechen. Im Laufe der Therapie erlebte sie eine grundlegende Umdeutung und Neuinterpretation ihres Verhaltens, mit dem Ergebnis, dass an die Stelle der Erwartungsangst Vorfreude trat. Sie freut sich jetzt, wenn man sie für Vorträge oder Seminare einlädt, weil sie sich zeigen darf und genießen kann, wenn man ihr Aufmerksamkeit und Anerkennung zollt. Entscheidend war die Erkenntnis, dass in ihrer früheren Angst ein Wunsch verborgen war, den sie sich nur schwer eingestehen konnte: der Wunsch, gesehen und interessant gefunden zu werden.

Eine verwandte Art der Reaktionsbildung lautet: „Ich würde mich nie zur Schau stellen, ich würde mich nie in den Vordergrund drängen; ich bin zurückhaltend und bescheiden, ich brauche das alles nicht." Was auf diese Weise überkompensiert wird, ist oft ein heimlicher, gewöhnlich abgewehrter Wunsch nach Beachtung, der sich als Bescheidenheit ausgibt. Zu beobachten ist diese Reaktion oft bei Menschen, die es aushalten müssen, wie sich die begehrte Beachtung aus ihrem Leben allmählich zurückzieht, weil ihre Anziehungskraft nachgelassen hat oder weil sie gealtert sind. Das ist gewiss schwer auszuhalten. Aber dieser Verlust lässt sich nicht mit falschen Bescheidenheitsbekundungen bewältigen. Das Entschwinden der Beachtung auszuhalten, ohne sie selbst zu verraten, das ist eine der Herausforderungen, die uns gestellt ist. Wer die Beachtung verschmäht oder abwehrt, weil sie ihn verschmäht hat, gleicht dem Fuchs in der berühmten Fabel, dem die Trauben plötzlich zu sauer sind, nur weil sie zu hoch hängen. Wer nicht an die Beachtung kommt, auf die er nicht umhin kann ausgerichtet zu sein, befreit sich nicht, er betrügt sich allenfalls selbst.

Beachtungswünsche werden auch abgewehrt, indem sie auf andere projiziert werden: „Nicht ich will es, sondern er/sie". „Alle starren mich an . . . alle drehen sich nach mir um . . . alle wollen etwas von mir." Mit einer Klientin nannte ich diese Strategie „den Spieß umkehren", immer wenn sie besonders beachtungsbedürftig war, generalisierte sie dieses Bedürfnis: „Also immer wenn ich dieses Kleid trage, es ist unglaublich, alle schauen mir hinterher, wollen mir Komplimente machen. Soll man sich denn nur noch in Walle-Walle-Kleidern verhüllen?" Als ich darauf erwiderte: „Es muss schon eine Last sein, so begehrt zu sein", verstand sie die implizite Botschaft. Über das Lachen gelang es uns, den Zusammenhang zwischen ihrem Beachtungshunger und seiner Abwehr zu durchschauen.

Eine weit verbreitete Abwehr von Beachtung ist jene selbstgefällige Überlegenheit, die sagt: „Ich habe es nicht nötig, im Mittelpunkt zu stehen", „Ich brauche die anderen nicht". Häufig verbergen sich hinter dieser arrogant zur Schau gestellten Haltung Neid oder auch Herablassung. Cool sein und keine Schwäche zeigen und bloß nicht bedürftig scheinen, das ist das Ideal jener Lebenshaltung, die nach außen eine selbstgefällige Fassade demonstriert, hinter der sich Gefühle von Schwäche, Ohnmacht und Versagensangst verstecken. Man hat Abschied genommen von den großen Erwartungen, dafür herrscht eine moderate Gefühlskälte. Einen nicht unerheblichen Teil der Zeit ist man beschäftigt mit der Abwehr von solchen peinlichen Bedürfnissen. Als ich an diesem Kapitel schrieb, traf ich einen Kollegen, der selbst auch Bücher schreibt. Er meinte grinsend: „Ich weiß, warum du über Beachtung schreibst." Darauf erwiderte ich: „Und ich weiß, warum du nicht über Beachtung schreibst." Zum Glück konnten wir beide lachen.

Für viele, die ihr Bedürfnis nach Beachtung als konflikthaft erleben, scheint es sogar, als sei das Leben selbst mit seinem beharrlichen Bedarf an Notwendigstem und seiner gewöhnlichen Kreatürlichkeit eine einzige Peinlichkeit, der es sich mit einem So-tun-als-ob zu wehren gilt. Man bringt sich in Sicherheit, lebt scheinbar ganz im Hier und Jetzt. Man will keine Umstände machen und versucht sämtliche Spuren des Persönlichen und Intimen zu tilgen. Auf das Risiko des Abgelehntwerdens oder des Scheiterns lässt man sich gar nicht erst ein. „Was gehen mich die anderen an, solange ich mein Ferienhäuschen, meinen PC und mein Auto habe", meinte einer jener Selbstgewissen, Unbeirrbaren, dessen beneidenswert simple Weltsicht lediglich von antrainierter Leichtigkeit und Effizienz abhing. Es fällt auf, wie viele erfolgreiche, gut gestylte Menschen man vor allem in Großstädten trifft, die sich scheinbar durch nichts und niemanden aus dem Gleichgewicht bringen lassen, die lediglich eine Angst kennen – Gefühle zu zeigen. Wo aber Kühle herrscht, bleiben die Gefühle für sich selbst, die Selbstachtung ebenso wie das Mitgefühl für andere auf der Strecke.

Der „Gießkannen-Effekt"

Herr A. hatte schon neunzehn Selbsterfahrungsseminare auf der Suche nach seinem wahren Selbst hinter sich. Diese Exkursionen waren allesamt höchst interessant, aber wirkliche Veränderungen konnte er noch nicht feststellen. Langsam beschlich ihn die Angst, er könne sich verfehlen. Also studierte er die Eigenwerbung eines Motivationsseminars: „Positive Affirmationen, Anlegen von Ich-Aktien, Etappenziele feiern, Turbo-Übungen gegen Sorgen, Krisen als Chancen werten." „Alles darf man verlieren, bloß nicht seine Lust auf Neues, dachte er und meldete sich an.

Diese kleine Geschichte ist exemplarisch für eine Zeiterscheinung, die unter verschiedenen Namen wie „Häppchenkultur", „Therapietourismus", „Seminar-Surfing" Ausdruck tiefer Orientierungslosigkeit ist. Wir sind Zeugen, ja manchmal vielleicht Mitakteure eines tiefgreifenden Wandlungsprozesses, in dem die lebensprägende Kraft der Beachtung durch flüchtige, flexible und zur Zerstreuung neigende „Programme" ersetzt wird. In der Tat stoßen wir auf die Spuren einer radikalen Zerstreuung überall: in der Kunst, der Religiosität und der politischen Willensbildung. Auf Grund des Überangebots wird überall ein Stück Wirklichkeit flüchtig. „In der Beschränkung zeigt sich der Meister", so heißt es. In der Tat gibt es Menschen, die sich nur noch zappend ihrer Geräte bedienen. Fragt man sie, welcher Sendung sie wirklich Beachtung geschenkt haben, so wissen sie es nicht mehr. Vielleicht ein paar Häppchen Information hier oder eine Talkshow, ein paar Takte Musik dort. Das Einzige, was viele noch mobilisieren kann, ist die Angst, etwas zu versäumen. Sprach man früher vom Zappelphilipp, der es keine Minute ruhig auf seinem Stuhl aushielt, so ist heute an seine Stelle das „Aufmerksamkeits-Defizit-Syndrom" (ADS) und die Zappsucht getreten. Letztere hat ihre Ursache wohl darin, dass man meint, während des gewählten Programmes ein noch viel besseres zu versäumen. Die Folge davon, ein hilfloses Umhertappen statt

Orientierung. Man ist überflutet, kann sich nichts mehr einprägen, alles wird angefangen, nichts zu Ende gebracht. Wie der Strahl einer Gießkanne verstreut sich die Beachtung auf alles und jedes. Alles wird gleich wichtig oder unwichtig, jedes gilt soviel wie das andere. Nichts gewinnt dabei an Tiefe oder Differenziertheit. Vielleicht kommt „Zapping" vom polnischen „Zapzarap", vermutet der Unternehmer Klaus Woltron. Dort heißt es soviel wie „stehlen".

Kann man sich selbst bestehlen? Tatsächlich kann man sich um das Wichtigste bringen, nämlich um sich selbst, wenn man wegen allzu vieler Wünsche keinem mehr wirkliche Beachtung schenkt. Das kann einem sogar mit dem eigenen Leben geschehen, wenn man bei allem, was man entscheidet und tut, davon besessen ist, was man als Nächstes tun oder was man verpassen könnte. Wie viele verraten ihre eigenen Wünsche, indem sie sich an der Schwelle ihrer Erfüllung auf die „Schnell-Erfüllung" umpolen und ihre Wünsche dem anpassen, was so kommt! Wer nicht mehr bereit ist, auf die Erfüllung seiner eigenen Wünsche zu warten, sich dafür zu bemühen und zu kämpfen, weiß mit der Zeit nicht mehr, wie die eigenen Wünsche aussehen und schmecken. Es gehört zum Lebensstil des Pragmatismus, seine Erwartungen nach unten zu korrigieren und seine Wünsche dem Maß der Erfüllung anzugleichen, das sich am mühelosesten bietet. „Man lebt ja nur einmal", also nimmt man mit, was mitzunehmen geht. Was sich einfach und schnell ausnimmt, will auch schnell genommen sein.

Die Gefahr, dass man sich übernimmt, sich mehr zutraut, als man wirklich verkraften kann, ist allgegenwärtig. Es ist zu bezweifeln, ob der, der möglichst viel „verschlingen" will und nur noch in Begriffen der Jagd und des Besitzgenusses zu beschreiben ist, ein Experte in Sachen Beachtung werden kann. Wie für alles, dem wir Beachtung schenken, gibt es ein optimales Maß, jenseits dessen sich alles in sein Gegenteil umschlägt, wo nur noch gähnende Leere oder Überdruss bleibt. Der Preis solch selektiver Beachtung ist paradoxerweise das bewusste Wegsehen, die selektive Wahrnehmung, die vom Willen geführte Entscheidung, die sich auf bewusst gewählte Ausschnitte beschränkt. Vielleicht ist der, der sich auf das konzentriert, was er verarbeiten und verkraften kann, am Ende sogar reicher als jener andere, dem nichts entgeht. Das ruhigere Glück, zu dem jene Beachtung verhilft, die sich zu beschränken weiß, lebt nicht von dem, was sie renommierträchtig nach außen vorzuzeigen hat, sondern von der stillen Befriedigung bewusster Entscheidung, die zu einem passt.

Folgendes Beispiel zeigt, wie ein Zuviel an Beachtung inflationär und damit wertlos wird. Ein Professor trifft einen Kollegen und überhäuft ihn mit Lob wegen einer Publikation: „Das war wirklich hervorragend – das Beste, was mir seit Jahren in die Hände kam." Später bei einem Empfang nach einem Vortrag hört der Kollege, wie jener Professor einen Studenten mit den Worten vorstellt: „Ein hervorragender Mann – der beste Student, den ich seit Jahren kenne." Als er dann noch mitbekam, wie er eine Kollegin als überragende Fachkraft einführte, verflüchtigte sich sein anfängliches Gefühl des Erkanntseins schlagartig. Angesichts dieser austauschbaren Superlative, an denen zwar nichts auszusetzen ist – es sei denn: dass sie eben ohne Leben sind und deswegen wie „Falschgeld" wirken –, überkam ihn ein Gefühl von Scham und Abneigung. Zu viel zu früh! Beachtungs-Superlative, die uns gehäuft begegnen, heben sich förmlich auf. Man hört sie an, nickt vielleicht anerkennend, aber man geht weiter, weil sich alles Persönliche aus ihnen zurückgezogen hat.

Es gehört eine Portion Eigensinn dazu, an seinen eigenen Wünschen festzuhalten. Es braucht ein Maß an Unbeirrbarkeit, sich nicht unterkriegen zu lassen von den schnellen Erfüllungen, die an jeder Ecke lauern. Und es braucht Festigkeit, seine Wünsche nicht einfach freizugeben, sondern unerschütterlich an ihnen festzuhalten. Man darf hoffen, dass Menschen weiterhin ihre Wünsche und Phantasien in Bewegung halten, aber statt der Schnelligkeit der Erfüllung nur so viel nehmen und so viel geben, wie sie auch verkraften können. Und das hieße mehr Tiefe und Intensität. Oder: weniger ist mehr.

Die Botschaften des Körpers

Frau B. war zum Mittelpunkt einer Familiendiskussion geworden. Man wollte sie in einem nahe gelegenen Altersheim unterbringen. Während der Diskussion sprach sie nicht viel, sie spielte mit ihrer Kette, nahm die Teetasse in die Hand und ließ ihre Finger zärtlich über das Porzellan gleiten. Seit sie sich „abgeschoben" fühlte, war sie zur „Streichlerin" geworden. Alles, was ihr lieb und wert war, berührte und streichelte sie. Schade, dass kaum jemand beachtete, was sie sagen wollte: „Ich bin schrecklich einsam. Ich sehne mich nach Berührung. Lasst mich nicht im Stich!"

Wie Frau B. senden wir alle in der einen oder anderen Weise Botschaften an unsere Umwelt. Es gibt Gebärden, die wie Hinweisschilder sind: „Nimm mich wahr", „Schau mich an", „Hör mir zu", „Geh mir aus dem Weg, aber flott!", „Komm mir nicht zu nahe", „Bleib mir fern". Sie zeigen unsere Gefühle.

Viele verstehen Kommunikation hauptsächlich verbal und vergessen dabei, dass wir uns keineswegs nur mit Wörtern verständigen. Die gestische, mimische und körperliche Kommunikation begleitet jede wörtliche Mitteilung, kann sie verstärken, ergänzen, in Frage stellen oder auch zurücknehmen. Damit stellen wir den Empfänger vor eine schwierige Aufgabe. Wie soll er entscheiden, welche Botschaft er aufgreift oder ablehnt? Fachleute schätzen, dass 65 Prozent der menschlichen Kontakte nonverbal und nur 35 Prozent verbal, also über die Sprache verlaufen. Ein Großteil unserer nonverbalen Kommunikation verläuft unbewusst, manches davon ist unbeabsichtigt, anderes wiederum gezielt eingesetzt, dennoch wird das meiste verstanden. Körpersprache umfasst nicht nur Gestik, Mimik, Körperhaltung und -bewegung, sondern auch Tonfall, Sprechtempo, Tonhöhe und spezifische Eigenheiten. Aus dieser Sprache kann sich niemand ausblenden. Sie kann, anders als Worte, nicht schweigen. Körpersprache geschieht immer. Wir dürfen davon ausgehen, dass eine typische Kommunikation sehr viel mehr an Botschaften enthält als das Wort an sich.

Der Schauspiellehrer Keith Johnstone hat sich mit einem zentralen Phänomen der Körpersprache befasst, das er als „Status" bezeichnete. Er meinte damit nicht den sozialen Status, den jemand auf Grund seiner gesellschaftlichen Position innehat, sondern er versteht darunter das Phänomen, dass Menschen mit jedem Tonfall, jeder Bewegung und jeder Handlung etwas tun, um einen bestimmten Status zu vermitteln. Man verhält sich also niemals neutral. Schon einen einfachen Morgengruß kann der Direktor als herabsetzend empfinden, während der Angestellte ihn als Status-hebend erlebt. Die Botschaften werden vom Empfänger gedeutet und modifiziert. Jeder Mensch hat einen bevorzugten Status, der eine will hoch sein, der andere tief. Ein Mensch im Hochstatus signalisiert: „Komm mir nicht zu nahe." Er setzt Betonungen. Das schafft immer auch etwas Distanz zur Umwelt. Ein anderer im Tiefstatus vermittelt: „Bitte schone mich." In beiden Fällen sorgt der Status für die Art von Beachtung, die man für sich einzunehmen wünscht. Johnstone beschreibt diese Status-Spiele anhand von drei Lehrern, die jeweils unterschiedlichen „Erfolg" in ihrer Klasse hatten. Der eine, der keine Disziplin aufrechterhalten konnte. Ein anderer, der ein unbarmherziges Regime führte und auf der Straße zielstrebig voranschritt, die Leute mit Blicken durchbohrend. Und ein dritter, der sehr beliebt war, nie strafte und dennoch die Disziplin aufrechterhielt. Er trieb Späße mit den Schülern und stellte auf unerklärliche Weise die Ruhe wieder her. Johnstone kam zu dem Schluss, dass der Lehrer mit den Disziplinschwierigkeiten Tief-Status einnahm: Er war nervös, machte viele unnötige Bewegungen und lief beim kleinsten Ärger rot an. Der Lehrer, vor dem die Schüler Angst hatten, war ein zwanghafter Hoch-Status-Typ. Der geschätzte Lehrer hob und senkte seinen Status mit großem Geschick und müheloser Flexibilität. Wenn die Schüler ihren Spaß haben wollten, senkte er seinen Status, um ihn wieder anzuheben, wenn er Veränderungen bewirken wollte. Er wurde mit den unterschiedlichen Situationen fertig, weil er in der Lage war, seinen Status flexibel und der Situation angepasst handzuhaben.

Wie verschafft man sich Beachtung? Schon an kleinsten sprachlichen Nuancen kann man beobachten, wie Menschen sich Geltung verschaffen, beispielsweise durch ein langgezogenes „Äh", das bedeutet: „Unterbrich mich nicht, auch wenn ich noch nicht weiß, was ich sagen will." Wohingegen ein kurz dauerndes „Äh" eher unsicher und hilflos wirkt und zum Unterbrechen einlädt. In der Arbeit mit seinen Studenten fand Johnstone ein wirksames Mittel im Beachtungsaustausch heraus – beim Sprechen hielt er den Kopf still. Dies verändert nicht nur die Art und Weise, wie man sich selbst empfindet, sondern auch wie man auf andere Menschen wirkt. Wenn man beim Sprechen den Kopf stillhält, macht man automatisch viele andere Dinge, die ebenfalls zum Hochstatus gehören. Man spricht in ganzen Sätzen, hält den Blickkontakt, bewegt sich gleichmäßiger und beansprucht mehr „Raum". Man braucht sich bloß vorzustellen, wie jemand mit nach innen gewendeten Füßen spricht. Er nimmt nicht nur weniger Raum ein, er wird wahrscheinlich auch eher kurzatmig wirken oder seine Sätze mit einem zögerlichen „Äh" beginnen. Dies zeigt: Auch scheinbar nicht zusammenhängende Verhaltensweisen beeinflussen sich gegenseitig. Deswegen ist das, was gesprochen wird, oft weniger wichtig als der Status, der vermittelt wird.

Wann immer Menschen zusammenkommen, geht es aber nicht nur um Status, sondern auch um die Tatsache, dass wir alle einen bestimmten Raum einnehmen wollen. Diesen Raum tragen wir sozusagen mit uns herum und wollen ihn für uns behalten. Wir markieren, grenzen ihn ab und reagieren recht verschieden darauf, wenn dieser individuelle Raum nicht beachtet wird. Wie verteidigen Menschen ihr „Revier", und wann geben sie es auf? Man kann es selber ausprobieren: So traf ich mich mit einem Freund in einem Café und rückte meine Tasse immer mehr in die Nähe seiner Tischhälfte, dann schob ich die Kerze und den Aschenbecher in seine Nähe und lehnte mich selbst über den Tisch in seine Richtung. Es war erstaunlich, wie er in kürzester Zeit unruhig und immer verwirrter wurde, weil ich in sein Revier eingedrungen war. Das brachte ihn instinktiv in Verteidigungsstellung. Es gibt nämlich so etwas wie ein unbewusstes Abstecken und Aufteilen des Reviers – in diesem Fall des Tisches, den man, wenn man höflich ist, teilt. Wird dieses Abstecken nicht beachtet, so reagiert der andere, indem er seinen Bereich verteidigt und zum Gegenzug ausholt. Wenn Menschen von ihren „Plätzen" sprechen, beispielsweise auf einer Parkbank, im Zug, im Flugzeug, in der Wohnung, bei Versammlungen oder Einladungen, so handelt es sich dabei immer um ein Bedürfnis nach dem Raum, den man sein Eigen nennen kann. Es ist davon auszugehen, dass es sich hier um ein angeborenes Verhalten handelt, das in engem Zusammenhang mit dem Wunsch nach Wahrgenommen- und Bemerktwerden steht. Hunde setzen ihre Duftmarken. Frauen benutzen manchmal ihre Handtaschen, schwarz, eckig, stabil und eigentlich zu groß für Lippenstift und Geldbeutel. Man braucht bloß öffentliche Verkehrsmittel zu benutzen, um zu beobachten, wie sie ihre Taschen im Kampf um ein paar Zentimeter Bein- oder Kniefreiheit einsetzen. Sie setzen Grenzen. Bei Männern beobachte ich andere Muster: in der Regel gehen sie viel unbefangener mit ihren Raumbedürfnissen um, sie spreizen die Beine, breiten sich aus und setzen Schenkelkraft ein, um sich Raum zu verschaffen. Manchmal scheint es, als seien die männlichen Empfindungen im Knie nicht so ausgeprägt. Der Reflex „Achtung, da ist jemand" scheint nicht Rückzug zur Folge zu haben, stattdessen herrscht die Moral des Fortschiebens, Drandrängens oder Wegdrängens. Hier verschafft sich der Körper Beachtung, indem er Grenzen überschreitet.

Jeder Mensch hat seine spezifischen Raumbedürfnisse. Er hat seinen „Körperraum", der nicht an der Oberfläche des Körpers endet. Man muss sich bloß mit geschlossenen Augen in die Dunkelheit begeben, und man spürt, wie es so etwas wie einen Raum bei geschlossenen Augen gibt. Nun gibt es Menschen, die bestimmte Bereiche ihres Körpers nicht empfinden können. In der therapeutischen Arbeit ist der Blick auf diese „unbewohnten" Bereiche eine der wichtigsten diagnostischen Wegweiser, die anzeigen, wo der Fluss der Lebendigkeit unterbrochen oder blockiert ist. Es gibt Menschen, die sozusagen keine Beine, keine Arme, keine Hände oder keinen Unterleib haben. Die therapeutische Aufgabe besteht dann darin, diesen gefühllosen Bereichen zunächst einmal Beachtung zu verschaffen. Es geht darum, überhaupt zu merken und zu spüren, wo man sich abgeschnitten hat oder wie man bestimmte Bereiche vermeidet oder abwehrt. Der nächste Schritt führt zum Ertragen und Beleben dieser vernachlässigten Körperinseln durch Berührung und Atmung mit dem Ziel, sie mit der Zeit sogar genießen zu können. Eine Klientin hierzu: „Ich habe meine Hände immer versteckt, weil ich sie unansehnlich fand wegen der Adern, die so stark hervortreten." Als ich einmal ihre Hände berührte, mit ihnen sprach, und sie erzählen ließ, was diese Hände schon Gutes und Wohltuendes getan haben, empfand sie plötzlich so etwas wie Mitgefühl und Rührung für ihre Hände, die „so viele Bilder gemalt, so viele Kinder gestreichelt, unzählige Kuchen gebacken und immer zugepackt haben, wenn es zu helfen galt." Am meisten beeindruckte mich an dieser Geschichte, dass ihre Unfähigkeit, sich warm zu fühlen, und ihre hohe Empfindlichkeit gegen Kälte sich allmählich wandelten. Ihre Wärmeregulation der Körperoberfläche regulierte sich unmerklich – einfach durch die wohlwollende und mitfühlende Beachtung ihrer Hände, die immer mehr zu ihr gehörten. Ein denkwürdiger Tag war es, als sie mir plötzlich eine warme Hand zum Gruß entgegenstreckte.

Unbewohnte Körperbereiche, Narben oder vernachlässigte Stellen bedürfen der besonderen Beachtung, nicht nur, weil sie den Fluss des Ganzen unterbrechen, sondern weil sie grundsätzlich mehr an Zuwendung brauchen.

Annäherung und Beachtung hängen vom Raum ab. Sofaecken, das Kopfende von Tischen bedeuten im Allgemeinen Hochstatus, und man kann beobachten, dass Hochstatusgewinner sich dorthin setzen dürfen. Ein Rednerpult steht gewöhnlich vor einer Wand – vielleicht ein Relikt aus früheren Zeiten, wo man sich bei Gefahr in die Bäume hinaufretten musste. Man stelle sich einen Gehsteig vor, zwei Fremde gehen aufeinander zu. An einen Punkt wird einer der beiden zur Seite treten müssen, um vorbeizukommen. Nach Johnstone geschieht diese Entscheidung bereits fünfzig Meter vorher, weil beide einander nach Statussignalen absuchen. Wer die schwächere Position hat, wird wahrscheinlich ausweichen. Weichen beide aus, so besitzt jedoch derjenige, der an der Häuserwand entlanggeht, die stärkere Position. Häufig kommt es aber vor, dass beide meinen, sie seien in der stärkeren Position, also findet so etwas wie ein Ausweichtanz statt, bei dem beide unbewusst Status-Herausforderungen austauschen, während sie sich oft verlegen entschuldigen. Man braucht bloß in ein Restaurant oder Café zu gehen, um zu beobachten, wie sich die Haltung aller Mitglieder einer Gruppe verändert, wenn einer neu hinzukommt oder weggeht. Oder wenn sich zwei unterhalten, und einer von beiden weggeht, automatisch verändert der Zurückbleibende seine Haltung und sucht eine neue Raumbeziehung zu den Menschen im Raum.

Die Techniken, die unser Bedürfnis nach Beachtung befriedigen sollen, reflektieren unsere Persönlichkeit. Es gibt Menschen, die dazu neigen, andere von sich fernzuhalten, ihr Leben kreist vor allem um sich selbst. Sie wirken unnahbar und strahlen das Körpersignal aus: „Bitte nicht stören." In feinen Dosierungen sind solche Signale durchaus hilfreich, um den Alltag zu bewältigen. Wer aber vor lauter Distanz mit Signalen und Energien geizt, kontrolliert nicht nur den eigenen Körper, er beeinflusst und verengt auch die Körperregungen anderer, die sich dann enttäuscht zurückziehen. Andere wiederum signalisieren ständig: „Ich bin für alle da" oder „Komm mir näher". Sie führen eine eher extrovertierte Existenz, während introvertierte Menschen zwar den Raum mit anderen teilen, sie aber möglichst auf Distanz halten. Wo immer wir uns befinden, geben wir Platzierungssignale „Das ist mein Platz", was soviel heißt wie „Bleib hier weg" oder „Stör mich nicht". Hinter dem Schreibtisch im Büro vermitteln wir: „Bleib auf Distanz, ich möchte beachtet und respektiert werden." Oben auf dem Rednerpult oder der Richterbank verkünden wir: „Ich stehe über euch und weiß mehr." Wenn wir in den Raum eines anderen eindringen, signalisieren wir: „Ich kann in deinen Raum eindringen, wenn ich will, weil ich überlegen bin." Sich nicht mit den Ellenbogen nach vorne drängen kann eine angenehme Geste sein, weil sie Souveränität und eine gewisse Sättigung an Beachtung symbolisiert. Man hat es nicht nötig, jedem Impuls unbedingt zu folgen. Man lässt anderen den Vortritt, man geht zur Seite. Wer sich derart verhält, ist schlichtweg ein „beachtungssatter" Mensch. Ihnen schlägt Hochachtung und Sympathie entgegen.

Beachtung als Weichensteller

Eine Patientin schenkte mir einen mit Erde gefüllten Blumentopf. Mit geheimnisvoller Stimme sagte sie: „Sie müssen ihn nur jeden Tag gießen, dann geschieht ein kleines Wunder." „Jeden Tag?" fragte ich ein wenig überrascht. Nach der nächsten Sitzung wollte ich wissen, wie lange ich denn noch durchhalten müsse, bis das Wunder endlich geschehe. „Sie werden schon merken", meinte sie etwas belustigt ob meiner Ungeduld. Nichts geschah, ich wollte schon fast aufgeben. Vielleicht wollte sie mich ja einfach nur testen. Eines Sonntags ging ich ganz gegen meine Gewohnheit in meine Praxis. Was sah ich? Ein paar winzige grüne Blättchen hatten sich ihren Weg ans Licht gebahnt. Ich war wie verzaubert. So einfach kann das sein – jeden Tag ein bisschen Wasser und schon entsteht neues Leben. „Nein", meinte sie, „es ist mehr – es ist die tägliche Beachtung, die das Wunder bewirkt hat."

Meinen Patienten verdanke ich wichtige Lektionen über die magische und lebensspendende Kraft der Beachtung. Das liegt sicher am geschützten Rahmen des therapeutischen Raumes, der es erlaubt, sich der eigenen Bedürftigkeit und Verletzlichkeit auszusetzen. Therapie ist, wie kaum ein anderer Ort, eine Möglichkeit der Wandlung und Heilung durch Selbstbeachtung und ungeteilter Beachtung durch einen Zeugen. Um einem Missverständnis vorzubeugen, das Bedürfnis nach Beachtung ist kein Krankheitssymptom, sondern ein vitales Verlangen, das in jedem von uns schlummert. Im therapeutischen Raum darf es lediglich direkter und angstfreier an die Oberfläche kommen als im Alltag. Der Umgang damit ist eine äußerst wichtige Frage, mit der fast alle Menschen auch ihre Schwierigkeiten haben, weil er uns an unsere Verletzlichkeit und Bedürftigkeit führt. Aber gerade unsere Verletzlichkeit ist es, die uns auch miteinander verbindet und nicht unsere chamäleonartige Umweltanpassung und Stärke. Auch wenn es so aussieht, als würden viele an einem Mangel an Beachtung leiden und deswegen unsicher und wenig motiviert sind, weil sie sich nicht gebraucht und anerkannt fühlen, so stimmt aber auch, dass vielen die Sicht vernebelt ist für das, was sie tagtäglich an Beachtung empfangen. Wir begegnen Beachtung ja nicht nur in der Zuwendung unserer Mitmenschen, sondern auch in den unzähligen Gesten und Signalen der Tiere und Pflanzen, die sich uns anbieten und für uns da sind. Liegt es nicht an unserer Fähigkeit der Wahrnehmung? Ein jugendlicher Patient malte mir ein Bild hierzu: Schlangen von Autos auf der Autobahn, die alle voll beladen waren, deren Fahrer, ohne rechts und links zu schauen, immer weiter fuhren. Dieser Junge hatte intuitiv erfasst, wie vollgepackt das Leben so vieler ist, so dass weder Zeit noch Aufmerksamkeit bleibt für die wache Wahrnehmung der Gesten, Botschaften und Signale von außen. „Die sollten ihre Autos nicht so voll packen, damit sie bessere Sicht haben" ... und ... „die sollten öfter mal auf einem Parkplatz Halt machen." Das war seine kluge Empfehlung.

Es ist alles andere als zufällig, dass Beachtung gerade in einer Zeit der Unübersichtlichkeit, des Urteilsverfalls, der Informationsfülle und der drohenden Gleichgültigkeit so stark in den Vordergrund rückt. Vielleicht müssen wir daher auch Beachtung als jene geheimnisvolle Kraft sehen lernen, die – im Kleinen wie auch im Großen – „die Welt bewegt" und ein Stück unverzichtbare Orientierungsgewissheit in unübersichtlichen Zeiten gibt. Oft ist uns viel zu wenig bewusst, wie es gerade die einfachen, schlichten Handreichungen sind, die sich auf das Leben anderer mitunter tiefgreifend auswirken: der unerwartete Telefonanruf, die spontane Berührung, ein warmes Lächeln, der wohlwollende Blick, das einfühlsame Zuhören, das vermittelt: „Ich habe Zeit für dich." Große Botschaften müssen nicht spektakulär sein. Sie kommen in kleinen Päckchen. Manchmal genügt das Zurückgeben eines stehen gelassenen Schirms oder einer verloren gegangenen Haarspange, um jemandem das Gefühl von Lebensvertrauen und Bedeutsamkeit wiederzugeben. Oder ein Satz zur müden Frau an der Kasse: „Sie werden auch froh sein, wenn endlich Feierabend ist!" Wenn sie dann sogar lächelt und sagt: „Sie haben recht, bald ist es überstanden", merkt man, wie wenig es oft braucht. Vielleicht war man einer unter Hunderten, der ein bisschen Menschlichkeit verbreitet hat. Und vielleicht macht solch ein Lächeln einen selbst sogar für einen Moment glücklich. Egal wie klein oder groß solche Gesten ausfallen mögen, sie verweisen immer über das Individuum hinaus auf die Gesellschaft und auf die das Menschliche mehrende Macht der Beachtung. Jede Beachtung, die wir anderen zuteil werden lassen, schafft immer auch ein Stück Zuflucht vor einer gleichgültigen Welt.

Der Sozialwissenschaftler Wilhelm Heitmeyer hat in einem Gespräch über die Ursachen des Rechtsextremismus betont:[33] Wer sich nicht geschätzt weiß, wem die Anerkennung genommen wird, der wird sich Anerkennung woanders verschaffen. Jugendliche gleich welcher Herkunft gehen in Gruppen, um sich eine neue Plattform zu schaffen, wo sie ihre eigene Ohnmacht ausgleichen können, und zum Angriff gegen jene überzugehen, deren Anerkennung sie so dringend benötigen würden. Denn eines ist klar: Wo Beachtung fehlt und Anerkennung zerfällt, bricht ungezügelte Wut aus – über die eigene Innenwelt wie die äußere Wirklichkeit, der gegenüber gleichermaßen ein Gefühl des Ausgeliefertseins existiert. „Verzweiflung über sich selbst", wie Pierre Bourdieu die Gefühlslage der Ausgeschlossenen nannte, und wahlloser Hass entladen sich im täglichen Krieg von Zerstörung und Selbstzerstörung, die keinen Respekt mehr vor der Gleichwertigkeit anderer Personen und vor sozialen Normen kennt. Er plädiert daher entschieden für eine Politik und Kultur der Anerkennung, die rechtliche Gleichheit und moralische Gleichwertigkeit voraussetzt und so erst die Austragung von Konflikten ermöglicht.

Wer sich nicht gebraucht und anerkannt fühlt, zieht sich in sich selbst zurück, flieht vor der Wirklichkeit, geht in die Defensive und dann zur Rebellion über. Falls solche Lebensaussteiger nicht schon

---

[33] Aus: DIE ZEIT vom 24. 8. 2000, S. 6–7. „Der Staat will nichts wissen". Ursachen des Rechtsextremismus und das riskante Verhalten der Mitte – ein ZEIT-Gespräch mit dem Bielefelder Sozialwissenschaftler Wilhelm Heitmeyer.

in einem Zustand totaler Verbitterung sind, gibt es, getragen von einer wohlwollenden Haltung, immer Chancen, an diese tief verwurzelte Sehnsucht nach Beachtung anzuknüpfen. Als Mitmenschen, Kollegen, Freunde, Eltern oder Berater können wir dazu beitragen, die Richtung mit zu beeinflussen, die ein Mensch einschlägt, um sein Bedürfnis nach Beachtung zu stillen. Beachtung, die uns anblickt und entgegenkommt, die wir sehen, hören und fühlen können, sagt uns immer unüberhörbar: Du gehörst dazu, du bist nicht allein, du bist Teil dieser Welt. Dass wir uns erkannt und gesehen fühlen, bedeutet, dass wir dazugehören und tiefer in das Leben involviert sind. Eine Frau, die heute als Bestattungsrednerin überaus geschätzt ist, beschreibt dies: „So ging es mir oft im Leben. Ich bin eine gute Rednerin geworden, nur weil man mich ermunterte und es mir zutraute. Ich wäre heute Landwirtin, wenn da nicht Menschen gewesen wären bei meiner ersten Bestattungsrede, die mir vermittelt hätten: ‚Mach weiter, du kannst das.' Dieser Satz war es, der meinem Leben eine neue Richtung gab." Wie oft habe ich erlebt, dass jemand zu mir kam, dem ich nicht helfen konnte. Am Ende hörte ich dann: „Ich habe eigentlich gar keinen Rat erwartet. Trotzdem bin ich so froh, dass Sie mir Ihre Zeit und Beachtung geschenkt haben. Jetzt sehe ich viel klarer. Es ist mir viel leichter ums Herz." Beachtung ist eine Kraft, die vor dem Alleinsein in einer kalten Welt ohne Trost und Hoffnung bewahrt – ein Damm gegen die Abgründe und Gezeiten der Kälte und Sinnlosigkeit. Beachtung geben oder empfangen, bedeutet immer auch, dass wir nicht allein sind. Sie bewahrt uns vor dem Nomadenstatus. Sie führt uns zu uns selbst und zum anderen und trägt dazu bei, dass wir, obwohl wir uns immer mehr als Individuen erfahren, dennoch nicht vereinsamen und von der Welt abwenden.

David – von der Wiederaneignung des Selbst

David war 25 Jahre alt und studierte Soziologie. Er war seinem Professor durch sein auffallend theatralisches Verhalten und seine ewig schwarze Kleidung aufgefallen wie auch durch seine unberechenbare, sprunghaft wechselnde Art. Es gab Tage, da war er zuvorkommend, humorvoll und überaus willig, alles zu tun, was man von ihm erwarten könnte. Dann ohne Vorwarnung war er plötzlich kalt, unnahbar, arrogant und voll beißender Ironie, dann wieder verschlossen, zögerlich und gehemmt. Seine Mitstudenten taten sich schwer mit ihm, weil er stets auf der Flucht und nicht fassbar schien. David ergriff die Empfehlung seines Professors, therapeutische Hilfe in Anspruch zu nehmen, wie einen Strohhalm. Er sagte, er habe sich in eine eigene innere, chaotische Landschaft zurückgezogen, wo ihm nur noch jemand folgen könne, der auch solche innere Landschaften kennt. Er fühle sich ohne Halt und Sicherheit in einer kalten Welt, in der er das Gefühl hatte, nicht dazuzugehören und ständig auf der Flucht zu sein.

Eines Tages brachte er ein Fotoalbum in seine Therapiestunde. Er sieht sich als kleinen Jungen, wie er in einer Ecke sitzt, fern von seiner Mutter, die immer nur lächelte. Immer war da ein Tisch, ein Sessel oder ein Sofa, die ihn von seinen Eltern trennten. Er sieht sich, wie er mit seiner Katze spielt, sie an sich drückt und mit ihr redet. Es gab keinen Platz für ihn neben seinen Eltern. Sie versorgten ihn zwar mit all dem, was ein kleiner Junge sich nur wünschen konnte. Spielzeug, Malutensilien, Instrumente und PC stapelten sich in seinem großen Zimmer, doch sie wandten sich ihm nicht zu. Schon früh stand für sie fest, sie würden sich nicht einschränken lassen durch ein Kind, ihre Karriere als renommierte Architekten war ihnen oberste Priorität. Oft bemerkten sie ihn nicht einmal, wenn er in ihrer Nähe war. Sie schienen ihn nicht wahrzunehmen. Manchmal saß er stundenlang in seinem Zimmer, spielte mit seiner

Katze, hörte Musik und träumte. Er störe sie ja doch nur in ihren Aktivitäten, so fühlte er. Er sei ein braver Junge, so meinten seine Eltern.

Zunächst war David erstaunt und irritiert, dass ich ihm so lange zuhörte. Er war es nicht gewöhnt, wahrgenommen zu werden. Ihm fehlte die Selbstgewissheit, die sich spielerisch unter den liebevollen Blicken der Mutter entwickeln konnte. Er konnte sich nicht spiegeln im freundlichen Blick seiner Eltern, die ihm vermittelt hätten: „Das bist du! Das ist unser David!" So lernte er sich selbst mit resonanzlosen Augen zu sehen. Hier war ein vorsichtiges Heranführen notwendig, bis es David gelang, meine Blicke auszuhalten und als wohltuend zu erleben. Wohlwollende Blicke erinnerten ihn zu schmerzlich an das fehlende liebevolle Angeschaut-Werden aus früheren Erfahrungen. Er begann die Geschichte seiner Blickerfahrungen zu malen, wobei besonders ein Bild herausstach, das er den „strafenden Blick Gottes" nannte. „Immerhin fühlte ich mich wenigstens von ihm beachtet, auch wenn es strenge Augen waren", so kommentierte er sein Bild. Er war fasziniert von dem großen Spiegel, der in meiner Praxis hing. Er riskiert ein paar flüchtige Blicke, die ihn an die unruhigen Augen seiner Mutter erinnern. Die ironischen Blicke seines Vaters fallen ihm ein, wie er seine linke Augenbraue hebt, um zu signalisieren: „Putz dir die Nase! Wasch dir die Hände! Schau mal, wie du wieder aussiehst! Geh auf dein Zimmer!"

Ich ermutige David, im Spiegel verschiedene Gesichter zu erproben, um seine unterschiedlichen Gesichter kennen zu lernen. Er mochte diese Spiegelerfahrungen, erlaubten sie ihm doch ein Stück Komik, wenn er Grimassen schnitt, aber auch tiefen Ernst, wenn er konzentriert den Geheimnissen seiner eigenen Tiefe auf die Spur kommen wollte. Gemeinsam betrachten wir unsere Gesichter im Spiegel. Mit Erstaunen und Befremden versucht David in seinem Gesicht seine Geschichte zu lesen und von mir lesen zu lassen. „Mein Gesicht wird wieder ganz", so beschreibt er einen wichtigen Schritt, der ihn aus seinem inneren Gefängnis ausbrechen lässt. „Ich brauche sanfte Augen, die mich heilen." So entstand unser erstes menschliches Band, das ihm ein Stück Versöhnung ermöglichte. Er fühlte sich von akzeptierenden, wohlwollenden Augen beachtet, und das bot eine erste korrektive emotionale Erfahrung, die für ihn wesentlich und einschneidend war.

In der Folge malt er mehrere Selbstportraits, die ihm helfen, sich zu begreifen und immer mehr mit sich vertraut zu werden. Er gibt ihnen den Titel „Spurensuche", der seinen Weg treffend beschreibt. Fühlte er sich zu Beginn wie eine Collage aus Einzelteilen, die unverbunden nebeneinander existierten – er nannte sie „Imitate" – suchte er nun nach Spuren seines Selbst, das sich schon früh „nach innen gestülpt" hatte. Ich merke, wie wichtig ihm die spiegelnde Rückmeldung von mir ist. Über das Betrachten dieser Selbstportraits kommt eine Art von engem Kontakt zustande, David öffnet sich zusehends. Eine Erklärung mag sein, ich hätte ihn „gut bemuttert". Eine andere, vielleicht wichtigere, könnte der Augenblick des Verzeihens gewesen sein. Es schien David, als hätte er 25 Jahre nicht sich selbst, sondern als Fremdkörper gelebt. Er hasste sich dafür. Sein Mangel an menschlicher Bezugnahme, sein ständiges Auf-der-Flucht- oder Auf-der-Bühne-Sein schockierten ihn. Er fühlte sich als Schwindler, weil das Einzige, was ihn interessierte, Bewunderung und Applaus waren. Aber irgendwann schien jenes Licht auf, das ihm zeigte, dass seine Zukunft offen war für eine neue Lebensweise. Er sah ein, dass es nicht ausreichte, seine Eltern dafür verantwortlich zu machen und sie dafür zu verachten. Verachtung hieß, seine Eltern mit genau den Mitteln zu bestrafen, mit denen er sich selbst jahrelang zur Erstarrung und zum Verstummen gebracht hatte. Die therapeutische Beziehung wurde zu einem Übungsfeld, wo es von nun an um tiefes, leidvolles Verstehen ging, um das Betrauern dessen, was er so schmerzlich vermisst hatte. Um den Kontakt mit der Welt wieder aufzunehmen, musste er sich selbst und seinen Eltern verzeihen. Ein dramatischer Augenblick, der mir besonders haften blieb, weil seine Augen plötzlich ganz sanft wurden. Er konnte mich ruhig anblicken. Seine Zerrissenheit hatte in dem Maß nachgelassen, als er meine Beachtung annehmen konnte und Vertrauen in mich als einen Menschen fasste, der mit ihm fühlte und empfand. Er wusste plötzlich, dass er „es schaffen" würde, ohne genau zu wissen, was dieses „es schaffen" tatsächlich bedeuten könnte. Eines bedeutete es sicher, er kam mir anders vor, weicher, wärmer und nicht mehr so flüchtig.

Anfänglich waren es Worte, Blicke, Spiegel und Bilder, die wir miteinander teilten, später belebte sich die innere Wüste – Klänge und Gefühle stellten sich ein. Waren es anfänglich Wüstenlandschaften, die er musikalisch auf dem Marimbaphon ausdrückte, so spielte er eines Tages eine Melodie auf dem Klavier, die er „Wer folgt mir in den Garten?" nannte. Gern folgte ich ihm. Es entwickelte sich ein Dialog zwischen Klavier und Bongos, bei dem man es, wie er meinte, „blühen und treiben" hörte. Über diese Brücke von Gefühlen und Klängen gelang es David, seine eigene Fähigkeit zur Selbstbeachtung und Beachtung anderer zu entwickeln und leben zu lassen. Erst einmal, indem er auf meine Resonanz hörte, sie aufnahm und weiterspann, um dann in einen Dialog zu münden, der auf Wechselseitigkeit gründete. Er begann seinem theatralischen Verhalten mit Anteilnahme und Einsicht auf die Spur zu kommen und entdeckte dabei, dass er es immer weniger nötig hatte, sich in Szene zu setzen. Viel wichtiger waren ihm die offenen Gespräche mit seinem Mentor, das Musikmachen in seiner Jazzgruppe und die Herausforderungen, die ihm das Leben in seiner neuen Wohngemeinschaft boten. Je mehr er sich mit seinen Mitstudenten in einem Boot fühlte, desto weniger überkam ihn die Angst, nicht dazuzugehören. Rückwirkend erkannte er seine Isolation als Selbstrettungsversuch, der nun nicht mehr nötig war. Stattdessen durfte er durchatmen, seine Wärme und sein Mitgefühl spüren und aus dieser Mitte heraus, sich selbst und anderen Beachtung schenken. Und noch etwas: er musste sich nicht mehr hinter seinen schwarzen Kleidern verstecken. Mit sichtlichem Stolz trug er eines Tages einen hellen Pullover.

Kommentar

Es scheint ein Gesetz seelischer Entwicklung zu sein, dass nur jene Schritte ein ungestörtes Weitergehen erlauben, die erst einmal in ihrem Recht belassen werden. Das Kind, das unter einem Mangel an Wahrnehmung und Beachtung aufgewachsen ist, wird zunächst übereilt den Schritt in die Selbstgenügsamkeit und Autonomie als Selbstrettungsversuch tun. Die dahinter versteckte Gier und gleichzeitige Angst vor Abhängigkeit führen dazu, dass dieser Schritt später zwanghaft wiederholt werden muss. David blieb daran gebunden und konnte keine natürliche Beziehung zu Beachtung und Bestätigung gewinnen, sondern geriet in großen Stress, der sich in Theatralik, Flüchtigkeit und Sprunghaftigkeit auswirkte. Auf diese Weise wurde der zu früh vollzogene Selbstrettungsversuch zur Störung. Menschen, die nicht wissen, wie sie an Beachtung kommen können und wie viel sie brauchen, können regelrechte Gier entwickeln, die sich darin äußert, dass sie entweder nicht ohne Menschen sein können oder sich blind dem unterwerfen, was sie als an sie gerichtete Erwartung anderer Personen oder Institutionen deuten. Sie bleiben in diesem Entwicklungsbereich undifferenziert, gewähren anderen ungebührlichen Einfluss auf ihr Denken und bleiben gefesselt an kindliche Beziehungsmöglichkeiten und deren Abwehr. Die Heftigkeit der Suche nach solchen Ersatzmitteln erklärt sich daraus, dass sie als Krücken benötigt werden, um fehlende Teile natürlich gewachsener Struktur zu kompensieren. Erleben nun solche Menschen, dass ihren verschlüsselten Botschaften Verständnis und Einfühlung entgegengebracht wird, so können sie schrittweise aus ihren inneren Gefängnissen ausbrechen und fehlende Segmente seelischer Struktur aufbauen. Davids Rückzug hatte in dem Maß nachgelassen, als er Vertrauen in mich als Mitmenschen fasste, der ihn wirklich verstehen und ihm in seine inneren Landschaften folgen wollte. Über die Brücke von Bildern, Klängen und Worten gelang es David, Zugang zu eigenen Gefühlen der Anteilnahme, der Selbstbeachtung und des Mitgefühls und der Beachtung anderer zu entdecken und leben zu lassen.

Der Nimbus-Effekt

Ich komme vom Orgelüben aus der halbdunklen Kirche ins Freie und bin noch etwas traumwandlerisch und beseelt von dieser meiner „anderen Welt". Nachdem ich mich langsam an das helle Tageslicht gewöhnt habe, begegnet mir ein anderes Augenpaar, und dieser andere Mensch strahlt mich an. Augen-Blicke – im wahrsten Sinn des Wortes. Wir beide lachen herzhaft. Es ist, als würden diese Augen zu mir sagen: „Wie kann man nur so dumm sein, solch einen herrlichen Tag in der dunklen, kühlen Kirche zu verbringen?" Nie werde ich erfahren, was in dem anderen Geist vor sich ging, aber ich war reicher um eine Begegnung, die mir etwas von der Magie der Beachtung vermittelte. Manchmal dauern Liebesgeschichten nur ein paar Sekunden.

In jeder Begegnung, von der man sich berühren lässt, begegnet einem immer auch das Versprechen eines Lebens, das auch ganz anders sein könnte. Eine Ahnung von einem Mehr an Anteilnahme und Lebendigkeit. Jedes Augenpaar, das einen berührt, enthält nicht nur Anruf, sondern auch Erinnerung an unser erstes Gesehenwerden. Beachtung, die einem so unverhofft und unbefangen entgegenkommt, hat etwas Belebendes und Ermutigendes. Sie setzt eine Energie frei, die wie die Quantenenergie unabhängig von Raum und Zeit und deshalb nicht messbar ist. Aber man spürt und fühlt sie. Man kann sie natürlich ignorieren. Sie wird uns aber immer wieder erreichen, solange wir nicht blind und taub sind.

Man braucht sich bloß zu vergegenwärtigen, was einen gelungenen Tag ausmacht. Ist es ein Tag, an dem wir genügend geleistet und gearbeitet, gut gegessen und genossen haben? Das genügt gewiss nicht. Wirklich satt und befriedigt sind wir am Ende eines Tages, wenn wir darüber hinaus auch genügend Beachtung und Daseinsbestätigung erhielten. Unzufriedenheit und Verstimmung trotz Können, Fleiß und Erfolg entbehren häufig aller konkreten Gründe – außer eben dem einen: dass sie nicht wärmen, weil ihnen die Beachtung von außen fehlt. Wer nicht wahrgenommen wird, verliert mit der Zeit auch die Wahrnehmung für sich selbst. Das zurückwandernde Erinnerungsauge hat nichts, woran es sich heften kann, weil der von außen kommende Blick gefehlt hat. Die Vorstellung vom selbstgenügsamen Selbst ist eine Täuschung. Das Gefühl, einen allen Blicken verborgenen Schatz zu besitzen, mag vielleicht einige Menschen befriedigen. Solcher Besitz, sei das nun ein bestimmtes Können oder Wissen, muss natürlich auf „Beachtungsprämien" verzichten. Aber dafür entschädigt vielleicht jene ruhige Gewissheit, dass man über etwas verfügt, das einem nur selbst gehört. Ich denke hier an eine ältere Dame, die ihr ganzes Leben über geschrieben hat, Berge von Gedichten, Aphorismen und Kurzgeschichten, ohne nur einem Menschen je etwas davon zu zeigen. Sie war sogar der Meinung, dass sie etwas Wertvolleres besitze als jene anderen, die sich um jeden Preis der Öffentlichkeit aussetzen müssen.

Es gibt aber unzählige Formen des Ausdrucks, die nur die von außen kommende Beachtung an uns wahrnehmen kann. Fast alles, was mit Zuneigung, Wärme, Liebe, Anmut und Bewegung zu tun hat, braucht die Entdeckung durch den anderen Menschen. Ohne das Augenpaar, das mir vor der Kirche begegnete, wäre der Zauber dieses Moments verloren gegangen. Und ohne diesen Moment wäre mein Tag anders verlaufen. Unsere Fotos, Filme, Kassetten und CDs, sind sie nicht ein Beweis dafür, wie wir instinktiv ahnen, dass uns Zauber und Schönheit verloren gehen könnten, wenn wir sie nicht mit unseren Augen und Ohren ins Leben holen und durch Beachtung zur Realität erheben? Selbst das Größte, was ein Mensch erreichen kann, bleibt letztlich unsichtbar, wenn es nicht die Beachtung anderer findet.

Was sind denn nun wirkungsvolle Mittel, um Beachtung zu erhalten? Vermutlich kennt jeder einen Menschen, der offensichtlich reich damit gesegnet ist. Meistens sind es solche Menschen, die ein erfülltes Leben führen, die relativ unabhängig von der Meinung anderer Leute ihre Aufgaben und Ziele verfolgen, denen vermutlich wenig Zeit und Energie für direkte Bestätigungssuche bleibt.

Die Menschen, die viel Beachtung bekommen, sind offensichtlich die, die nicht danach suchen und ihr ständig nachjagen. Um diesen Gedanken zu illustrieren, möchte ich eine kleine Fabel erzählen: „Eine große Katze sah eine kleine Katze ihrem Schwanz nachjagen und fragte: ‚Warum jagst du deinem Schwanz so hinterher?‘ Das Kätzchen antwortete: ‚Ich habe gehört, dass das Glück das Beste für eine Katze ist und dass es in meinem Schwanz sitzt. Deshalb versuche ich, ihn zu erhaschen: wenn ich ihn erwische, werde ich das Glück gefunden haben.‘ Darauf sagte die alte Katze: ‚Mein Sohn, auch ich habe mich mit den Problemen des Universums beschäftigt. Auch ich habe befunden, dass das Glück in meinem Schwanz sitzt. Allein, ich habe bemerkt, dass er mir immer wegläuft, wenn ich ihn fangen will; gehe ich jedoch meiner Wege, scheint er mir von allein hinterherzukommen, wo ich auch hingehe.‘"[34]

Beachtung ist ähnlich wie das Glück kein Projekt, das wir direkt und gezielt ansteuern können. Echte Beachtung ist vielmehr eine Folge, nicht ein einklagbares Recht oder ein kalkulierbares Gut. Sie ergibt sich, wenn wir es unterlassen, ihr nachzujagen, sie einzufordern oder zu verlangen. Sie scheint abhängig von der Weise, wie wohlwollend wir uns selbst und die anderen sehen, wie viel zugewandte Neugier und Interesse wir dem entgegenbringen, dass wir verschieden sind.

Wer Beachtung bekommt, dem fällt sie immer mehr zu. Womit hängt das zusammen? Beachtung festigt ihre Macht vor allem dadurch, dass sie eine öffentliche Schauseite hat. Es bleibt nicht verborgen, wer uns beachtet, wer um unsere Beachtung wirbt und um wessen Beachtung wir werben. Sobald wir Beachtung austauschen, sind also immer Dritte mit im Spiel, die registrieren, mit wem wir uns sehen lassen, einlassen und austauschen. So kommt es auch, dass wir eine natürliche Vorliebe für diejenigen haben, die unser Ansehen aufwerten. Das lässt sich etwa auch bei Ehen beobachten, wenn die Attraktivität eines Ehepartners auf den anderen Partner abfärbt, der dadurch als interessanter und erfolgreicher gilt. Unser

---

[34] James, C. L., On Happiness. In: To see a world in a grain of sand. Norwalk 1972.

Ansehen und das Gesicht, das wir nach außen wahren wollen, hängen immer von diesen psychologischen Verstärkerwirkungen ab. Auch wenn sie unpersönlich sind, so treffen sie unsere Selbstwertschätzung doch im Kern. Das Ansehen einer Person ist ein anderer Ausdruck dafür, wie viel sozialen Kredit, wie viel Beachtung ihm eingeräumt wird. Jene Mechanismen sind es, die den Nimbus-Effekt so wirkungsvoll machen. Es scheint sogar so zu sein, dass ein Mensch, der aufgrund seiner Chancen und Zuwendungen, die man ihm gibt, auch ein vitaleres, reicheres Leben erhält, so dass er am Ende nicht nur beachtenswerter scheint, sondern tatsächlich auch interessanter und belebender ist. Kurzum: Wer immer wieder ins Positive hin verzerrt wird, der setzt auch positive Energien frei, weil er motiviert ist, sich den Idealisierungen anzunähern. Das Ergebnis im positiven Fall ist, dass der Beachtete so nach dem Motto: „So lasst mich scheinen, bis ich werde" wirklich eine Vielzahl von Fertigkeiten und Fähigkeiten entwickelt, um sich den Erwartungen anzupassen, die ihm von außen zugeschrieben werden. Der viel Beachtete kann also leichter der werden, für den man ihn hält. Die viel belächelte rosarote Brille als Accessoire glücklicher Paare setzt ja ähnliche Prozesse in Gang, die durch ihre vorgefärbten Erwartungen tatsächlich dazu neigen, sich aktiv zu bewahrheiten. Aus Erwartungen werden auf diese Weise konkrete Erfahrungen.

Beachtung färbt ab, weil man geneigt ist, in viel beachtete Menschen mehr hineinzulesen als in weniger beachtete. Vom anderen beachtet zu werden erhöht die sozialen Chancen. Solche Menschen erhalten eher attraktive Einladungen und Stellenangebote, man ist eher geneigt, ihnen den Weg zu ebnen, ihnen Chancen einzuräumen und ihre Nähe zu suchen. Warum ist das so? Weil, und hier schließt sich der Kreis, es das eigene Ansehen vermehrt und das eigene Einkommen an Beachtung aufbessert, wenn man sich mit interessanten Menschen aufwerten und schmücken kann. Wenn man jenen Begünstigten mehr „Kredit" einräumt, so ist das eben auch kein Zufallsprodukt. Auf Grund ihres höheren Einkommens an Beachtung haben sie in der Tat auch mehr Optionen nicht nur auf dem Beziehungs- und Heirats-, sondern auch auf dem Arbeitsmarkt. Sie können Angebote eher aushandeln oder abschlagen, weil sich ihnen mehr Wahlmöglichkeiten erschließen, von denen andere oft nicht einmal zu träumen wagen. Warum löst dieser Sachverhalt so viel Missgunst und Empörung aus, obwohl wir ihn durch unser Verhalten immer wieder bestätigen? Wer so fragt, übersieht, wie vielschichtig und unmittelbar Beachtung in die vitalen Überlebensstrategien verwoben ist. Nicht die Beachtung als gesellschaftliche Macht an sich ist das Problem, sondern unsere Hemmung, dies einzugestehen. Und unsere Neigung zum Vergleichen, zum Schielen und zum Rechnen. Wer aber über den „Beachtungsterror" klagt und über die ungerechte Bevorzugung derer, über die sich das Füllhorn an Beachtung so reichlich ausschüttet, der sollte wissen, dass er sich letztlich selbst bestraft. Beachtung kann man genausowenig wie Essen und Schlaf einfach ablehnen. In ihr drücken sich trotz aller Unterschiede und Abstufungen auch gemeinsame Wertsetzungen aus. Die Wut über die Bevorzugung der begehrten anderen übersieht, dass man selbst auch an den Bedingungen dieser Ungleichheiten mitwirkt. Wer sich frei wähnt von Verführbarkeiten, sollte einmal seinen Haushalt, seine Bekannten und sozialen Aktivitäten näher betrachten – und zwar schon auf der Ebene der Restaurants, die man wählt, des Zahnarztes, der einem empfohlen wurde, der Kosmetikerin, des Klavierlehrers. Es fängt nicht erst bei den Stars und Gurus an. Gäbe es nicht ein Konsum- und Beziehungsverhalten, das eindeutig mit dem Nimbus-Effekt der Beachtung rechnen würde, dann gäbe es weder die ordinäre Werbung, die Klatschspalten, die Talk-Shows noch die Bestsellerlisten. Das Verlangen nach Beachtung ist in uns allen so tief eingebrannt, dass wir ihr, wenn wir an ihrem Entzug leiden, nur mit Finten und Notwehr reagieren, wie etwa: Beachtung sei etwas Machbares, wenn man sich bloß genügend ins Zeug legt. Beachtung sei im Grunde Inszenierung und oberflächlicher Rummel, über den man erhaben sei. Und schließlich bleibt immer noch die Rache an denen, die einem die Wertschätzung verweigern. Mit jeder Notwehr betäubt man aber die eigene Sehnsucht und Triebfeder und nimmt Schaden an der eigenen Selbstachtung. Wer

Beachtung kennen lernen will, kommt weiter, wenn er sie zuerst anerkennt. Wer nicht bereit ist, sie anzuerkennen, dem kann sie auch nur schwerlich geschenkt werden.

Beachtungskultur

Natürlich ist Beachtung, Bestätigung und Bewunderung eine erfreuliche Sache. Trotzdem gilt es auch zu lernen, die begehrte Beachtung entbehren zu können. „Vergiss den Erfolg und die Erwartungen, wenn du schreiben willst, die Sucht nach Erfolg macht dich nur lächerlich", so sinngemäß lautete die Botschaft, die die Autorin Natalie Goldberg jungen Autoren gab[35]. Selbst wenn man felsenfest überzeugt ist, mit Ablehnung oder mangelnder Bestätigung umgehen zu können, gelingt der Beweis erst, wenn man sich in Situationen begibt, die mit Risiken an Auseinandersetzung oder Missbilligung verbunden sind. Ein Beispiel dafür erzählte mir ein Arzt, der einen Vortrag zu halten hatte. Bei der anschließenden Diskussion geriet einer der Zuhörer wegen einer Nebensächlichkeit in eine regelrechte Tirade beleidigender Verachtung. Darauf gab der Arzt nichts weiter als ein schlichtes „In Ordnung" zur Antwort und widmete sich wieder den anderen Diskussionsteilnehmern. Durch die Nichtbeachtung dieser Ausfälligkeit machte er unmissverständlich klar, dass er nicht willens war, sich aus der Fassung bringen zu lassen und sich durch die Ansichten eines anderen stören zu lassen. Er blieb bei sich und der eigenen situativen Einschätzung, statt sich in einen womöglich fruchtlosen Austausch verwickeln zu lassen. Es gelang ihm, weil er mit sich selbst stimmig war. Dieses Beispiel zeigt auf ganz schlichte Weise, wie man Ablehnung und Manipulation ignorieren kann, indem man ihnen keine Beachtung schenkt. Der beste Schutz gegen Verachtung ist Selbstbeachtung. Wer bei sich bleiben kann, hat es nicht nötig, zurückzuschlagen.

Beachtung hat nämlich auch mit Rücksicht und Eleganz zu tun. Beide Begriffe umfassen Bescheidenheit, Güte und das Einbeziehen des anderen. Im Grunde sind sie die weltlichen Varianten des „Liebe deinen Nächsten wie dich selbst", weil sie sich auf die Weis-

---

[35] Goldberg, N., Wild Mind. Living the writer's life. New York 1990.

heit des Herzens besinnen. Sie scheinen nicht nur abhängig von der Weise, wie wohlwollend wir uns selbst und die anderen sehen, sondern auch wie wir mit empfangener Beachtung umgehen. Gewiss kann man auftrumpfen und sich kräftig in Szene setzen und jegliche empfangene Beachtung auf sein eigenes Selbstwertkonto verbuchen. Doch wer sitzt schon gern neben jemandem, der mit Ellenbogen seinen Platz einnimmt? Oder neben jemandem, der Beachtung wie Junk-food verschlingt?

Georg Franck weist zu Recht darauf hin, dass es nicht genügt, Beachtung wie Geld zu scheffeln. Ähnlich wie beim Essen, gibt es auch auf diesem Gebiet die Verfeinerung, den Geschmack, die Sinne und die Kunst der Selektivität. Es geht also darum, sich nicht wahllos von Angeboten an Beachtung stimulieren und verführen zu lassen. Viele Beziehungsabbrüche geschehen allein deswegen, weil sich plötzlich eine neue Quelle der Beachtung auftut. Alte, gewohnte Beziehungen werden aufs Spiel und außer Kraft gesetzt, nur weil sich eine neue, attraktivere Quelle zur Sättigung des Beachtungshungers zeigt. Die unruhige Gewohnheit, nach allem auszugreifen, was nach Bestätigung aussieht, seine Meinung und Vorlieben zu wechseln, aus Verpflichtungen, Loyalitäten und Freundschaften auszuwandern, hat nicht nur mit der Angst, zu kurz zu kommen, zu tun, sondern auch mit Unkenntnis der eigenen Person. Sobald man die Kriterien seiner Wahl, den Kompass bewussten Austauschs von Beachtung, nicht mehr in sich trägt, wird in der Tat alles, was den Reiz des Neuen trägt, gleichermaßen gültig. Kurzfristige, situative Beachtung tritt an die Stelle bewusst gelebten alltäglichen Austauschs von Beachtung. Man sieht den anderen nur noch als Beachtungstankstelle und verpasst, was er auch noch ist. Dieses situative Beachtungskonzept macht es zwar möglich, dass man viele flüchtige Beachtungserfolge hat, aber man hat nie das „Eigentliche", weil Zeit und Hingabe fehlen, andere und sich selbst tiefer auszuloten und sich einzulassen.

Solche flüchtigen Beachtungsintimitäten finden ihre Entsprechung ebenso in den wechselnden Moden, dem Body-Styling und Fastfood. Warum also sollten wir ausgerechnet mit unserem Be-

achtungshunger anders umgehen? Beachtung, die bewusst eingeladen, geschenkt oder empfangen wird, kann jedoch ein Stück
Echtheit und Wahrhaftigkeit ins Leben bringen. Geben wir nicht
immer auch ein Stück von uns selbst preis, wenn wir jeder Beach-
tungsverheißung nachjagen? Für die Bereitschaft, sich kritisch mit
Beachtung auseinander zu setzen, scheint ein Grundgefühl an
Selbstsicherheit unabdinglich. Erst wenn ich weiß, was ich will, wofür oder wogegen ich stehe, kann ich aufrichtig und authentisch
sein. Das kann bedeuten, dass ich auf manchen Beifall verzichte
oder auf den Jubel von der falschen Seite, weil mir kritische Anerkennung wichtiger ist als der schnelle Applaus.

Gegen Eitelkeiten und Grobheiten hilft nur die Verfeinerung als
Haltung. Verfeinerung kann dann auch heißen, mit jemandem ver-
traut zu sein und ihn deshalb Du zu nennen. Sie weiß aber auch, die
Beziehung zu anderen in verschiedenen Varianten zum Ausdruck
zu bringen. Wenn sie stimmig ist, so hat sie stets ein kleines Stück
Zärtlichkeit, ein Werben, ein Streichelangebot und mitunter auch
Humor.

Arbeitet der Beachtungshungrige am Ausstaffieren seines Ego –
oft unter größten Opfern und Selbstkasteiungen –, so zeichnet sich
der Feinschmecker in Sachen Beachtung dadurch aus, dass er mit
Sinn und Verstand wahrnimmt, erkennt und versteht. Es geht um
Unterscheidungsfähigkeit. Die Grenze des Unterscheidens verläuft
ja nicht nur zwischen Linseneintopf und Langustenschwänzen,
sondern schlängelt sich in unsere Wohnungen, in den Bücher-
schrank, die Musik, die Menschen und Dinge, denen wir täglich
Aufmerksamkeit schenken. Das „He du" oder „Ich sage immer, was
ich denke", das einen Anspruch auf Vertraulichkeit ausdrückt,
unterschreitet diese Grenze. Der Dankesbrief nach einem gelungenen Abendessen hält sie ein. Die Grenzlinie zwischen dem Beach-
tungshungrigen und dem Feinschmecker illustriert den Unterschied zwischen dem selbstbezogenen „von der Hand in den
Mund" und dem verbindlichen Austauschen- und Innehaltenkön-
nen. Die Geste, die dem anderen beim Einsteigen hilft, die ihm die
schwere Tasche ein Stück weit abnimmt, die ihm die Teetasse

reicht, ist würdevoll, weil sie Rücksicht nimmt. Fragen wir: „Wie viel Kilometer macht Ihr Porsche?" „Ist Ihr Kleid von Dior?" „Haben Sie immer noch kein Autotelefon?" verraten Mangel an „Beachtungsetikette" und enthüllen Dürftigkeit. Gewiss kann sich Beachtung mit elegantem Dekor ausstaffieren, aber dies ist nicht ein Zeichen von Souveränität, sondern eher von Unsicherheit. Beachtung verträgt sich nicht mit Grandiosität: Wer viel von sich selbst hält, kann sich auch den Luxus der Bescheidenheit leisten. Nicht Marken wie Bogner, Boss, BMW oder Brillanten sind fein, sondern ihre Fassung, das heißt, wie sich der Besitzer anderen gegenüber verhält. Daran misst sich der Unterschied von Beachtung haben wollen und Beachtung geben können. Beachtung geben, das von Herzen kommt, braucht nicht die große Bühne und den Applaus. Oft blüht es im Verborgenen, Bescheidenen. Seine Wirkung kann das Leben eines anderen im neuen Licht erscheinen lassen, es entsteht wieder Vertrauen in das Leben.

Ein gelungenes Beispiel für gut gegebene Beachtung verdanke ich einer allein erziehenden Mutter von zwei kleinen Kindern, die ganztags berufstätig war und ein Riesenpensum zu bewältigen hatte, das sie oft an die Grenzen ihrer Belastbarkeit brachte. Morgens brachte sie ihre Kinder in eine Tagesstätte, und abends erwartete sie das ungewaschene Geschirr, die unaufgeräumte Wohnung, die ungebügelte Wäsche. Eines Tages hatte sie einen Handwerker bestellt, weil ihr Kühlschrank defekt war. Sie hinterließ ihm den Schlüssel zur Wohnung. Abends als sie von der Arbeit heimkehrte, traute sie ihren Augen nicht. Zu ihrer Überraschung fand sie nicht nur einen reparierten Kühlschrank, sondern auch eine tadellos geputzte und aufgeräumte Küche. Auf dem Küchentisch fand sie einen Zettel, den ihr der Handwerker hinterlassen hatte: „Meine Mutter war auch eine allein erziehende Mutter. Ihr zu Ehren habe ich für Sie geputzt. Sie hat auch immer hart gearbeitet." Sie war fassungslos. Es war das erste Mal seit Monaten, dass sie wieder weinen konnte.

Es geht nicht nur um ein banales „Seid nett zueinander". Wichtig ist zunächst die Einsicht, dass wir dem Selbstwert schaden, wenn wir uns immer mehr anderen Menschen gegenüber entfremden, den Blick dafür verlieren, dass wir „dazu gehören" und uns in einem größeren Zusammenhang befinden. Notwendig ist es zu erkennen, was es bedeutet, ein Herz zu haben. Worte allein genügen nicht. Bei den Kwakiutl-Indianern in British Columbia, Canada, existiert kein Wort für „Danke". Dennoch ist ihr Leben von außergewöhnlicher Großzügigkeit. Statt „Danke" zu sagen, geben sie jede Geste der Aufmerksamkeit mit einer vergleichbaren oder großherzigeren Geste zurück. Sie „tun" ihre Beachtung, statt darüber zu reden oder ihr nachzujagen.

Schluss

> „Wenn durch einen Menschen nur ein
> wenig mehr Licht und Wahrheit in die
> Welt gekommen ist, dann hat sein Leben
> einen Sinn gehabt."
> (Marion Gräfin Dönhoff)

Beachtung ist eine Einladung, zu sich selbst und zu den anderen zu
kommen, hinzuschauen, hinzuhören und wahrzunehmen. Jeder
Mensch ist auch fähig dazu, sich selbst zu achten, und daher auch
imstande, andere so zu sehen, „wie sie sein könnten". In der wohlwollenden Beachtung zeigt man sich, „wie man immer sein sollte",
meint Simone de Beauvoir. Wo Beachtung ist, da haben Missgunst,
Kleingeist und Knauserigkeit wenig Chancen. Bedrohlich wird es
für Menschen immer dann, wenn sie es erleben, nicht beachtet und
anerkannt zu werden – wenn wir aufgehört haben, einander Be-
achtende zu sein. Was dann bleibt, ist Leere. Dieses Vakuum füllt
sich rasch mit Surrogaten, Dekor, Geld oder Macht. Beachtung
gründet nicht auf Selbstfeier, Größenwahn oder wahlloser Gier,
aber auf Selbstbewusstsein. Sie berücksichtigt andere Menschen in
ihrer Verschiedenheit. Und sie ist eine gemeinschaftsbildende
Kraft, die uns aus der Isolation holt.

Die Erfahrungen der Nichtbeachtung, des Nicht-gesehen-Werdens
und Gehört-Werdens, kennt jeder. Doch manchmal steckt dahinter
aber auch ein Nicht-sehen-Wollen, eine hilflose Verweigerung, eine
energische Ungläubigkeit an gute Mächte. Wie gelingt es, sie wieder
an das Licht zu bringen? Nur wenn man immer wieder neu Zutrauen
gewinnt, dass die Beachtung wiederkommt. Wenn ich mich selbst
achte und an meine eigenen Kräfte glaube. Das wäre das Erste und
auch das Schwerste. Herauszutreten aus dem Gefühl des Mangels
und des Entzuges, dazu gehört auch, die Kraft aufzubringen, anderen ein Stück Zuflucht und Rettungsanker – ein kleines Stückchen

Heimat – zu werden. Diese beiden Kraftfelder sind nicht voneinander zu trennen oder in ein psychologisches Nacheinander oder Schritt-für-Schritt aufzulösen. Beachtung ist keine soziale Trockenübung, sondern eine wechselseitige Erfahrung, die uns ebenso in der Selbstachtung wie in der Achtung für andere begegnet. Indem ich mich selbst achte, kann ich mich auch in andere einfühlen.

Da unsere Welt eine Arena ist, in der um Beachtung gekämpft wird, ist es schwierig, Beachtung unbefangen und neidlos willkommen zu heißen und sie großzügig zu verteilen. Die Tatsache, dass aber gerade diese Großzügigkeit heute angesagt ist, zeigt sich in der vielbeklagten Misere, die mit den Begriffen „Herzlosigkeit" und „Gleichgültigkeit" immer wieder zur Sprache gebracht wird. Es ist also alles andere als zufällig, dass die Beachtung gerade in unserer Zeit so stark in den Vordergrund rückt.

In der Beachtung endet die moralische Autonomie des Individuums. Denn ein Leben lang denken wir an den Lehrer, der uns durch seine geduldige Beachtung Ermutigung schenkte und dadurch den Weg ebnete, an den Brief eines Freundes, der uns vermittelt: „Ich erkenne dich!", und an den Menschen, der einem eine Nische zur Verfügung stellt, in der Neid, Missgunst und Geiz keinen Einlass finden. Diese Gesten wirken nachhaltig, vermenschlichen die Welt und bringen Wärme und Herzlichkeit ins Alltagsgrau. Beachtung führt uns in der Hinwendung zum anderen über uns selbst hinaus, sie bewirkt eine Weitung des Herzens und stärkt das Leben in uns und um uns. Manchmal werden wir gestärkt, weil andere unsere Beachtung brauchen, und weil sie ihnen etwas bedeutet. Ein anderes Mal erleben wir, wie wir Beachtung geschenkt bekommen einfach für das, was wir sind. Beachtung hat weit mehr damit zu tun, wer wir sind, als was wir wissen. Dazu gehören die eigenen Begrenzungen, die mein Mitgefühl für andere ermöglichen; meine Wunden, die mich für die Verletzungen anderer sensibilisieren, und meine Einsamkeit, die mich für die Einsamkeit anderer wachhält. Beachtung braucht die von Herzen kommenden Gesten, die darüber hinausweisen. Erst sie stiften das, was jeder benötigt: Zugehörigkeit, Entgegenkommen, Zuflucht und Fürsorge.

Beachtung entscheidet über die Härte der Grenze zwischen mir und den anderen, über das Ausmaß meiner Ängste und die Wärme meiner Seele. Gewiss ist sie nicht das einzige Element für die Bildung von Gemeinschaft, aber sie ist notwendig für eine Gesellschaft, in der Gleichgültigkeit und Herzlosigkeit nicht mehr herrschen. Natürlich kann das „Beachtungsthermometer" unterschiedliche Temperaturen anzeigen. Doch die Beachtung selbst darf nicht erkalten, sonst sehen wir lieblosen Zeiten, „frierenden Seelen" (P. Härtling) entgegen. Das schließt nicht aus, dass wir uns immer wieder damit abfinden müssen, dass wir nicht verstanden werden, und auch, dass wir andere, vertraute Menschen nicht verstehen. Aber liegt darin nicht auch ein Stückchen Erkenntnis und Weisheit, dass man sich oft besser versteht, wenn man wenigstens weiß, dass man sich im Moment nicht versteht?

Es könnte zu zauberhaften Begegnungen führen, wenn auch der Humor Einlass in den Beachtungsaustausch finden würde. So antwortete ein kleiner Junge, der mich besuchte, auf die Frage, was er denn zum Nachtisch gern essen würde: „Beachtung – damit du auch über mich was schreiben kannst." Und als weise Erkenntnis unseres kleinen Gesprächs meinte er staunend: „Dann ist es ja wirklich so, dass die Beachtung es macht, dass die Welt sich dreht."

Literatur

Baumeister, R. F. / Leary, M. R., The need to belong: Desire for Interpersonal Attachments as a fundamental human motivation. In: Psychological Bulletin 3/1995

Benjamin, J., Like Subjects, Love Subjects. Essays on Recognition and Sexual Difference. New Haven, London 1995

Berger, P. L., Einladung zur Soziologie. Zürich 1969 (engl. 1963)

Bowlby, J., Attachment and loss. 3 Bde. London 1969, 1973, 1980

Buber, M., Ich und Du. Heidelberg 1983

Büntig, W., Beachtung – ein menschliches Grundbedürfnis. In: Zist. Programm 1996

Caddy, E., Footprints on the past. Forres 1976

Damasio, A. R., Descartes' Irrtum. Irrtum, Fühlen, Denken und das menschliche Gehirn. München 1997

Erikson, E. H., Childhood and society. New York 1950, 1963

Ernst, C., Sind Säuglinge besonders verletzlich? – Argumente für eine hohe Umweltresistenz in der frühesten Kindheit. In: Petzold, H. G., Psychotherapie und Babyforschung. Bd. I/II

Fiske, S. T., Social Cognition. In: Tesser Abraham, Advanced Social Psychology. New York 1995, S. 149–194

Franck, G., Ökonomie der Aufmerksamkeit. München, Wien 1998

Freud, S., Dichtung und Wahrheit. G.W., Bd. XII

Goffman, E., Wir alle spielen Theater. München 1976

Goldberg, N., Wild Mind. Living the writer's life. New York 1990

Greenwald, A. G., Self-knowledge and self-deception. In: Lockard, J. B. / Paulhus, D. (Hg.), Self-deception: An adaptive mechanism. New York 1988

Hillesum, E., Das denkende Herz. Die Tagebücher von Etty Hillesum 1941–1943, Hamburg 1985

Hoffmann-Axthelm, D., Wenn Narziss Athena küsst. Über die Verachtung. Frankfurt a. M. 1998

James, C. L., On Happiness. In: To see a world in a grain of sand. Norwalk 1972

Johnstone, K., Improvisation und Theater. Berlin 1993 (engl. Improvisation and the theatre. 1979, 1981)

Laing, R. D., Das geteilte Selbst. Köln 1972, 1994

Laing, R. D., Das Selbst und die Anderen. Köln 1973

Langer, E., Self-esteem vs. Self-respect. In: Psychology today, Dezember 1999

Leibowitz, Y., Gespräche über Gott und die Welt. Frankfurt 1994

Lévinas, E., Die Spur des Anderen. Freiburg 1983, 1992

Lowen, A., Betrayal of the body. New York 1969

Mead, G. H., Mind, self and society. Chicago 1934

Nietzsche, F., Unzeitgemäße Betrachtungen, „Schopenhauer als Erzieher", Stuttgart 1930

Petzold, H., Integrative Therapie. Ausgewählte Werke, Bd. II, 2: Klinische Theorie. Paderborn 1991

Petzold, H., Mythen der Psychotherapie. Paderborn 1999

Petzold, H., Die Kraft liebevoller Blicke. Psychotherapie und Babyforschung – Bd. 2, Paderborn 1995

Reichlin, U., Verächtlich. In: Intra 44, 11. Jg. Sommer 2000

Remen, R. N., Dem Leben trauen. Geschichten, die gut tun. München 1997

Schmidbauer, W., Evolutionstheorie und Verhaltensforschung. Hamburg 1974

Schmidbauer, W., Jetzt haben, später zahlen. Hamburg 1995

Sennett, R., Narcissism and modern culture. In: October Bd. 4, Herbst 1977

Shah, I., Wege des Lernens. München 1975/1985

Spitz, R. A., Vom Säugling zum Kleinkind. Stuttgart 1972

Steele, C. M., The psychology of self-affirmation: Sustaining the integrity of the self. In: Berkowitz, L. (Hg.), Advances in experimental social psychology. 1988, Bd. 21, S. 361–367

Steele, C. M., Name calling and compliance. In: Journal of Personality and Social Psychology 31/1975, S. 361–369

Tschirhart Sanford, L. / Donovan, M. E., Frauen und Selbstachtung. Ich bin ich, und ich bin o.k. München 1994

Wardetzki, B., Weiblicher Narzißmus. Der Hunger nach Anerkennung. München 1991

Weber, G. (Hg.), Zweierlei Glück. Die systemische Psychotherapie Bert Hellingers. Heidelberg 1995